Ute Benz (Hrsg.)

Gewalt gegen Kinder

Traumatisierung durch Therapie?

METROPOL

Gewalt gegen Kinder : Traumatisierung durch Therapie?
Ute Benz (Hrsg.) – Berlin : Metropol Verlag, 2004

ISBN: 3-936411-60-3

Umschlagzeichnung: *Schubladendenken* (Ute Benz)

Kurfürstenstr. 135
D–10785 Berlin
www.metropol-verlag.de

Druck: TriggerAgent OHG, Berlin

Inhalt

Vorwort

Dieses Buch wurde aus aktuellem Anlass verfasst, um einen allgemeinen kritischen Diskussionsprozess über Grenzen und Grenzverletzungen in Therapien anzuregen. Der besondere Blick galt dabei Kindern. Wenn Kinder leiden, sind Erwachsene gefragt als Eltern, Ärzte, Therapeuten, Berater, Erzieher, Politiker, Richter. Sie alle stehen unter erheblichem Lösungsdruck, weil ihnen kindliche Leiden nicht gleichgültig sein können, da sie unmittelbar betroffen sind oder sich mit Spätfolgen konfrontiert sehen.

Die Frage, was ein solcher Lösungsdruck für die Helfenden bedeutet, mag angesichts der Leiden der Kinder auf den ersten Blick marginal erscheinen. Dennoch ist sie zentral, um problematische dynamische Prozesse des Wettbewerbs um die beste Lösung mit ihren fragwürdigen Folgen zu erkennen. Ein Königreich für diejenigen, die eine schnelle Lösung, die rasch wirksame Mittel, effektive Methoden zur Lösung versprechen und blindes Vertrauen und gläubige Nachfolge fordern? Sehnsucht nach der effektivsten Lösung, so begreiflich sie ist, darf nicht dazu führen, dass der kritische Blick auf die Realität der Risiken und Nebenwirkungen von Therapien und Elternberatungen aller Art vermieden wird.

Die einen sind froh darüber, die anderen beklagen es sehr: Tatsache ist, dass als Therapie alles angeboten werden kann, wissenschaftlich Anerkanntes ebenso wie wissenschaftlich Verworfenes. Der Begriff Therapie allein garantiert keine humane und keine fachliche Qualität. Daher muss an alle therapeutischen Verfahren, wie auch immer sie näher bezeichnet werden, die Frage gestellt werden, ob sie im gesetzlichen Rahmen des allgemeinen physischen und psychischen Gewaltverbotes (auch in der Familie) bleiben oder nicht. Mag für selbstverantwortliche Erwachsene der Spielraum der Entscheidung für oder gegen eine Therapie beliebig groß sein – im Umgang mit Kindern ist er es nicht. Kinder sind besonders grundgesetzlich geschützt, es gibt von allen einzuhaltende Grenzen durch das Gewaltverbot, Grenzen, die nur unter besonderen Umständen durchbrochen werden dürfen. Hier mag erhebliche Unklarheit darüber bestehen, was im Einzelnen als physische und psychische Gewalt eingestuft werden muss, daher bedarf es des interdisziplinären Diskurses sowie des juristischen Sachverstandes und der öffentlichen Aufklärung bzw. der gesetzgebenden Entscheidung.

Dass Gewalterfahrungen traumatisierende Folgen besonders für Kinder haben, darüber besteht in der Gesellschaft inzwischen glücklicherweise weithin Konsens. Dies zeigt unter anderem die große Resonanz auf die Fachtagung am 17. September 2004 an der Technischen Universität Berlin, die diesem Buch vorausgegangen ist. Angesichts zahlreicher positiver Reaktionen ist zudem die Hoffnung begründet, dass ein breiter Konsens bei Fachleuten und in der Öffentlichkeit darüber hergestellt werden kann, dass therapeutische Verfahren en detail gewaltfrei sein müssen, ein Konsens aber auch darüber, dass die Verantwortung für Gewaltfreiheit im therapeutischen Umgang mit Kindern nicht bei den Hilfe suchenden Eltern, sondern bei den Therapeuten liegt.

Dass es gelungen ist, dieses Buch zur Förderung des interdisziplinären Diskurses innerhalb kürzester Zeit vorzulegen, war nur möglich durch das überaus große Engagement des Verlegers und aller Autoren, die durch die Problematik motiviert waren, trotz des erheblichen Termindrucks profunde Beiträge aus der jeweiligen Profession beizusteuern. Ihnen gilt mein herzlicher Dank.

Berlin, im Oktober 2004 *Ute Benz*

Ute Benz

Gewalt unter dem Dach von Therapien?

Zur Absicht dieses Buches

Gibt es Gewalt gegen Kinder unter dem Dach von Therapien und Beratungen? Die Frage ist bestürzend und unangenehm für Therapeuten, Berater, Erziehende und Hilfesuchende, weil sie erhebliche Konflikte auslösen kann. Gleichwohl müssen wir sie stellen, wenn wir als in verschiedenen Berufen zuständige Erwachsene in unserer allgemeinen Ablehnung von Gewalt gegen Kinder glaubhaft sein wollen. Wir sind uns klar darüber, dass solche Fragen emotional sehr stark berühren. Viel mehr noch aber beunruhigen die Antworten, die wir finden, wenn wir die Methoden und geistigen Grundlagen festhaltender Therapien prüfen und uns dabei nicht durch Effektivitätsbegründungen, nicht durch modische Begrifflichkeiten oder durch freundlich klingende Proklamationen, die Gewalt geschehe doch nur im Namen der Liebe oder der Versöhnung, blenden lassen.

Festhaltetherapien werden in diesem Buch aus verschiedenen Perspektiven untersucht, aus medizin- und psychohistorischer Sicht, um der Frage nach Kontinuitäten in individuellen, familiären und kollektiven Erwartungen und Ängsten nachzugehen, aus juristischer Sicht, um die rechtlichen Eckdaten zu klären, innerhalb derer sich gewaltfreie Therapien in der demokratischen Gesellschaft abspielen müssen, aus der Perspektive betroffener Eltern, die zu Anwendern wurden und Auswege aus der Gewalt benötigen, aus der Sicht des Kinderschutzes am Beispiel eines Misshandlungsverdachts, aus klinisch-psychiatrischer Sicht mit Blick auf die Problematik der Behandlungen autistischer Kinder, aus der Sicht des betroffenen Kindes. Ergänzend wird ferner dargestellt, was aus der großen Distanz des Internet über Festhaltetherapien in Erfahrung zu bringen ist, und was in unmittelbarer Nähe von Jirina Prekop, der bekanntesten Verfechterin dieser Methode, erlebt werden konnte. Mit der Analyse der politischen Dimensionen bei Bert Hellingers Aufstellungen wird auf den gesellschaftliche Rahmen aufmerksam gemacht, in dem die Festhaltetherapie gesehen werden muss. Auch Sprache und Gestus, in der das Festhalten propagiert wird, sind Gegenstand der Untersuchung.

Es gibt in der Tat und in wachsender Zahl Gewalt gegen Kinder, die als „therapeutisch notwendig" proklamiert wird durch die Anwendung festhaltender Therapiemethoden, bei denen Kinder entsetzlich schreien und sich verzweifelt, aber erfolglos angesichts der Übermacht Erwachsener, bis zum physischen und psychischen Zusammenbruch wehren. Solche Gewalt gegen Kinder kann leider nicht als vereinzelte und nicht als vorübergehende Erscheinung abgetan werden, denn sie macht seit über 20 Jahren Schule. Dass die Folgen von Traumatisierungen in Gestalt von spezifischen Beziehungsstörungen – die flexible Regulierung von Nähe- und Distanzwünschen bzw. Ängsten misslingt und dadurch misslingen soziale Kontakte – meist erst lange nach den auslösenden Ereignissen auftreten, gehört zur Problematik von Traumatisierungen. Was von den Anwendern der Gewaltmethoden als Erfolg verbucht wird, das willfährige Verhalten der Opfer, die tun, was man von ihnen will, ist im Kern bereits Ausdruck der traumatischen Beschädigung.

Seit Beginn der 80er-Jahre ist Jirina Prekop im Bereich der so genannten Festhaltetherapie schulbildend. Das Verfahren ist wissenschaftlich nicht begründet. Angesichts der Beliebigkeit der Argumentation und des völlig willkürlichen Umgangs mit Quellen, Autoren und Begriffen, insbesondere mit dem Begriff „Liebe", sind die Begründungen der Therapie logisch nicht nachvollziehbar. Zielstrebig reklamiert Prekop den Begriff der Liebe zur Legitimation ihrer

Festhaltetherapie. Sie fordert gläubige Nachfolge, wo Zweifel nur zu berechtigt sind und kritische Prüfung der Fakten und Theoriefragmente dringend erforderlich wäre. Im Namen der grenzenlosen Liebe zu denken und zu handeln – wer sagt und hört das nicht gerne? Und doch weiß jeder, dass als Liebe auch Beziehungen proklamiert werden, die Gewaltbeziehungen sind, dass es Gewalt auch im Namen der Liebe gibt. Der Begriff Liebe ist vor missbräuchlicher Verwendung nicht geschützt. Das kommt Jirina Prekop zugute und schützt vor kritischer Reflexion.

Überwältigend sind Prekops Fähigkeiten, auf der Klaviatur des medialen Erfolges als Bestsellerautorin in renommierten Verlagen zu spielen. Beeindruckend für viele Ratsuchende – und ebenso abstoßend für andere – ist ihr sehr persönlich, offen und warmherzig wirkender und ungemein populistischer Schreib- und Redestil, mit dem sie geschickt globale Zeit- und Weltkritik betreibt, um damit zuerst allgemeine Verluste von Natur und Instinkt zu beklagen und dann umso wirksamer ihre Festhaltemethode als Mittel zur Erlösung mit durchaus religiösem Pathos und bewusst antirationalem Affekt anzupreisen.

Erheblich aufgefrischt und intensiviert hat Prekop ihre Festhaltepraxis inzwischen durch die „Vermählung" mit Bert Hellingers Technik der Aufstellung von Familien, die er aus systemischer Familientherapie entwickelte, sodass inzwischen beide zusammen die Nachfrage nach raschen Erlösungswünschen in Gesellschaft und Familie bedienen. Bekenntnisbezeugungen gehören zum festen Programm in allen Publikationen Prekops, mit emotionalisierenden Erfolgsmeldungen will sie leisten, was ihre Theorie und Argumentation nicht vermag, nämlich die guten Gründe der Zweifler zu beseitigen und Kritiker verstummen zu lassen.

„Die Wahrheit ist, daß unserer Kinder den Opfergang angetreten haben", schreibt Prekop im typischen Stil ihrer globalen Zeitdiagnosen, mit denen sie stets sehr allgemein anderen die Schuld zuweist, in der Einleitung eines gemeinsam mit der Ärztin Christel

Schweizer verfassten Elternratgebers.[1] Prekop fragt niemals sich selbst, inwiefern sie es ist, die ungerührt von Tränen und Schreien der Kinder deren Opferung für ihre fixe Idee der Festhaltemethode praktiziert, publiziert und lehrt. Lesern allerdings drängt sich diese Frage an vielen Stellen auf, z. B. wenn sie ihr persönliches Erleben mit ihrer Mutter in drastischer Weise als allgemeine Rechtfertigung für ihre Theorie und Praxis des Festhaltens wie folgt stilisiert: „Nur dem festen Halten, der Verschmelzung der Tränen, des Schmerzes, des Schweißes und des Erbrochenen sowie dem Erleben meiner vorbehaltlosen Liebe war es zu verdanken, dass Maminka ihr Geständnis ablegen konnte." Damit nicht genug, voller Stolz über die eigene Leistung fügt Prekop hinzu: „Normalerweie trauen sich dies die Eltern nicht einmal auf dem Sterbebett, um die Beziehung vor dem endgültigen Abschied, nach dem man nichts wieder gut machen kann, nicht zu riskieren."[2]

Schulbildend nach eigener Aussage ist seit 20 Jahren auch Fritz Jansen bei Ärzten, Kliniken, Ergotherapeuten, Erziehenden und Beratenden mit seiner verhaltenstherapeutischen Festhaltemethode unter der Bezeichnung „KIT" (Körperbezogene Interaktionstherapie). Für Außenstehende ist dabei nicht ohne weiteres erkennbar, in welchem Zusammenhang seine Methode mit Prekops Festhaltetherapie steht. Aber auch die Tatsache, dass Prekop sich öffentlich von Jansens verhaltenstherapeutischer Anwendungspraxis distanziert, dass sie deren Disziplinierungsinteressen ablehnt, weil es ihr nur auf einen Tiefenprozess ankomme, kann nicht darüber hinwegtäuschen, dass beide Verfahren de facto strukturelle und ideologische Gemeinsamkeiten in den von ihnen propagierten und legitimierten Festhaltemethoden haben. Im Ergebnis wird die Illusion befördert, man könne zwar durchaus die Person Prekop kritisieren und bestimmte Begründungen ablehnen, aber dann doch die Festhalteideologie und -methode in modifi-

1 Jirina Prekop/Christel Schweizer, Unruhige Kinder, München 1997, S. 11.
2 Jirina Prekop, Erstgeborene. Über eine besondere Geschwisterposition, München 2000, S. 61.

zierter Form als etwas scheinbar ganz anderes nach Belieben und ungestört von Kritik einsetzen.

In den Diskurs über Gewalt gegen Kinder in Therapien ist aber noch eine dritte schulbildende Richtung einzubeziehen, eine bereits als klassisch geltende physiotherapeutische Anwendungsform, die für Kinder außerordentlich schmerzhaft und auch für Therapeuten und Eltern höchst problematisch werden kann, wenn Eltern ausführende Organe sein sollen: die Vojta-Therapie. Auch ihre psychischen Risiken und Nebenwirkungen für Kinder, Familien und Ausübende müssen diskutiert werden.

Angesichts dieser Formen therapeutisch begründeter Gewalt Erwachsener gegen Kinder ist ein breiter öffentlicher Diskurs notwendig. Es muss ein allgemeines Bewusstsein dafür entstehen, was im Detail als übergriffige, verletzende und traumatisierende Gewalt im Umgang mit Kindern zu gelten hat. Nur so kann politischer Wille zur Gewaltfreiheit im Umgang mit Kindern weiter präzisiert werden, als Voraussetzung dafür, dass die gesetzliche Verankerung des Schutzes von Kindern vor Gewalt Erwachsener differenziert formuliert wird. Das bereits erreichte allgemeine juristische Gewaltverbot gegen Kinder darf nicht einfach mit therapeutischen Begründungen unterlaufen werden. Weder die allgemeinen Verharmlosungen der Gewalt Erwachsener nach dem altbekannten Schema vom Klaps, der noch keinem geschadet habe, sind zu tolerieren noch zynische Begründungen mit dem Verweis auf allfällige spätere Danksagungen von Kindern für die ihnen angetane Gewalt. Auch kann die therapeutisch begründete Gewalt des systematischen Festhaltens kein Freibrief sein für regelmäßige Gewaltanwendungen gegen Kinder. Richtschnur allen therapeutischen und pädagogischen Handelns im Rechtsstaat und der demokratischen Gesellschaft muss der Respekt Erwachsener vor der Würde des Menschen sein, des Kindes ebenso wie der Erwachsenen.

Als Fachleute machen wir uns mitschuldig, wenn wir verschweigen, was wir sehen und wissen: dass Gewalt immer, auch wenn sie keinen blauen Fleck erzeugt, eine Verletzung der kindlichen Psyche, eine Schädigung der psychosozialen Entwicklung mit langfristigen Folgen bedeutet. Wer sollte sonst von der Gewalt festhaltender Therapien reden? Die betroffenen Kinder können unmöglich in Worte fassen, was ihnen durch ihre Bezugspersonen geschieht. Ihre Eltern vermeiden dies wegen großer innerer Zwiespalte, und von den Verfechtern der Gewalttherapien kann man schwerlich Selbstkritik erwarten. Der Grundsatz aber, wo kein Kläger ist, da ist auch kein Richter, entbindet uns nicht von der berufsethischen Zuständigkeit für die Diagnose gewalttätiger Beziehungen, wo immer wir sie beobachten. Schweigepflicht und Abstinenz dürfen nicht verletzt werden, aber auch nicht zur Rechtfertigung dafür dienen, dass wir über Missstände schweigen.

„Nur wenn es gelingt, die Gewalt, die häufig im häuslichen und damit vermeintlich geschützten Bereich geschieht, als solche zu diagnostizieren, kann professionelle Unterstützung ansetzen." Mit diesen Worten beschrieb im Jahr 2002 die Berliner Senatorin für Gesundheit Dr. Knake-Werner den Kern des Gewaltproblems in einem allen Ärzten und Psychotherapeuten der Kassenärztlichen Vereinigung zur Verfügung gestellten Kompendium unter dem Titel „Gewalt gegen Kinder und Jugendliche". Das ist unverändert gültig. Doch offenbar hat man damals an die schockierende Möglichkeit der Ausübung von Gewalt unter dem Dach von Therapien überhaupt nicht gedacht – dies gilt es nachzuholen. Es muss der Öffentlichkeit klar gemacht werden, dass der Begriff Therapie nicht, wie Laien annehmen, gesetzlich geschützt und dass nicht per se gut ist, was Therapie genannt wird. Es ist ferner deutlich zu machen, dass auch anerkannte Therapeuten oder Ärzte wissenschaftlich nicht vertretbare Gewalttherapien, wie es Festhaltetherapien sind, legitimieren, praktizieren oder deren Anwendung lehren und supervidieren können, dass insofern blindes Vertrauen nicht angebracht ist.[3]

3 Die Frage der Gewalt, von der ein allgemeiner Hinweis auf Gandhi nicht befreien kann, muss auch an das Festhalteverfahren der so genannten

Dieses Buch entstand nach einer öffentlichen Fachtagung des Berliner Arbeitskreises für Beziehungsanalyse im September 2004, die an der Technischen Universität Berlin in Kooperation mit dem Institut für Gesellschaftswissenschaften und historisch-politische Bildung der TU Berlin, dem Institut für Rehabilitationswissenschaften der Humboldt-Universität zu Berlin, dem Bundesverband der Jugendrechtshäuser Deutschland sowie der Vereinigung Analytischer Kinder- und Jugendlichenpsychotherapeuten veranstaltet wurde. Ziel war es, durch interdisziplinäre Anstrengung therapeutische, gesellschaftliche, juristische, historische, familiäre, professionelle und emotionale Aspekte der Problematik von Gewalt in Therapien und ihren traumatischen Folgen zu klären.

Bärumarmumg (empfohlene Dauer von jeweils einer Stunde) gerichtet werden, das Eltern von systemischen Familientherapeuten mit Prekop-ähnlichen Begründungen angeraten wird. Vgl. Haim Omer/Arist von Schlippe, Autorität ohne Gewalt. Coaching für Eltern von Kindern mit Verhaltensproblemen. „Elterliche Präsenz“ als systemisches Konzept, Göttingen 2004, S. 89.

Thomas Müller

Ethische und medizinhistorische Aspekte körperlicher Gewalt in der Therapie

Ideologie, Tradition und Legitimation am Beispiel der Festhalte-Therapie

Im folgenden Beitrag werden zunächst beispielhaft Aspekte von Gewalt in der Therapie aus medizinhistorischer und medizinethischer Sicht dargestellt, um in Erinnerung zu rufen, dass Gewaltanwendung als integraler Bestandteil der Therapie, medizinhistorisch betrachtet, nicht allein auf den psychiatrisch-psychotherapeutischen Bereich der Therapien beschränkt war, sondern sich in einer ganzen Reihe weiterer Subdisziplinen der Medizin wie auch in anderen medizinischen, nicht explizit ärztlichen oder psychotherapeutischen Tätigkeitsfeldern nachweisen lässt. Perspektivisch gesprochen, kann uns Gewaltanwendung also theoretisch im gesamten Spektrum dessen begegnen, was Therapie genannt wird. Im zweiten Teil dieses Beitrags werden die ethischen Rahmenbedingungen näher beleuchtet, unter denen Heilvorstellungen, die eine Gewaltanwendung einschließen, in die therapeutische Praxis umgesetzt wurden und werden. Ich beschränke mich hier im Sinne des eigentlichen Themas bereits stärker auf die Erziehung und Therapie Minderjähriger. Angesichts des Aspektes der Praxis in der Therapie, wie auch der alltäglichen Erziehung, scheint mir unumgänglich, hier auch auf die zugehörige Ratgeberliteratur einzugehen. Im dritten Teil nehme ich auf den zentralen Gegenstand der diesem Band vorausgehenden wissenschaftlichen Fachtagung Bezug: Die so genannten Festhalte-Therapien.

1. Medizinhistorische Beispiele der Anwendung von Gewalt in der Therapie

Zum Aspekt der Säuglingspflege

Vorstellungen über korrekte Körperertüchtigung beginnen in der Fachliteratur der Jahrhundertwende zum 20. Jahrhundert bereits mit Ratschlägen für die Säuglingspflege. Der Film „Wege zu Kraft und Schönheit – Ein Film über moderne Körperkultur" beispielsweise vermittelt eindrückliche Bilder einer männlichen Person in weißer Kleidung, die vermeintlich und zeitgenössisch korrekte Übungen an einem Säugling vornimmt, die in den Augen heutiger Betrachtung als unangenehm und zumindest unangemessen wahrgenommen werden. Der Film stammt aus dem Jahr 1925 und ist rund 90 Minuten lang. Regie führte Wilhelm Prager; das Drehbuch schrieb Dr. med. Nicholas Kaufmann,[1] der offenbar auch als wissenschaftlicher Chefberater der Produktion fungierte. Aus dem Nachspann dieses Filmes geht hervor, dass man sich auf das Werk mit dem Titel „Säuglingsgymnastik" von Detleff Neumann-Neurode bezog, einem Major a. D., der in Berlin lebte und Leiter einer Anstalt für Säuglings- und Kleinkind-Gymnastik war.[2] In einem der beiden noch

1 Nicholas Kaufmann, schweizerischer Nationalität, wurde am 1. 12. 1892 in Berlin geboren. Nach dem Studium der Humanmedizin (und der Naturwissenschaften) praktizierte er an der Berliner Charité. Ab 1919 war er in der neu gegründeten Kulturabteilung der „Ufa" für den medizinischen und naturwissenschaftlichen Film zuständig. Leiter der entsprechenden Abteilung wurde er 1927. 1933 wurde er Chef einer eigenen Herstellungsgruppe bei der Ufa, deren Gesamtleitung er 1938 wieder übernimmt. 1944 siedelte er in die Schweiz über. An seine „Erfolge" kann er in der Nachkriegszeit, auch nach der Rückkehr nach Deutschland, nicht mehr anknüpfen. Er starb am 5. 5. 1970 in Wiesbaden. Siehe http://www.deutsches-filminstitut.de

2 Detleff Neumann-Neurode, Kindersport. Körperübungen für das frühe Kindesalter. Mit Vorworten von Prof. Heubner und Prof. Klapp, 4. Auflage, Berlin-Halensee 1924, in einer Anzeige der Buchklappe. Eventuell handelt es sich hier um die Publikation mit dem Titel „Kindersport" von Neumann-

existierenden Programmhefte wird diese Sequenz (inklusive der erneut dort abgedruckten Bilder) auch kurz beschrieben – im Rahmen eines Textes, der mit „Menschliche Körperschönheit im Film" betitelt ist und dessen Machart insgesamt vermuten lässt, dass es sich bei der im Film gezeigten Person tatsächlich um Neumann-Neurode handelt.[3] Ähnlich autoritäre Erläuterungen zur korrekten Bewegungsanleitung, Nahrungsaufnahme, zum Baden, Betten, selbst zum „Wachsen" von Kindern kann man einer Publikation von F. Schulz entnehmen (1922),[4] in deren Anhang unter „selten gewordenen pädagogischen Schriften früherer Zeiten" u. a. auf Martin Luthers Predigt zum Thema aufmerksam gemacht, jedoch ebenso auf Rousseau und Pestalozzi hingewiesen wird. Ziel der Schrift von Schulz ist die Entwicklung eines „sittlich-religiösen Charakters".[5]

Festzuhalten ist, dass die von diesen Autoren vertretene, vermeintlich notwendige Korrektur der Bewegungsabläufe von Kindern sehr früh, nämlich bereits im Säuglingsalter, beginnt. In Neumann-Neurodes Publikation mit dem Titel „Kindersport" von 1924 ist im Vorwort vom „Kampf des Lebens" die Rede, der erfolgreich zu bestehen sei: „Unsere Zeit braucht starke Menschen." Typisch für zeitgenössische Schriften, wird auf die Großstadt abgehoben und den Schaden, der für ein gesundes Leben von ihr ausgehe.[6] Gleichzeitig

Neurode, und nicht wie angegeben um eine Publikation mit dem Titel „Säuglingsgymnastik", was bis zur Drucklegung dieses Beitrags nicht geklärt werden konnte.

3 Für diese Informationen danke ich Daniel Wildmann, Berlin.

4 F. Schulz, Kindeskunde. Ueber Pflege und Erziehung des vorschulpflichtigen Kindes, Annaberg/Erzgebirge 1922.

5 Ebenda, S. 33.

6 Neumann-Neurode, Kindersport, S. 7. Johanna Bleker hat bereits in einer Arbeit zur Qualität der Urteilsbildung von Ärzten im 18. und bis zum Ende des 19. Jahrhunderts darauf hingewiesen, wie sehr auch ärztliche Stellungnahmen zur „Stadt als Krankheitsfaktor" von allgemeinen und medizinischen Vorurteilen geprägt waren. Johanna Bleker, Die Stadt als Krankheitsfaktor. Eine Analyse ärztlicher Auffassungen im 19. Jahrhundert, in: Medizinhistorisches Journal 18 (1983) S. 118–136.

werde derart und mit Hilfe der dargestellten Übungen, die breit zur Anwendung kommen, „das Krüppeltum verhindert".[7]

Hinsichtlich des Parts der Mutter in der Erziehungssituation beziehungsweise hinsichtlich der Beispiele problematischer Literatur, in der das Mutter-Sein oder gar das „gute" Mutter-Sein propagiert, definiert und erklärt wird, verweise ich an dieser Stelle auf bereits vorliegende Beiträge von Ute Benz.[8]

Zur Geschichte der Kinder- und Jugendpsychiatrie

Die Geschichte auch der Kinder- und Jugendpsychiatrie zeugt, beispielsweise für die Zeit des Nationalsozialismus, von Gewalt und ihrer umfassenden Anwendung. Von der zeitgenössischen Medizin als „erbkrank" oder „unheilbar" Bezeichnete wurden an der Fortpflanzung gehindert und nach 1939 auch ermordet. Unter dem Begriff „Gnadentod" wurde selbst dies noch als „Therapie" bezeichnet, zu der angeblich eine vorhergehende „vorsichtige Diagnostik" durchge-

7 Neumann-Neurode, Kindersport, S. 9.

8 Ute Benz, Deutsche Frau und deutsche Mutter. Die langen Wirkungen der Ideologisierung im Nationalsozialismus, in: Ortrun Niethammer (Hrsg.), Frauen und Nationalsozialismus: historische und kulturgeschichtliche Positionen, Osnabrück 1996, S. 144–155; dies., Der Mythos von der guten Mutter. Zur Tradition der politischen Instrumentalisierung eines Ideals, in: Brigitte Rauschenbach (Hrsg.), Erinnern, Wiederholen, Durcharbeiten. Zur Psychoanalyse deutscher Wenden, Berlin 1992, S. 148–156; dies., Brutstätten der Nation. „Die deutsche Mutter und ihr erstes Kind" oder der anhaltende Erfolg eines Erziehungsbuches, in: Dachauer Hefte 4 (1988) S. 144–163, Nachdruck München 1992. Benz nimmt hier kritisch auf Publikationen von Johanna Haarer bzw. deren Tochter Anna Hutzel Bezug: Johanna Haarer, Die deutsche Mutter und ihr erstes Kind. Erstmals erschienen im Verlag J. F. Lehmanns, München/Berlin 1934, seit 1949 im Carl Gerber Verlag, München, unter dem Titel: Die Mutter und ihr erstes Kind, und unter der Mitwirkung ihrer Tochter Dr. med. Anna Hutzel, sowie auf Beiträge von Meves: Christa Meves, Es geht um unsere Kinder. Erfahrungen und Einsichten aus der Beratungspraxis, Gießen/Basel 1988. Die Publikation von Haarer/Hutzel ist inzwischen vergriffen. Ob der Verlag von weiteren Nachdrucken des Werkes von 1934 (!) grundsätzlich Abstand genommen hat, konnte nicht eruiert werden.

führt worden sei. Ab Sommer 1940 wurden an verschiedenen deutschen Heil- und Pflegeanstalten so genannte Kinderfachabteilungen errichtet, wie beispielsweise in der Brandenburgischen Heil- und Pflegeanstalt Görden. Die Begriffswahl „Kinderfachabteilung" war zynisch und, milde formuliert, ein Euphemismus, denn diese Abteilungen dienten ausschließlich der Begutachtung und Tötung „lebensunwerter Kinder".[9] Es ist dies ein besonders deutliches und grausames Beispiel der Anwendung von Gewalt zum Zwecke der Durchführung eines übergeordneten Programms, das man als „Höherzüchtung" des deutschen Volkes bezeichnete.[10] Als schützenswert erachtet wurde ärztlicherseits nicht das Individuum, sondern der „Volkskörper".

Zur Psychiatrie

Auch die Psychiatrie der Erwachsenen kennt das Problem der Gewaltanwendung, und natürlich ist dieses Problem älter als die Zeit des Nationalsozialismus. Dass eine unmäßige Reduzierung der täglichen Nahrungsmittel bei psychiatrischen Patienten nicht erst im Zweiten, sondern bereits im Ersten Weltkrieg zum Hungertod von vielen tausend Menschen führte, ist inzwischen belegt und weithin bekannt.[11] Dieser Maßnahme gingen Entscheidungsprozesse auf übergeordneter Ebene voraus, deren Verantwortliche anhand von rechnerischen Erwägungen indirekt und wissentlich über den Tod die-

9 Thomas Beddies, Kinder und Jugendliche in der brandenburgischen Heil- und Pflegeanstalt Görden als Opfer der NS-Medizinverbrechen, in: Kristian Hübener (Hrsg.), Brandenburgische Heil- und Pflegeanstalten in der NS-Zeit, Berlin 2002, S. 129–154.

10 Vgl. u. a. Thomas Müller/Thomas Beddies, Psychiatrie und Psychotherapie im nationalsozialistischen Deutschland. Teil I: Die Psychiatrie, in: Psychologische Medizin 15 (2004) S. 16–23.

11 Heinz Faulstich, Hungersterben in der Psychiatrie 1914–1949. Mit einer Topographie der NS-Psychiatrie, Freiburg 1998.

ser Patienten befanden. Das Überleben der Nation, die im Krieg stand, wurde hier als das höhere Gut festgelegt und auch umgesetzt.[12]

Dies ist jedoch nicht das einzige historische Kapitel zur Gewalt in der Psychiatrie des Ersten Weltkriegs: Bekanntlich ergab sich für das deutsche Militär ein gravierendes Problem durch die an der Front traumatisierten Soldaten, die man mit dem pejorativen Begriff „Kriegszitterer" bezeichnete, offensichtlich abgeleitet von einem sichtbaren körperlichen Symptom dessen, was wir heute, bei aller Vorsicht angesichts retrospektiver Diagnosefindung, als „posttraumatische Belastungsstörung" bezeichnen würden. Diese leiblich und eben häufig auch seelisch versehrten Patienten wurden einer Therapie zugeführt, die als „Kaufmann-Kur"[13] in die Psychiatriegeschichte einging. Bei dieser „Kur", die neben der „Willenstherapie" und „Arbeitsbehandlung" zur Anwendung kam, handelt es sich um eine Mischung aus Suggestivmaßnahmen und Elektroschocks, die übrigens auf der ganzen Linie versagte und indirekt zum ersten Mal der Psychoanalyse zu bahnbrechendem Erfolg verhalf,[14] sodass man von einem wahren

12 Dass nicht allein durch Nahrungsentzug Gewalt in der Psychiatrie angewendet wurde, sondern sich auch historische Beispiele der Gewaltanwendung aufgrund von Nahrungsverweigerung finden lassen, ist bekannt. Siehe zum Beispiel Kai Sammet, Die Diskussion um die Nahrungsverweigerung in der deutschsprachigen Psychiatrie um 1850, in: G. Nissen/F. Badura, Schriftenreihe der Deutschen Gesellschaft für Geschichte der Nervenheilkunde, Bd. 7, Würzburg 2001, S. 279–294.

13 Zur Kaufmannschen Methode, zu „Reiz-, Schock- und Überrumpelungstherapie", zu Willenstherapie und Arbeitsbehandlung sowie einer Reihe von „Psychotherapien", die auch noch in den zwanziger Jahren Anwendung fanden, siehe Uwe Zeller, Psychotherapie in der Weimarer Zeit – die Gründung der „Allgemeinen Ärztlichen Gesellschaft für Psychotherapie" (AÄGP), Tübingen 2001, S. 63–78.

14 Karen Brecht/Volker Friedrich/Ludger M. Hermanns/Isidor J. Kaminer/Dieter H. Juelich (Hrsg.), „Hier geht das Leben auf eine sehr merkwürdige Weise weiter ..." Zur Geschichte der Psychoanalyse in Deutschland, Hamburg 1985, S. 26. Vgl. auch Peter Büttner, Freud und der Erste Weltkrieg. Eine Untersuchung über die Beziehung von medizinischer Theorie und gesellschaftlicher Praxis der Psychoanalyse, Diss. phil., Heidelberg 1975, S. 27–37 und 63–67.

Boom der Psychoanalyse sprechen konnte.[15] Der Grund für diesen Boom war der vergleichsweise hohe therapeutische Erfolg der psychoanalytischen Behandlung der traumatisierten Soldaten, mit der – ethisch gesehen – nicht unbedenklichen Konsequenz, dass diese Soldaten wieder in den Krieg zogen. Die Vertreter der erfolglosen Kaufmann-Kur wie auch die tätig werdenden Psychoanalytiker stellten ihre Dienste hier dem deutschen Heer zur Verfügung, in der Hoffnung, das politische Ziel eines militärischen Sieges damit zu befördern. Zum Wohl der behandelten Individuen gereichte dies in den wenigsten Fällen.

Zur Pädiatrie

Auch aus der Disziplin der Kinderheilkunde sind historische Beispiele für das gewaltsame Anwenden von Therapien bzw. von körperlicher Gewalt bis hin zur Inkaufnahme des Todes beziehungsweise der Herbeiführung des Todes der „behandelten“ Kinder bekannt. Um nur eines dieser Beispiele zu nennen: Bei den Versuchen im Rahmen der Forschung zur Tuberkulose-Immunisierung,[16] die während des Nationalsozialismus an kranken und behinderten Kindern vorgenommen wurden, muss man von Krankenmord sprechen. An diesen Versuchen war, wie in anderen zeitgenössischen Forschungsbereichen auch,[17] ein umfangreiches Netz von NS-Wissen-

15 Vgl. Uwe Zeller, Psychotherapie in der Weimarer Zeit. Die Gründung der „Allgemeinen Ärztlichen Gesellschaft für Psychotherapie“ (AÄGP), Tübingen 2001, hier v. a. S. 31–39, sowie Hans-Joachim Bannach, Die wissenschaftliche Bedeutung des alten Berliner Psychoanalytischen Instituts, in: Psyche 25 (1971) S. 242–253.

16 Thomas Beddies/Heinz-Peter Schmiedebach, „Euthanasie“-Opfer und Versuchsobjekte. Kranke und behinderte Kinder in Berlin während des Zweiten Weltkriegs, in: Medizinhistorisches Journal 39 (2004) S. 165–196.

17 Gerhard Baader, Auf dem Weg zum Menschenversuch im Nationalsozialismus. Historische Vorbedingungen und der Beitrag der Kaiser-Wilhelm-Institute, in: Carola Sachse (Hrsg.), Die Verbindung nach Auschwitz. Biowissenschaften und Menschenversuche an Kaiser-Wilhelm-Instituten, Göttingen 2004, S. 105–157.

schaftlern beteiligt – von der Auswahl der Kinder für diesen Exzess der Gewalt bis hin zu den Sektionen – und trug so, nach zeitgenössischen Auffassungen, zur „Wissenschaft“ bei.

Die medizinhistorische Aufarbeitung dieser so genannten Forschung ergab darüber hinaus die Entlarvung des ohnehin problematischen, von den zeitgenössischen Akteuren häufig im Mund geführten Begriffs „Gnadentod“. Denn entgegen der zeitgenössischen öffentlichen Darstellung ging es nicht etwa um das Beenden individuellen Leids, sondern ganz im Gegenteil um die als „Befreiung“ verstandene Entlastung des „Volkes“ von diesen Kindern, die als „Ballastexistenzen“ bezeichnet wurden.

Gewaltanwendung findet sich auch in der Geschichte der Behindertenpädagogik, beispielsweise in der Behandlung autistischer Kinder. Die so genannte Festhalte-Therapie wird von ihren Verfechtern insbesondere auch für die Behandlung von Autisten empfohlen,[18] weshalb an dieser Stelle nicht näher auf das Feld der Behindertenpädagogik eingegangen werden soll. Ein weiteres medizinisches, in Deutschland jedoch nicht klassisch ärztliches Berufsfeld ist die Physiotherapie. Die Verfahren der Physiotherapie sind äußerst vielfältig und unterscheiden sich neben vielen anderen Punkten auch in der Frage der unterschiedlich massiven Einwirkung auf den behandelten Patienten und seinen Körper.

Neben diesen ausgewählten Beispielen möchte ich vor allem auf Folgendes hinweisen: Ein wesentlicher und aufschlussreicher Aspekt in der medizinhistorischen Betrachtung der Zeit ab den 1920er-Jahren bis in die Gegenwart war die Abkehr von einer Art Individualmedizin, die sich bis in die späte Weimarer Republik hinein etabliert hatte, hin zu einer „Medizin für das Ganze“, für den deutschen „Volkskörper“ zum Zwecke der „Höherzüchtung“ des „deutschen Volkes“ in den Jahren des Nationalsozialismus in Deutsch-

18 Colin Goldner, Die Psycho-Szene, Aschaffenburg 1997, überarb. Neuaufl. 2000, S. 269 f.

land.[19] Dieser Abwendung von der Individualmedizin im Rahmen der „Neuen deutschen Heilkunde“ folgte eine Phase der Entwicklung von Konzepten, die zwar in den Dekaden zuvor immer auch präsent geblieben waren, jedoch nun zu umfassender Durchsetzung gelangten und die ihrerseits auf ideologische Wurzeln bis ins 19. Jahrhundert zurückverfolgt werden können. Die beginnende Biologisierung der Wissenschaften und das Aufkommen populärer rassenhygienischer Entwürfe, vor allem ab der zweiten Hälfte des 19. Jahrhunderts, beförderten diese Konzepte, von denen dann viele im Nationalsozialismus umfassender, radikaler und grausamer als je zuvor umgesetzt wurden.

2. Ethische Rahmenbedingungen und Problemstellungen

In unserem Zusammenhang geht es um die Anwendung von Gewalt in der „Therapie“. Der Zweck dessen, was Anamnese, also die Erhebung einer Krankengeschichte, sowie der Befund wie auch drittens die Diagnose hervorbringen, ist in der Tat eben die Therapie, die je nach Fachgebiet und Tätigkeit dann weiter spezifiziert werden kann. Das griechische Substantiv „therapeia“, zu deutsch wörtlich: „die Pflege“, wird gemeinhin verstanden als die Behandlung von Kranken.[20] Abgesehen davon, dass die Fokussierung der Behandlung auf Kranke bereits eine Einschränkung darstellt, die vorbeugende, erziehende oder die Gesundheit erhaltende Behandlungen ausschließt, stellen sich hier weitere Probleme: Der Begriff „Therapie“ ist nicht klar definiert. Der Zugang zur Ausübung einer Therapie oder gar die Qualität der Ausübung dieser Therapie sind jedoch kaum zu sichern, wenn solche zentralen Bezeichnungen nicht ge-

19 Vgl. u. a. Müller/Beddies, Psychiatrie und Psychotherapie im nationalsozialistischen Deutschland. Teil I, S. 16–23.

20 K. Sadegh-Zadeh, Medizinische Terminologie, Tecklenburg 1980, 7. Aufl. 1998, S. 63 und 92.

schützt werden. Auch im Fall der Festhalte-Therapien und hinsichtlich der hohen Aufmerksamkeit, die diesen Therapien seit geraumer Zeit entgegengebracht wird, ist dieser Aspekt, wie übrigens bei einer Reihe anderer so genannter Therapien, die auf dem freien Markt angeboten werden, relevant. Der Begriff „Psychotherapie" lässt also bereits eine gewisse Trennschärfe vermissen.

Doch dies ist erst ein kleiner Teil des Problems. Denn der Anbieter oder die Anbieterin einer wie auch immer gearteten Therapie muss gar nicht auf den Begriff „Psychotherapie" zurückgreifen, beispielsweise wenn es um die Hilfestellung für Eltern geht, die sich mit der Erziehung ihrer Kinder, oder Problemen, die ihre Kinder an sie herantragen, überfordert fühlen. In der Regel wird sogar der Begriffsteil „Therapie" vermieden. In bestem demokratischen Verständnis darf jeder anbieten, der meint, etwas zu sagen zu haben: In den entsprechenden Abteilungen größerer Buchhandlungen stößt man auf mehrere Meter Buchrücken allein zum Thema Ratgeber-Literatur über Kinder-Erziehung, zu Erziehungsproblemen in verschiedenen Lebensphasen, zum Umgang mit der Scheidung der Eltern und so weiter. Die griffigen Titel dieser Werke lauten: „Wie Kinder Werte lernen", „So helfe ich unserem Kind durch die Scheidung", „Kinder wollen Werte", „Rituale für Kinder", „Kinder brauchen Rituale", „Kinder brauchen emotionale Intelligenz", „Die sieben Grundbedürfnisse von Kindern" oder „Eltern sind nicht immer schuld" bis hin zu Titeln wie „Kinder gefährden Ihre Gesundheit. Erfahrungen einer nicht ganz perfekten Mutter" und „Wenn Eltern die Wut packt". Auch begegnet man auf den ersten Blick witzig aufgemachten Ratgebern, wie dem von Amelie Fried verfassten Buch „Die Störenfrieds",[21] in dem auf dem Klappentext bereits darüber aufgeklärt wird, dass es zwar „normal" sei, wenn man gelegentlich „Lust habe, die eigenen Kinder aus dem Fenster zu werfen", jedoch „nicht normal", „wenn Sie es tun!"

21 Amelie Fried, Die Störenfrieds, München 1995.

Es ist recht offensichtlich, dass hier von den entsprechenden Autoren den Eltern die Solidarität angeboten wird – und nicht den Kindern.[22] Halten wir dies fest. Es liegt in der Natur der so genannten Ratgeber-Literatur, dass sie sich – anders als gute wissenschaftliche Fachliteratur – in der Regel darüber ausschweigt, aufgrund welcher präzisen Diagnose, welcher Krankheitsgeschichte und aufgrund welchen individuellen Befunds ein Prinzip, eine Therapie oder ein im jeweiligen Beitrag propagierter Erziehungs-Grundsatz in welcher Form angewendet wurde beziehungsweise als Lehrbeispiel zur Nachahmung angeboten wird. Ein Problem scheint mir darin zu liegen, dass vermeintliche klare und jedenfalls „normale" Eltern-Kind-Beziehungen beschrieben werden, in denen sich das Kind nach Dafürhalten des Autors nicht „richtig"[23] verhält, was je nach Autor und Autorin unterschiedlich stark reflektiert und hinsichtlich der Psychologie der Eltern-Kind-Beziehung auch unterschiedlich tiefgründig analysiert wird, ohne dass dem Leser oder der Leserin die analytische Herleitung oder gar Authentizität der geschilderten Episode offenbart werden. Also eine Ratgeber-Literatur im wörtlichen Sinne, jedoch eben keine wissenschaftliche Fachliteratur.[24]

22 Ulrike Lehmkuhl/Gerd Lehmkuhl, Ethische Fragen in der Psychotherapie von Kindern, Jugendlichen und Familien, in: Zeitschrift für Individualpsychologie 25 (2000) S. 184–196.

23 Bezüglich der allzu gewissen Zuordnung dessen, was in Fragen der Erziehung als „gut" bzw. „richtig" versus „böse" bzw. „falsch" zu bezeichnen wäre, vgl. auch Benz, Deutsche Frau und deutsche Mutter, S. 147–149.

24 Eine Möglichkeit der Fehlanwendung solcher Ratgeber-Literatur besteht aus meiner Sicht beispielsweise darin, dass deren Konsumenten, durchaus nach bestem Wissen und Gewissen, die geschilderten „Fallbeispiele" in der Folge irriger Einschätzung und falscher Diagnostik in ihre eigene Lebenssituation, also Eltern-Kind-Beziehung hineininterpretieren und die angebotenen Ratschläge mit Nachdruck umzusetzen versuchen. Und zwar ohne das Bewusstsein, Problematisches zu produzieren, und obendrein mit der moralischen Stärkung, die sich aus dem imaginierten Beistand des Experten speist, dessen Ratgeber man gerade käuflich erworben und gelesen hat.

Es ist aus Sicht der kaufenden Leserschaft ein großes Plus der Ratgeber-Literatur, dass sie in didaktisch klaren und gut verständlichen Beispielen naturgemäß eigentlich sehr komplexe zwischenmenschliche Problemfelder (häufig vermeintlich) verständlich zu machen scheint. Und bei aller Kompetenz des Laien, der sich hilfe- oder ratsuchend an diese Literatur wendet, muss man dennoch zugestehen, dass häufig ein Ungleichgewicht der Urteilsfähigkeit zwischen Autoren und Autorinnen der Ratgeber-Literatur einerseits und ihrer Leserschaft andererseits besteht und dass in der Not Ratschläge leichter angenommen werden.[25] Halten wir hier also fest, dass die Beurteilung des Nutzens einer Therapie oder der Frage, ob eine Therapie für mich selbst als Anwender geeignet und relevant ist oder für meine Kinder, notwendigerweise an Transparenz gebunden sein müsste.

Die Tatsache, dass die Individualität der Ratsuchenden hinsichtlich der Wirksamkeit der Konzepte, die in dieser Literatur häufig angeboten werden, offenbar keine Rolle spielen sollte, bringt uns zu einer Frage, die ich allerdings als zentral erachte: Wem soll mit den in der Ratgeber-Literatur angebotenen Lösungen eigentlich geholfen werden? Wem nutzt die jeweils propagierte Therapie?

Das Studium der Medizingeschichte nicht nur des 20. Jahrhunderts lehrt, dass die Antwort auf diese Frage sehr unterschiedlich ausfallen kann: Welche Akteure im Feld propagieren zu welcher Zeit oder in welchem historischen Kontext und in welcher Gesellschaftsform, unter welchen (gesundheits-) politischen Gesichtspunkten, welche Therapieform sinnvoll ist und wem diese Therapie nutzen soll?[26]

25 Dass angesichts eines zu geringen Angebotes an Psychotherapie für Kinder den Eltern in subjektiv problematisch erlebten Situationen nicht geholfen ist, sondern dieser Umstand die Nutzung von Ratgebern oder des Angebots von freien Anbietern noch fördert, versteht sich von selbst. Petra Bühring/Catrin Marx, Weltkongress für Kinder- und Jugendpsychiatrie. Interview mit Prof. Dr. Helmut Remschmidt, in: Deutsches Ärzteblatt 101 (2004), S. B1800–B1802.

26 Lehmkuhl/Lehmkuhl, Ethische Fragen.

Konkreter gefragt: Nützt die Therapie vor allem dem Therapeuten selbst? Pekuniäre Aspekte kommen hier ins Spiel. Oder nutzt die Therapie dem Patienten? Also der ethisch quasi einwandfreie Fall, der eigentlich immer und ubiquitär propagiert wird, jedoch, wie wir ahnen und wissen, nicht immer vorliegt. Oder nützt die Therapie gar einem Kollektiv, das irgendwie „verbessert" werden soll, dessen durchschnittlicher Status, gesundheitlich und im Kollektiv betrachtet, gehoben werden soll – und dessen Anbieter gar an individuell orientierten Werten oder Ethiken gar nicht interessiert sind, sondern im Sinne einer Ideologie, einer Vision oder auch nur einer wie auch immer gearteten höheren Ordnung vielleicht ihr Handeln ausrichten?

Man denke beispielsweise an die Konzepte der Sozialhygiene, deren Wurzeln bis ins 19. Jahrhundert zurückreichen und deren Ansätze unter dem Begriff „Rassenhygiene" im Nationalsozialismus radikalisiert und brutal umgesetzt wurden. Und perspektivisch gesprochen: Wir müssen uns darüber klar werden, dass es einen deutlichen Unterschied macht, ob wir in einer Gesellschaft leben wollen, in der versucht wird, individuelle Werte und Rechte mit den Bedürfnissen der Gesellschaft auszutarieren und zu verhandeln, oder ob die Bedürfnisse des Einzelnen angesichts gesamtgesellschaftlicher Notwendigkeiten vernachlässigt werden. Und auf das Gesundheitssystem übertragen: Ob wir ein Gesundheitssystem haben wollen, das individuelle Therapie in einem die Menschenwürde nicht missachtenden Maße garantiert, oder ob, wie im Nationalsozialismus, die „Volksgesundheit" im Fokus eines übergeordneten Interesses steht. Und bezogen auf die Therapie mit Kindern muss bei der Beurteilung von Therapiemaßnahmen das Augenmerk darauf gerichtet sein, ob eine Therapie individuell angepasste, problemorientierte Lösungen zur Verfügung stellt und dabei den Willen und die Rechte Minderjähriger respektiert, oder ob angesichts einer suggerierten höheren Ordnung die Bedürfnisse des Individuums, gerade wenn es minderjährig ist, hintangestellt oder gänzlich missachtet werden.

3. Die so genannten Festhalte-Therapien

Die so genannten Festhalte-Therapien erfuhren seit den 1980er-Jahren beachtliche Verbreitung. In der Regel werden Anleitungen zu diesem Verfahren seitens der Eltern privat entlohnt. Die Therapie wird von den Befürwortern allgemein als geeignete Hilfe erachtet, „die Defizite in den ersten drei [Lebens-] Jahren auszugleichen".[27] Vokabeln wie „Bindungsunterbrechung", „Muttermangelsyndrom", „geordnetes Familiensystem" begleiten die Publikationen und Tagungsankündigungen. Eine technisierte, gefühlskalte, eigentlich gar nicht zivilisierte (und auffallend häufig mit dem Zusatz „westlich"[28] versehene) Welt wird kritisiert ebenso wie eine übertechnisierte Medizin und die Einrichtung der Kinderkrippe, die sich allesamt auf eine gesunde Kindesentwicklung negativ auswirken würden.[29]

Von zentraler Bedeutung und durch Publikationen wie Literaturhinweise unübersehbar ist der Name der 1929 geborenen promovierten Diplom-Psychologin Jirina Prekop, die am Stuttgarter Olgahospital tätig war und von der die Information mitgeteilt wird,

27 So zum Beispiel die Ankündigung des Titels eines Referats auf dem Kongress „Ohne Nestwärme kein freier Flug", der vom 14.–17. Oktober 2004 in Salzburg stattfand und zu dem die „Gesellschaft zur Förderung des Festhaltens als Lebensform und Therapie e. V." einlud. Die Leserschaft einiger Publikationen Prekops, wie bspw. von „Der kleine Tyrann", wird am Ende des Buches direkt aufgefordert, sich bei Fragen und Problemen an die eben erwähnte Gesellschaft zu wenden.

28 Es bliebe einer weiteren Studie vorbehalten, zu untersuchen, ob ein inhaltlicher Zusammenhang zwischen diesen die Pädagogik betreffenden Stellungnahmen und der Kritik des „Westens" der 1930er-Jahre besteht, die in der Tendenz eine ideologische Kritik an Liberalismus und Demokratie darstellte und beispielsweise für zeitgenössische Positionen eines Ernst Niekisch charakteristisch war, der dieser Kritik am „Westen" seine Parteinahme für den Regierungsstil Stalins gegenüberstellte. Michael Pittwald, Zur Entwicklung völkischen Denkens in der deutschen Arbeiterbewegung: Der Nationalrevolutionär Ernst Niekisch, in: Internationale Wissenschaftliche Korrespondenz zur Geschichte der deutschen Arbeiterbewegung, 1996, S. 3–22.

29 Vgl. die Abstracts der Tagung zu Ehren von Jirina Prekop (vgl. Anm. 27).

sie habe das Verfahren der Festhaltetherapie von der US-Amerikanerin Martha Welch, einer New Yorker Psychologin, erlernt,[30] die es allerdings, auch wegen der öffentlichen Kritik daran, nie etablieren konnte.[31] Letzteres ergibt sich durch Recherchen.[32] Die Festhalte-Therapie umfasst, wenn man so sagen kann, ein „Konzept", das inzwischen auch vielerlei Abwandlungen erfahren hat. Konzepte mit prinzipiellen Ähnlichkeiten erscheinen unter einer Vielzahl von anderen Namen und Begriffen, teilweise auch in Verbindung mit bekannten, akzeptierten und etablierten Therapieformen wie zum Beispiel der Verhaltenstherapie.Von Prekop erhältliche Buchtitel, die sich sämtlich in den Regalen zur Ratgeber-Literatur großer Buchhandlungen finden lassen, sind u. a. „Erstgeborene. Über eine besondere Geschwisterposition", 2000 (5. Auflage 2003). Oder das zusammen mit der Kinderärztin Christel Schweizer verfasste Buch: „Unruhige Kinder. Ein Ratgeber für beunruhigte Eltern", 1997 (5. Auflage 2003), in dem warnend auf die „immer drängendere Zeiterscheinung" des unruhigen Kindes hingewiesen wird, auf das Phänomen der „Hyperaktivität", in dem erklärend von „konstitutioneller Veranlagung" die Rede ist[33] und in dem die Leserschaft in der Einleitung empfangen wird mit dem saloppen Satz: „Es gab ihn schon immer, den Zappelphilipp."[34] Es ist allerdings schlichtweg falsch, von einem klar umrissenen Krankheitsbild, jedenfalls etwas Korrekturbedürftigem auszugehen, wenn der Begriff „Zappelphilipp" fällt.[35]

30 Entnommen der Buchpublikation von Jirina Prekop, Erstgeborene. Über eine besondere Geschwisterposition, München 2000, 5. Aufl. 2003.

31 Goldner, Die Psycho-Szene, S. 270.

32 Ebenda, S. 271.

33 Jirina Prekop/Christel Schweizer, Unruhige Kinder. Ein Ratgeber für beunruhigte Eltern, 5. Aufl., München 2003, S. 14.

34 Ebenda, Einleitung.

35 Dies wurde jüngst erst von dem Freiburger Medizinhistoriker Eduard Seidler aufgezeigt, genauso wie die Tatsache, dass es sich bei dem Allgemeinarzt Heinrich Hoffmann (1809–1894), dem „Erfinder" dieser Figur, nicht um den Erstbeschreiber einer Krankheit handelt, sondern um einen Vater, der sich mit seinem Sohn auseinander setzte und erst Jahre später als Arzt zur

Diese Publikation von Prekop und Schweizer ist für die Frage nach dem ideologischen Hintergrund der Festhaltetherapien aufschlussreich, da sie uns über die zentrale Rolle informiert, die die Autorinnen der Religion zuschreiben. Die Autorinnen bieten Religion quasi als Allheilmittel an[36] und versuchen den Begriff mit etymologischen Herleitungen – „re-ligio", gelesen als „Wiedereinbindung" – plausibel zu machen. Ziel der Behandlung sei die „Wiedereinbindung in die schöpfungsbedingten Ordnungen". Auf S. 212 dieser Publikation bekommt die Leserschaft auch eine Definition der Festhaltetherapie angeboten: „Das prolongierte Halten des hyperaktiven Kindes in dichtem Körperkontakt ist hier nicht im Sinne eines Wahrnehmungstrainings zu verstehen, sondern vielmehr im Sinne einer Möglichkeit, aversive Gefühle offen auszudrücken und damit Beziehungskonflikte aufzulösen."[37] Eine quasi als Lehrbuch fungierende Publikation erschien unter dem Titel: „Hättest Du mich festgehalten ... Grundlagen und Anwendungen der Festhalte-Therapie".[38] Allgemein und wohl am bekanntesten ist Prekops Publikation mit dem Titel „Der kleine Tyrann". Das Buch, das im Titel an die Pädagogik der „kleinen unerbittlichen Haustyrannen" einer Johanna Haarer (Ursprungsfassung von 1934) erinnert,[39] erschien in einem renommierten Verlag seit 1988. Überarbeitet wurde das Taschenbuch 1998 – zweifelsfrei ein Erziehungs-Bestseller.

Psychiatrie fand. Auch ist falsch, den literarischen „Zappelphilipp" mit dem sog. ADHS, dem Aufmerksamkeits-Defizit-Syndrom gleichzusetzen. Eduard Seidler, Von der Unart zur Krankheit. „Zappelphilipp" und ADHS, in: Deutsches Ärzteblatt 101 (2004), S. A239–A243.

36 Prekop/Schweizer, Unruhige Kinder, S. 226.

37 Den Autorinnen zufolge besagt der Begriff „Therapie", dass Anleitung durch einen Therapeuten unverzichtbar ist, wobei nicht definiert ist, was unter Anleitung zu verstehen ist. Prekop/Schweizer, Unruhige Kinder, S. 212.

38 Jirina Prekop, Hättest Du mich festgehalten ... Grundlagen und Anwendungen der Festhalte-Therapie, München 1999.

39 Vgl. Benz, Deutsche Frau und deutsche Mutter, S. 148.

Dieses Buch entzieht sich einer schnellen Bewertung auf den ersten Blick. In der erweiterten Neuauflage findet sich ein umfangreicher Anhang, in dem beispielsweise psychiatrische Diagnosen diskutiert werden. Hier richtet man sich an Fachleute und bezieht sich auf das so genannte DSM-III, ein im therapeutisch-medizinischen Berufsfeld bekanntes diagnostisches und statistisches Manual psychischer Störungen.[40] Man bietet an, sich der „Herrschsucht", dem Störungsbild, um das es in diesem Buch zentral geht, wissenschaftlich zu nähern, und zitiert gar psychoanalytische Autoren wie Donald Winnicott oder Margaret Mahler – leider jedoch ohne inhaltlich auf diese Literatur einzugehen. Die Autorin fordert im Folgenden dazu auf, sich auf eine „instinktgebundene Form der Kinderbetreuung" (S. 156) zu besinnen und sich im Zweifelsfall an „noch primitiveren Kulturkreisen" (S. 158) zu orientieren. Erläuterungen oder gar Bezüge, die einem in ethnologischer Hinsicht zufrieden stellenden Beleg gleichkämen,[41] vermisst man. Zwischen „gut" und böse" wird, was das Verhalten von Kindern angeht, recht klar entschieden (S. 155).[42] Im Klappentext heißt es: „Sie sind niedlich und harmlos aussehende kleine Geschöpfe in zartem Alter – in Wirklichkeit aber erbarmungslose Ungeheuer, die ihre Eltern schikanieren und ihnen oft den letzten Nerv rauben. Die kleinen Tyrannen gehen um

40 Jirina Prekop, Der kleine Tyrann, München 1988. Erweiterte Neuauflage 1998. Hier zitierte 7. Auflage, München 2004.

41 Bei dem Beispiel, das eine peruanische bzw. eine grönländische Lebenswelt darstellen soll, handelt es sich zwar um häufig anzutreffende Stereotype, die jedoch eher Verballhornungen der Ethnologie gleichkommen, als plausible Belege für die angeführten Hypothesen darzustellen, die als Tatsachen daherkommen („Kinder müssen gehalten werden [...]").

42 Sinnbildlich hierfür ist auch, dass an einer Stelle ein Vater als Paradebeispiel herhalten muss für einen, „der zwischen gut und böse unterscheiden kann", der von Beruf Polizeiinspekor ist: Was als Wortwitz gemeint ist, verrät entweder den Lapsus, nicht zwischen Ordnungswahrung (der Aufgabe des Polizisten) und der Definition von „gut" entscheiden zu können – denn dies ist nicht in jedem Fall in eins zu setzen. Oder es offenbart gar die bewusste und gewollte Synonymisierung von „Ordnung" und „gut".

und verkehren die familiären Machtverhältnisse. Diese willensstarken Sprösslinge halten Mutter und Vater rund um die Uhr auf Trab und lassen sie tanzen wie Marionetten. Hilflos und ohnmächtig müssen die geplagten Eltern mit ansehen, wie ihre Sprösslinge unter wütendem Protest die Nahrungsaufnahme oder den Schlaf verweigern" – und so weiter und so fort.[43] Was auffällt, ist eine mit religiösen Begriffen und Vorstellungen („Geschöpfe") präsentierte Wortwahl, der Rekurs auf autoritäre Vorstellungen („verkehren die familiären Machtverhältnisse") eines familiären Machtgefüges sowie ein bei aller Fantasie doch überzeichnetes Bild von Eltern als „Marionetten". Dass das Buch quasi einer Anleitung oder auch Einladung zur Anwendung der Festhalte-Therapie gleichkommt, wird nicht verdeckt. Inzwischen verfügt die aktuelle Ausgabe über ein eigenes Kapitel, das dieses Verfahren erläutert (S. 172–178). Angesichts einer ganz offensichtlich zahlreichen Gegnerschaft wird in der Einleitung des Buches „Der kleine Tyrann" lediglich eine „Hypothese" angeboten. Der „lesende Wissenschaftler" wird gebeten, sich quasi einzubringen und dieses Buch lediglich als „Fundgrube für weitere Forschungen" zu betrachten (S. 14). Und wie gute wissenschaftliche Literatur enthält „Der kleine Tyrann" auch eine Art Stand der Forschung zum Thema, der unter dem Titel „Den Wurzeln der Herrschsucht auf der Spur" angeboten wird.[44]

In diesem Teil des Textes wird mit wenigen Beispielen auf die psychoanalytische Fachliteratur des 20. Jahrhunderts abgehoben, allerdings ohne präzise inhaltliche Information und ohne Herstellen des Bezugs zur Festhaltetherapie.[45] Auf der oberflächlichen Ebene

43 Prekop, Der kleine Tyrann, Klappentext.

44 Ebenda, S. 15.

45 Dem Spektrum an namhaften Psychoanalytikerinnen und Psychoanalytikern, teilweise mit internationalem Ruf, wird als „deutsches" Pendant in diesem Zusammenhang u. a. die lediglich in einschlägigen Kreisen bekannte Autorin Christa Meves beigestellt, zu der bereits Ute Benz kritisch Stellung genommen hat. Vgl. Benz, Der Mythos von der guten Mutter, hier v. a. S. 154 ff.

stellt sich die Autorin selbst der Frage der „Ethik“. Neugierig liest man: „Zur Ethik des Festhaltetherapeuten gehört, dass er sich selbst in höhere Ordnungen eingebunden weiß [sic!], und von hier auch die geistigen Kräfte für seinen inneren Halt schöpft. Aufgrund seiner ganzheitlichen Sichtweise sieht er nicht nur das Kind, sondern auch seine Einbindung in die Schöpfungsgesetze (Stufen des Wachsens, Größenordnungen, systemische Ordnungen). Jedem, der an einem Konflikt beteiligt ist, möchte er zu seinem Recht verhelfen, alle aversiven Gefühle zu äußern, um die Liebe erneuern zu können [...]. Die Liebe zum Feind als die höchste Form der menschlichen Liebe ist die spirituelle Grundlage [sic!] dieser Art des Festhaltens und der Festhaltetherapie.“[46] Dass hier keine Ethik diskutiert wird, ist offensichtlich.

Nachdem die Diagnose „Herrschsucht“ eingekreist und beschrieben worden ist, kommen in „Der kleine Tyrann“ auch die Ursachen zur Sprache. Hier lässt Prekop Christa Meves zu Wort kommen, die für den bedenklichen und jedenfalls verbesserungsfähigen Zustand der beschriebenen herrschsüchtigen Kinder vorrangig die „zunehmende Berufstätigkeit der Mütter von Säuglingen“ verantwortlich macht.[47] Fast im gleichen Atemzug wird das Werk des Verhaltensbiologen Konrad Lorenz mit dem Titel „Die acht Sünden der zivilisierten Menschheit“ bemüht, und man ahnt bereits, welchem Ordnungssystem hier ein Weg gebahnt werden soll.[48] In Prekops Sicht ist letztlich die Ursache der Herrschsucht, dass das Kind „sich nicht mehr instinktiv dem Stärkeren in der Rangordnung fügen kann“ und sich deshalb „ohne diesen Stärkeren schutzlos“ fühlt.[49] Oder mit Lorenz gesprochen, den Prekop hier erneut zitiert: Nicht nur, dass der Schöpfungsvorgang, durch den das Tier zum Menschen wurde,

46 Prekop, Der kleine Tyrann, S. 176.

47 Ebenda, S. 17.

48 Konrad Lorenz, Die acht Sünden der zivilisierten Menschheit, München 1984, S. 66, hier wiedergegeben nach Prekop, Der kleine Tyrann, S. 17.

49 Ebenda, S. 18.

umgekehrt werde, das Schlimmere sei, dass es „in irgendeiner geheimnisvollen Weise“ zu einer „Störung des moralischen Verhaltens“ beziehungsweise zu „einem Fehlen all dessen, was wir als gut und anständig empfinden“, komme, gar zu „einer aktiven Feindschaft gegen diese Empfindungen“.[50] Hier beginnt sich eine weitere Botschaft Prekops zu offenbaren. Kurz gesagt: In einer technisierten Welt setzt der „falsche“ Umgang mit Säuglingen „natürliche“ Rangordnungen außer Kraft, was der Störung einer wiederum christlich-religiös verstandenen (und dabei dennoch auch mit darwinistischen Vorstellungen angereicherten) Schöpfung gleichkomme, oder diese, Lorenz zufolge, gar rückgängig machen könnte.

Neben dem persönlichen Gewissen des Einzelnen wird ein so genanntes Sippengewissen etabliert, von dem – für Sozialwissenschaftler erstaunlich – behauptet wird, es sei „unabhängig von den Normen des jeweiligen Zeitgeistes“ und entspreche einer „übergeordneten Instanz“, die über die „Ordnung im System der Sippe“ wache. Dieses „Sippengewissen“ sorge „für den Ausgleich“ und begegne auch „schwarzen Schafen“ mit Güte.

Colin Goldner schrieb im Jahr 2000 über Jirina Prekop und die Festhaltetherapie:[51] „Das eigentlich zur ‚Behandlung schwieriger Kinder‘ gedachte Verfahren wird vielfach auch in der (primär-) therapeutischen Arbeit mit Erwachsenen eingesetzt. Festhaltetherapie, so Prekop, sei die schlichtweg ideale Methode, widerspenstige Kinder, die der Liebe ihrer Eltern mit Aufmüpfigkeit oder Trotz begegneten oder diese gar rund um die Uhr durch ständiges Herumtoben tyrannisierten, ordentlich auf Vordermann zu bringen. Das ‚psychisch gestörte‘ Kind müsse einfach solange in engster Umarmung festgehalten werden, auch und gerade gegen erbittertsten Widerstand, bis es diesen aufgebe und sich nicht mehr zur Wehr setze usw.“ Interessanterweise erwähnt Goldner in diesem Zusammenhang, dass

50 Ebenda.

51 Goldner, Die Psycho-Szene, S. 269–271, zur Familienaufstellung nach Bert Hellinger S. 271–276.

von Prekop ein spezieller Festhaltegurt, eine Art Zwangsjacke für zwei Personen, propagiert wird und kraft Prekops Autorität in den Augen der Anwender offensichtlich auch legitimiert ist. Eine Selbstdarstellung der „Gesellschaft zur Förderung des Festhaltens als Lebensform und Therapie e. V." zitierend, schreibt Goldner weiter: „Das Festhalten müsse möglichst oft, mindestens aber einmal täglich durchgeführt werden, die Dauer der Prozedur liege bei jeweils etwa vier Stunden; im Einzelfalle sei allerdings auch längeres Halten sechs Stunden und darüber, erforderlich, allemal solange, bis das Kind ‚seine Wut ausgeschrieen und seinen Kummer ausgeweint' habe."[52]

Prekop selbst beschreibt ihre Therapie als „zutiefst christlich-ganzheitlich" und als „Urform der Nächstenliebe".[53] Die Bewertung des „Deutschen Kinderschutzbundes" könnte konträrer nicht ausfallen: Der Bund bezeichnete die Festhaltetherapie als „Rechtfertigung für Gewalt: unerträgliche Machtanmaßung, kaschiert als therapeutisch notwendige Maßnahme".[54]

Exkurs:
Prekops „Festhalte-Therapie" und die „Familien-Aufstellung"

Inhaltliche Verbindungen bestehen zwischen Jirina Prekop und ihrem Konzept der „Festhalte-Therapie" einerseits und dem Konzept der Familienaufstellung von Bert Hellinger andererseits, von dem inzwischen über 100 Bücher sowie Videobänder existieren. Hellinger, ein ehemaliger Priester des Trappistenordens, gilt als der Begründer des Verfahrens der Familien-Aufstellung, das allgemein Hilfe und Aufklärung in lebenspraktischen Fragen anzubieten verspricht, al-

52 Alle vorstehenden Zitate nach ebenda, S. 269.
53 Wiedergegeben nach ebenda, S. 270.
54 Zit. nach ebenda, S. 271.

lerdings vor allem für Erwachsene. Dieses Verfahren hat in den letzten Jahren hierzulande eine sehr weite Verbreitung erfahren, wurde aber auch scharf kritisiert.

In dem bereits zitierten Buch von Prekop und Schweizer „Unruhige Kinder“ findet sich unter der Überschrift „Weiterführende Literatur“ am Ende des Werks auch der Verweis auf eine Publikation von Bert Hellinger. Die ideologisch-praktische Verbindung beider Verfahren manifestiert sich auch in einer Reihe gemeinsamer Publikationen: Zunächst auf inhaltliche Zusammenarbeit bezog sich die Publikation von Prekop und Hellinger mit dem Titel: „Wenn ihr wüsstet, wie ich euch liebe.“[55] In der mit der „Gesellschaft zur Förderung des Festhaltens als Lebensform und Therapie e. V.“ in Verbindung stehenden Zeitschrift „Holding Times“, die also im Namen bereits auf das so genannte Festhalten anspielt, erschien im gleichen Jahr ein weiterer Beitrag hierzu, nun von Prekop allein verfasst, mit dem Titel: „Von der geglückten Vermählung des systembezogenen Ansatzes Hellingers mit der Festhaltetherapie Prekops.“[56] Kritikwürdig erscheint hier, dass Prekop, beispielsweise in dem Buch „Der kleine Tyrann“ (S. 166), Hellinger einerseits in einem Atemzug nennt mit der amerikanischen Gründerin der systemischen Familientherapie, Virginia Satir, und dem deutschen Psychosomatiker Helm Stierlin, deren konzeptionelle Beiträge zur Entwicklung der systemischen Familientherapie zentral, wissenschaftlich evaluiert und

55 Jirina Prekop/Bert Hellinger, Wenn ihr wüsstet, wie ich euch liebe. Wie schwierigen Kindern durch Familien-Stellen und Festhalten geholfen werden kann, München 1998.

56 Jirina Prekop, Von der geglückten Vermählung des systembezogenen Ansatzes Hellingers mit der Festhaltetherapie Prekops, in: Holding Times 1 (1998), S. 1–4. In Prekop, Der kleine Tyrann, S. 168–171, wird dann auch ein „Aufstellungsbeispiel“ zum besseren Verständnis der „kleinen Tyrannen“ integriert. Prekop veröffentlichte dann im Jahr 2000 noch einmal einen Beitrag mit leicht verändertem Titel: „Von der geglückten Verbindung des systembezogenen Ansatzes mit der Festhaltetherapie“, in: G. Weber (Hrsg.), Praxis des Familien-Aufstellens. Beiträge zu systematischen Lösungen nach Bert Hellinger, 3. überarbeitete Aufl., Heidelberg 2000, S. 257–265.

nicht allein deswegen als weit gewichtiger zu bewerten sind als diejenigen Hellingers, was einer ungerechtfertigten Aufwertung von Hellingers Verfahren gleichkommt. Darüber hinaus geht Hellinger selbst in eigenen Stellungnahmen häufig nicht so weit, sein Verfahren der Familien-Aufstellung als „Therapie“ oder „Psychotherapie“ zu bezeichnen.[57]

Im Wesentlichen scheint die Gemeinsamkeit der beiden Verfahren Festhaltetherapie und Familienaufstellung in der Etablierung von Ordnungen zu bestehen, die oft willkürlich festgelegt zu sein scheinen, an religiöse oder darwinistische Vorbilder angelehnt sind oder jedenfalls paternalistischen Prinzipien das Wort reden: So findet die Interpretation der Eltern-Kind-Beziehung quasi in völliger Identifikation mit dem Part der Eltern statt, in deren Vorstellungen allein das Kind sich einzuordnen hat. Um diese Verfahren metaphorisch mit den dynamischen, konflikt-aufdeckenden Psychotherapie-Verfahren in Beziehung zu setzen, könnte man sagen, dass es sich bei dem von Prekop und Hellinger verbreiteten Slogan „Vergessen als Versöhnung“ geradezu um eine anti-psychoanalytische Haltung handelt. Kein Zweifel kann daran bestehen – und hier knüpfe ich an die eingangs erwähnten medizinhistorischen Beispiele an –, dass im Umsetzen dieser Verfahren das Subjekt immer einer Ordnung unterstellt wird.

Von der Zitierpraxis Prekops mit Berufung auf berühmte Namen sei auf einen weiteren Querverweis Bezug genommen, denn auch der Name eines berühmten Pädagogen fällt: Doch wird der Beitrag Johann Heinrich Pestalozzis (1746–1827) zur Pädagogik nicht detailliert aufgearbeitet, sondern die Autorin zitiert lediglich ein griffiges Wortgefüge aus einem Zeitungsartikel von 1986. Selbst

57 Martin Buchholz, Da sitzt das kalte Herz!, in: DIE ZEIT, Nr. 35, 21. August 2003, S. 11–13. Goldner, Die Psycho-Szene. Unter den von Goldner herausgegebenen Einzelbeiträgen siehe v. a. Artikel zu Hellingers Auffassung von Homosexualität, seiner Vorliebe für paternalistische Ordnungssysteme oder seiner Gleichsetzung von NS-Tätern mit ihren Opfern.

der berühmte Erzieher Pestalozzi habe das Festhalten propagiert. Im Zitat bei Prekop: „Das Festhalten ist keine neue Weisheit. Es wurde von jeher von verantwortungsvollen und intuitiven Pädagogen und Psychologen angewandt, zum Beispiel von Pestalozzi bei beziehungsgestörten Kindern.“[58]

Doch was Prekop hier als weitere Legitimation ihrer Position dienen soll, wird zu einem Schlüssel des Verständnisses für ihre Kritiker, zieht man nur die Fachliteratur zur Geschichte der Pädagogik zu Rate: Der Schweizer Volkserzieher und Volksschriftsteller Pestalozzi war einem praktischen Christentum in Form des Pietismus zugeneigt. Der Pädagoge Winfried Böhm schreibt über Pestalozzi, dass er einer der Ersten gewesen sei, die sich von der „Lichtgestalt“ Rousseau habe blenden lassen. Böhm, Professor für Pädagogik an der Universität Würzburg, wertet das von „Pestalozzi hinterlassene Tagebuch der Erziehung seines [Pestalozzis] Sohnes als eines der erschütterndsten Dokumente abendländischer Erziehungsgeschichte“.[59] Dabei ist hier weniger von Belang, dass viele von Pestalozzis realen Projekten scheiterten, was laut Böhm auch an der Selbstsucht und den Eigeninteressen der Beteiligten gelegen haben soll,[60] sondern sein ideologisches Konzept. Pestalozzi sprach von einem „Aufschwung des natürlichen Menschen zur Sittlichkeit“.[61] Wesentlicher noch: Diese pädagogische Idee kannte, wie andere Konzepte der Zeit, lediglich zwei Konstituenten: Die Natur einerseits und die Gesellschaft andererseits – worunter auch „Bedingungen“ des Lebens, der Erziehung zu verstehen sind. Solche Formen einer dualen Pädagogik prägten das 19. und 20. Jahrhundert. Im Nationalsozialismus erfuhren auch verschiedene Konzepte der Pädagogik eine Radikalisierung. Dies lässt sich beispielsweise an der Auffassung

58 Als Beleg F. Schorer, Autismus, in: Neue Zürcher Zeitung, 96, 1986.

59 Winfried Böhm, Geschichte der Pädagogik. Von Platon bis zur Gegenwart, München 2004, S. 76.

60 Ebenda, S. 77.

61 Zit. nach ebenda, S. 77.

des führenden Erziehungswissenschaftlers im NS-Deutschland, Ernst Krieck (1882–1947), zeigen. Krieck behauptete mit besonderer Unerbittlichkeit den ideologischen Charakter der Erziehung.[62] Nur in der Gemeinschaft erhalte das Leben des Einzelnen einen Sinn, wobei Krieck eine auf das Blut gegründete rassische Gemeinschaft vor Augen hatte, von der sich die „Einheit des Fühlens, Wollens und Handelns" herleite.[63]

Doch das 20. Jahrhundert brachte hinsichtlich der pädagogischen Idee eine Neufassung mit sich, wie Böhm erläutert, die in Bezug auf die Determinierung und Limitierung auf Natur und Gesellschaft eine Erweiterung darstellt. Man leugnete zwar die natürlichen Gegebenheiten und die gesellschaftlichen Voraussetzungen der Erziehung nicht, sondern untersuchte und erforschte diese ganz im Gegenteil immer intensiver und differenzierter. Gleichzeitig durchschaute man Böhm zufolge jedoch sowohl die Absolutsetzung der Natur als auch jene der Gesellschaft in ihrer pädagogischen Einseitigkeit und Eindimensionalität. Die mit dem Namen des Franzosen Emmanuel Mounier (1905–1950) verbundene Pädagogik des Personalismus wurde seit den 1930er-Jahren entwickelt. Diese personalistische Pädagogik kennt neben Natur und Gesellschaft auch ein „Ich", das einer subjektiven Person entspricht.[64] Auf diese Erweiterungen, mindestens des letzten halben Jahrhunderts, können und wollen die Konzepte von Hellinger und Prekop noch nicht zurückgreifen. Liest man von „Sippengewissen" und „höherer Ordnung", fühlt man sich jedoch an solche Konzepte erinnert, die dem Individuum einen nachgeordneten oder keinen Wert beimaßen.

62 Hier und im Folgenden: ebenda, S. 118 f.

63 In dem Maße, wie diese Einheit Wirklichkeit werde, tilge sie Krieck zufolge die individuellen Eigentümlichkeiten und Verschiedenheiten aus und lasse nur jene Differenz bestehen, die für das Fortleben der Gruppe unentbehrlich sei. Nach ebenda, S. 118 f.

64 Ebenda, S. 121.

Schluss

Will man das bisher Gesagte berücksichtigen und verliert man die medizinhistorischen Erkenntnisse nicht aus dem Auge, die aus der Sicht eines autonom über sich und seinen Körper bestimmenden Patienten leider von einer Vielzahl von gewalthaften Entgleisungen Zeugnis geben – was also wäre zu tun?

In der Kinder- und Jugendpsychiatrie und -psychotherapie heute befinden wir uns zwar in einer gänzlich anderen, nicht vergleichbaren Situation, die klar getrennt werden muss von den historischen Beispielen. Das Problem der Gewaltanwendung stellt sich jedoch auch heute. Beispielsweise bei den von den Kinder- und Jugendpsychiatern als „hochdestruktive Kinder" bezeichneten minderjährigen Patientinnen und Patienten. In Fällen, in denen bei dem betroffenen Kind und den Eltern unterschiedliche Meinungen und Auffassungen darüber vorliegen, ob eine Behandlung oder welche Behandlung vorgenommen werden soll, begibt man sich bereits auf ein kritisches Feld, in dem viel Expertise und Fingerspitzengefühl verlangt ist, um das Wohl des Kindes[65] nicht zu gefährden. All diese Probleme scheinen morgen noch relevanter als heute zu sein, schenkt man den bundesweiten Studien Aufmerksamkeit, die belegen, dass 20–30 % der Kinder in der Altersgruppe bis 15 Jahre sprachliche und motorische Entwicklungsstörungen aufweisen.

Kinderärzte vertreten die Auffassung, dass soziale Schwierigkeiten kostenträchtig medikalisiert werden. Als Gegenimpuls initiierten Berliner Kinderärzte jüngst eine entsprechende Frühförderung in solchen Kindertagesstätten der Stadt, die in sozialen Problembezirken liegen.[66] Handelt es sich um Minderjährige, bei denen eine

65 Zur Definition dieses Begriffs und zur rechtlichen Zuständigkeit verschiedener Instanzen hinsichtlich der Wahrung des so genannten Kindeswohls vgl. v. a. den Beitrag von Wolfgang Rupieper im vorliegenden Band.

66 Ulrich Fegeler, Alarmierender Anstieg von Entwicklungsstörungen bei Kindern, in: Berliner Ärzte 9 (2004), S. 22 ff.

geistige Behinderung vorliegt, verkompliziert sich der Prozess der Entscheidungsfindung hinsichtlich einer Therapie noch einmal beträchtlich. Auch dass Psychotherapie-Studien von Ethik-Kommissionen verabschiedet werden müssen, ist eine vergleichsweise junge Entwicklung.[67] Klinische Ethik-Komitees sind jedoch nicht ausreichend bei eventuell auftretenden ethischen Problemen.[68] In jüngerer Zeit erst manifestiert sich die Erkenntnis, dass die herkömmliche Medizinethik, die sich vordringlich um Entscheidungsprozesse des Arztes konfiguriert, ergänzt werden muss durch eine „Ethik der Arbeitsbedingungen und der Organisation", gerade vor dem Hintergrund der ökonomischen Entwicklung im Gesundheitswesen, die Aspekte und Einflussgrößen stärker ins Spiel bringt, die den Interessen des Patienten mitunter entgegenstehen.[69]

Auch ein international vergleichendes Studium der Gewaltanwendung in der medizinischen Therapie beispielsweise täte Not, das uns wahrscheinlich darüber in Kenntnis setzen würde, dass es zwar eine Reihe unterschiedlicher, kulturabhängiger Traditionen der Gewaltanwendung gibt, jedoch keine transparente und verbindliche Indikation für die Anwendung therapeutischer Gewalt zum zweifelsfreien Nutzen des Patienten,[70] oder im ethischen Fachjargon: zum „Benchmarking von Zwangsmaßnahmen".

Unter dem Aspekt der Forderung nach Transparenz besteht ein weiteres Problem der diskutierten Festhalte-Therapien, gerade auch

67 Für diesen Hinweis danke ich Michael Kölch, Ulm.

68 Wolfgang Rupieper hat eindrücklich gezeigt, dass rechtliche Vorgaben naturgemäß zwar geschaffen wurden, um Mindestanforderungen sicherzustellen, jedoch keine Garantie für die formulierten Zielvorstellungen, bspw. ein kontinuierlich gewahrtes Wohl des Kindes, darstellen können. Vgl. den Beitrag von Rupieper im vorliegenden Band.

69 Karl Heinz Wehkamp, Brücke zwischen Qualität und Ökonomie, in: Deutsches Ärzteblatt 101 (2004), S. B1995–B1998.

70 Diese Auffassung vertritt hinsichtlich der Psychiatrie Tilmann Steinert, Zwangsmaßnahmen auf dem Weg von der Tradition zur Indikation, in: Der Nervenarzt 74 (2003), Suppl. 2, S. 320.

aus kinder- und jugendpsychiatrischer Sicht, darin, dass offenbar bis zum heutigen Tag evidenzbasierte Untersuchungen zur Wirksamkeit dieser Therapien nicht vorliegen, worauf auch der bereits zitierte Autor Goldner verweist,[71] unabhängig von der Tatsache, dass es auch an einzelnen Universitätskliniken zur Anwendung von der Festhalte-Therapie offenbar ähnlichen Therapien gekommen zu sein scheint.[72] Dass man in der wissenschaftlichen Psychotherapie beispielsweise den Missbrauch von Abhängigkeit in der Psychotherapie[73] oder anderweitige Grenzüberschreitungen körperlicher oder seelischer Art diskutiert, wirft ein Licht darauf, was möglich und auch nötig ist.[74] Im Vergleich dazu entzieht sich die Situation eines von einem Festhalte-Therapeuten angeleiteten Elternteils und die Behandlung des Kindes völlig der Kontrolle und Transparenz – zumindest in dem Fall, in dem Eltern nach Anleitung in der Folge allein mit ihren Kindern entsprechende „Übungen" durchführen. Ganz allgemein scheint in der Frage der Vermeidung widerrechtlicher Gewaltanwendung in der Therapie äußerst bedeutsam, wie sich

71 Goldner, Die Psycho-Szene, S. 270, mit Verweis auf G. Biermann, Stellungnahme eines Kinderanalytikers zur Festhalte-Therapie, in: Praxis Kinderpsychologie/Kinderpsychiatrie 34 (1985), S. 85 f.

72 Von der von Fritz Jansen an der Ludwig-Maximilians-Universität München durchgeführten „KIT"-Therapie distanzierte sich Prekop inzwischen nachhaltig: Prekop, Der kleine Tyrann, S. 178. In diesem Buch werden in der Literatur zwei Beiträge eines Hamburger Autors erwähnt, denen im Text selbst allerdings keine (zentrale) Bedeutung zukommt: F. Burchard, Überlegungen zur Festhaltetherapie bei Kindern mit frühkindlichem autistischem Syndrom, in: Praxis der Kinderpsychologie und Kinderpsychiatrie 7 (1984), sowie ders., Dreiteilige Beobachtungsstudie zur Praxis der Festhaltetherapie nach ein bis fünf Jahren. Diss. med., Universität Hamburg 1991.

73 S. Reiter-Theil, Ethik der Verhaltens- und Familientherapie. Warum – Woher – Wofür?, in: W. Pöldinger/W. Wagner (Hrsg.), Ethik in der Psychiatrie. Wertebegründung – Wertedurchsetzung, Berlin 1991, S. 148–167. C. Reimer, Ethik in der Psychotherapie, in: ebenda, S. 127–147. W. Tress/M. Langenbach (Hrsg.), Ethik in der Psychotherapie, Göttingen 1999.

74 Lehmkuhl/Lehmkuhl, Ethische Fragen.

ein Therapeut beziehungsweise eine Therapeutin verhält und welche Rolle ihm oder ihr zukommt: Scheint nach medizinhistorischer Betrachtung die Anwesenheit eines Therapeuten oder Arztes keinesfalls die Vermeidung des Missbrauchs zu garantieren, so stellt das Alleinlassen der Eltern nach therapeutischer Anleitung andererseits keine Alternative hierzu dar.

Ein ausreichender *informed consent*, schreiben darüber hinaus Ulrike und Gerd Lehmkuhl, sollte Eltern sowie betroffene Kinder und Jugendliche in angemessener Weise einbeziehen:[75] Denn es muss eine Entscheidung darüber getroffen werden, wer über die Anwendung einer Therapie zu entscheiden hat, und ich würde dafür plädieren, dass diese Entscheidung in jedem Falle unter Einschluss des oder der Behandelten geschieht. Das mag banal klingen, scheint jedoch nicht selbstverständlich zu sein.[76] Dies sollte auch für Minderjährige gelten.[77] Denn häufig werden gerade Kinder und Jugendliche von ihren Eltern oder Erziehungsberechtigten in die Therapie gebracht, ohne diesen Schritt von sich aus als notwendig zu erachten.[78] Der oder die Behandelte, wiederum unabhängig davon, ob minderjährig oder nicht, sollte selbst die Auffassung vertreten, dass die angewendete Therapie ihm oder ihr persönlich von Nutzen ist. Ist das Konzept des „informed medical consent“ zwar bereits ein Jahrhundert alt,[79] scheint das Problem jedoch eher die flächendeckende Umsetzung hoher ethischer Anforderungen bei der Indikationsstellung verschiedenster Therapien zu sein. Doch selbst ein rechtmäßig und nach vorheriger gemeinsamer Beratung zustande gekommener Entschluss für eine Intervention ist kein Garant für das Erreichen er-

75 Ebenda.

76 Vgl. den Beitrag von Sabine Berloge im vorliegenden Band.

77 Ausnahmen, bspw. bei Vorliegen von lebensbedrohlicher Selbstgefährdung, müssen präziser definiert werden.

78 Lehmkuhl/Lehmkuhl, Ethische Fragen.

79 Jochen Vollmann/Rolf Winau, History of informed medical consent, in: The Lancet 347 (1996), S. 410.

strebenswerter Therapieziele: Wie der Fall einer Frau, die sich nach einem Familien-Aufstellen mit Bert Hellinger in Leipzig das Leben nahm,[80] zeigt, reicht die freiwillig getroffene Entscheidung und die subjektive Überzeugung, dass eine Therapie oder Intervention von Nutzen sei, nicht aus. Die subjektive Überzeugung sollte im Zweifelsfall auch nachweisbar, also objektivierbar sein. Diese Anforderungen, samt Checklisten für in Therapie befindliche Kinder, sind insgesamt wohl noch immer nicht hinreichend, sie ergeben sich jedoch bereits aus medizinhistorischer Sicht. Ich persönlich erachte sie, in Anbetracht der historischen Beispiele des Missbrauchs seitens der mit der Therapie Betrauten, als notwendige Mindestanforderungen. Es gibt Anzeichen dafür,[81] dass diese und andere zentrale ethische Fragen in der Psychotherapie in Zukunft stärker berücksichtigt werden als in der Vergangenheit, was ein wenig optimistisch stimmt. Was die wissenschaftliche Evaluation, die Transparenz und die rechtliche Kontrolle weniger oder gar nicht zugänglicher Bereiche der „Therapie" angeht, ist momentan hingegen Skepsis geboten.

80 Goldner, Die Psycho-Szene, S. 272–274, sowie Buchholz, Da sitzt das kalte Herz!

81 Lehmkuhl/Lehmkuhl, Ethische Fragen.

Ute Benz

Gewalt gegen Kinder – Traumatisierung durch Therapie?

Die unter Fachleuten heftig umstrittenen, in der Öffentlichkeit weniger bekannten „Festhaltetherapien" haben unterschiedliche Namen und Ziele. Sie werden als psychotherapeutische und als physiotherapeutische oder ergotherapeutische Maßnamen propagiert. Gemeinsam ist ihnen, dass Patienten – meist Kinder und Jugendliche – gegen ihren Willen über längere Zeit festgehalten werden. Die Skizze der drei wichtigsten Formen folgt dem Wortlaut der Selbstdarstellung von Festhaltetherapeuten:

1. Festhaltetherapie nach Prekop. Die Diplom-Psychologin Jirina Prekop propagiert intensives Festhalten zur Erneuerung der Liebe zwischen Eltern und Kind. Während das Kind von seinen Eltern oder vom Therapeuten festgehalten wird – teilweise drei bis vier Stunden lang –, könne ein schmerzhafter Beziehungskonflikt ausgetragen werden. Die Beteiligten sollen dabei ihre verletzten Gefühle offen ausweinen und herausschreien. Es sei eine Konfrontation von Angesicht zu Angesicht, von Galle zu Galle und von Herz zu Herz, „bis die Liebe wieder fließt". Die Überlegenheit der Eltern und das Vertrauen der Kinder sollen bewirken, dass Aggression und Schmerz in Kraft zum Konflikt und zur Liebe umgewandelt werden.[1]

1 Siehe z. B. die Internetseiten: www.haltetherapie.de, www.prekop-institut.com

2. KIT nach Jansen. Die „Körperbezogene Interaktionstherapie (KIT) des Diplom-Psychologen Fritz Jansen ist eine verhaltenstherapeutische Variante der Festhaltetherapie Prekops. Ausgangspunkt ist die These, dass jedes Kind das Bedürfnis nach körperlicher Nähe habe. Werde dieses Bedürfnis nicht ausreichend befriedigt, baue das Kind eine Blockierung des Körperkontaktes auf. Es wehre sich dagegen, obwohl es sich den Körperkontakt wünsche. Indem Eltern ein Kind im Körperkontakt festhalten, es also mit seinem Problem konfrontieren, könnten sie ihm helfen, diese Blockierung aufzulösen. Im Normalfall könnten die Kinder nach dieser therapeutischen Behandlung wieder körperliche Nähe genießen, positive emotionale Erfahrungen miteinander würden erneut möglich.[2]
3. Vojta-Therapie. Physio- und Ergotherapeuten setzen die Vojta-Therapie bei Haltungsfehlern und Bewegungsstörungen ein. Die Therapie wurde in den 60er-Jahren von dem tschechischen Neurologen Václav Vojta entwickelt. Er beobachtete die Bewegungsabläufe während der motorischen Entwicklung von Kindern im ersten Lebensjahr und fand dabei heraus, dass man Haltung und Bewegung durch Druck auf bestimmte Punkte am Körper beeinflussen kann. Die so hervorgerufenen Bewegungen nannte er Reflexfortbewegungen. Dieses Reflexkriechen und Reflexumdrehen wird in der Rücken-, Seiten- und Bauchlage ausgelöst. Dabei muss der Patient festgehalten werden.[3]

2 Eine theoretische Fundierung der KIT-Therapie nach Jansen findet sich weder in der Literatur noch im Internet. Die Publikation Fritz Jansen/Uta Streit, Eltern als Therapeuten. Ein Leitfaden zum Umgang mit Schul- und Lernproblemen, Berlin 1992 und Neuauflagen, gehört in das Genre Ratgeberliteratur. Sie enthält keine Hinweise auf KIT.

3 www.vojta.com, www.vijta.com

Befunde zur Festhalte-Therapie

Durch Patienten im Alter von vier bis 21 Jahren und ihre Eltern wurde ich in meiner psychotherapeutischen Praxis für Kinder, Jugendliche und Familien seit einigen Jahren gehäuft mit dem Phänomen so genannter Festhaltetherapien und ihren traumatischen Folgen konfrontiert. Ich sah mich dadurch veranlasst, mich über ein mir unbekanntes Verfahren, die dabei angewandten Methoden und Ideologien sowie die Motive ihrer Verfechter kundig zu machen. Warum, auch diese Frage beschäftigte mich zunehmend, werden solche Verfahren angeboten und nachgefragt? Im Folgenden stelle ich wesentliche Befunde meiner Recherchen zur Methode der Festhaltetherapie, ihrer Theorie, Begründung, Verbreitung und Wirkung vor.

Durch Kinder und junge Erwachsene wurde ich auf die Problematik langfristiger Wirkungen aufmerksam, die ich nicht anders als traumatische Folgen von Gewalt, als destruktiv für das Selbstwertgefühl, für die Persönlichkeitsentwicklung und für das Beziehungsverhalten bezeichnen kann. Auf die Frage, ob, wie und welche Schäden durch jahrelange Gewaltprozeduren, ausgeführt von den eigenen Eltern oder den Bezugspersonen, von denen Kinder existenziell vollkommen abhängig sind, heilbar sind, kann ich an dieser Stelle nicht eingehen und allenfalls sagen, dass es mühsame und langwierige Umstrukturierungsprozesse sind. Als psychoanalytische Kinder- und Familientherapeutin stehe ich dabei vor der besonderen Aufgabe, einerseits die Eltern und Kinder mit allen Schwierigkeiten, die sie mitbringen, offen anzunehmen und ihnen nicht anzulasten, was mit dem Kind geschah, und dennoch die nötige Auseinandersetzung mit den für die Festhaltetherapie eigentlich Verantwortlichen und deren Ideologien und Strategien nicht einfach zu übergehen, so als wäre es eben nicht mein Metier. Hinsehen oder Wegsehen – vor diesem Problem stehen wir als Demokraten und Therapeuten bei jeder Form von Gewalt.

„Unsere Tochter ist mit ihren sieben Jahren derartig stur“, berichten verzweifelte Eltern im Erstgespräch, „dass sie uns regelmäßig bis zum Äußersten reizt. Sie kann einfach nicht vorher aufhören, alles Reden hilft nichts.“[4] Auf ein Nein der Eltern reagiere sie einfach nicht, sie lasse nicht locker, sondern bohre immer weiter, sie fange immer wieder von vorne an. Sie könne nicht aufhören, total zu nerven. Es mache ihr offenbar überhaupt nichts aus, wenn die Eltern böse auf sie würden, sie grinse höchstens und wirke ungerührt, sei unerreichbar für Argumente. Speziell ihre Mutter treibe sie rücksichtslos bis an die Grenze, bis diese nicht mehr könne, sodass es auch schon mal Schläge gab, wofür die Mutter sich schämt. Denn die Tochter bräuchte dringend Grenzen. Dabei sei sie durchaus gefühlvoll, sie verstecke sich rasch beleidigt in ihrem Zimmer; sie sei auch schon mehrfach weggelaufen und oft sehr deprimiert, weine dann verzweifelt. Im Grunde habe sie ein sehr schwaches Selbstwertgefühl.

In der Schule allerdings sei sie ganz anders, gut im Leistungsbereich und äußerst ehrgeizig, dabei völlig angepasst; dort könne sie sich überhaupt nicht wehren, lasse sich alles gefallen, komme aber oft weinend nach Hause, sodass die Mutter schließlich zur Lehrerin müsse, um sich zu beschweren, dass jemand ihre Sachen zerstört habe, und um Hilfe zu bitten. Freundinnen und Freunde habe sie leider keine; das liege wohl daran, dass sie immer bestimmen wolle und rasch gekränkt sei. So könne es nicht weitergehen. Auf Anraten einer Schulpsychologin suchen die Eltern nun psychotherapeutische Hilfe, denn die Festhaltetherapie, die sie zunächst in einer Klinik und später in einer Berliner Arztpraxis verschrieben, gelehrt und supervidiert bekommen und insgesamt über drei Jahre lang bis zum

4 Die Fälle, die ich zur Veranschaulichung zitiere, sind selbstverständlich dokumentiert, sie wurden aus Datenschutzgründen anonymisiert.

Schulbeginn der Tochter angewendet haben, wirke offenbar nun nicht mehr, sie sei inzwischen auch zu groß und stark dafür.

Die Therapie des Festhaltens kannte ich nur vage dem Namen nach; so begann ich zu fragen und zu forschen. Eltern schilderten detailliert, welche Gewaltprozedur gegen ihr Kind sie auf ärztliche Anleitung erlernen und praktizieren mussten. Dabei wurde nicht nur die Technik des Festhaltens ihres sich wild sträubenden und schreienden Kindes auf Schoß oder Fußboden deutlich, sondern auch, in welche schweren inneren Zwiespalte Eltern dabei kommen, wenn sie einerseits dem Arzt folgen wollen und müssen, der ihnen die Legitimation für ihr Tun gab, andererseits aber nicht im Einklang mit ihren eigenen Gefühlen handeln, weil sie die verzweifelten Schreie ihrer Kinder hörten. Sie bemühten sich, den strikten Anweisungen der instruierenden Ärzte, Psychologen und Assistenten Folge zu leisten, um ihr Kind, sofern es klein genug war, stundenlang rittlings mit gekreuzten Armen auf dem Schoß so unnachgiebig fest an sich zu pressen, dass das Kind keinen Körperteil mehr frei bewegen konnte. Wenn das Kind schon älter war und wegen seiner verzweifelten Gegenwehr in der Sitzposition nicht fixiert werden konnte, wurde es mit dem Rücken auf den Boden gezwungen und Mutter oder Vater oder beide hatten es mit ihrem Körpergewicht stundenlang niederzudrücken, bis das Kind aufhörte sich zu wehren.

Für Stunden waren Mutter oder Vater wie Ringkämpfer mit ihrem Kind zu einem schwitzenden Körperknäuel verschlungen, durften nichts lockern, keine Erleichterung zulassen, keinen Toilettengang erlauben, kein Trinken; wenn ihre Kräfte nachließen, wurden sie zum Durchhalten animiert, bis das Kind seinen Widerstand völlig aufgab. Erst wenn das Kind körperlich und emotional keinen Widerstand mehr leistete, sondern sich willig überall anfassen ließ, Blickkontakt hielt und sich darüber hinaus einsichtsvoll zeigte, fortan aus eigenem Willen zu wollen, was von ihm gefordert war, kam es frei.

Die Eltern leiden alle unter Schuldgefühlen, und einige haben mehr oder weniger offene Konflikte untereinander. Einige Väter sagten, sie hätten das einmal und nie wieder gemacht. Sie lasteten in der Folge ihrer Frau an, dass sie mit dem Arzt paktiert und das Kind so geschädigt habe, während umgekehrt die Frau den Rückzug des Mannes aus der Therapie verantwortlich machte für unzulänglichen Erfolg und mangelnde Unterstützung ihrer Mühe mit dem Kind. Andere Eltern sagten zwar, dass „es ein einziger Gewaltakt war" und dass das Schreien der Kinder fürchterlich und kaum auszuhalten gewesen sei, dass sie ja auch auf Anraten der Therapeuten die Nachbarn hatten verständigen müssen wegen der Schreie, denn es sei mehrfach die Polizei gekommen wegen Verdachts auf Misshandlung der Kinder im Haus.

Sie verteidigten ihr Tun mit dem Glauben an die Kompetenz der Ärzte, die doch wissen müssten, was das Richtige sei. Und schließlich habe sich ja auch Erfolg eingestellt, die Sitzungen hätten immer weniger lange gedauert und seien nicht mehr so häufig erforderlich gewesen. Zunehmend habe bereits die Erinnerung daran genügt oder ein kürzeres Festhalten, dann hätten die Kinder rasch unerwünschtes Verhalten unterlassen und erwünschte Verhaltensweisen gezeigt, z. B. Blickkontakt gehalten, ordentlich zugehört beim Reden und sich einsichtig gezeigt, wären bereit zum Kuscheln gewesen, was sie früher im Zorn abgelehnt hätten. Doch leider habe der Erfolg nicht angehalten. Auch sei es kräftemäßig zunehmend schwerer, das Kind zu halten. Die Eltern mussten diese Behandlung privat bezahlen, die Kasse, so wurde ihnen gesagt, übernehme solche Verfahren ja nicht. Eine Mutter mit geringem Einkommen berichtete, dass sie einen Finanzierungsplan angeboten bekommen habe, durch den sie allmählich in Raten einige tausend Mark abzahlen durfte.

Ich war und bin sehr erschrocken über diese Form von Gewalt gegen Kinder. Ob ich will oder nicht, bin ich als Therapeutin und Demokratin tangiert. Handelt es sich um beklagenswerte tragische Einzelfälle oder aber stoßen wir hier an prinzipielle, systematische Grenzverletzungen in Therapien, die als Folgen von therapeutischem Machbarkeitswahn und der Rücksichtslosigkeit gegenüber kindlichen Bedürfnissen gewertet werden müssen? Mehr noch: Angesichts der Befunde, dass wir es nicht mit bedauerlichen Einzelfällen zu tun haben, sondern mit Entwicklungen im Therapiemarkt von Angebot und Nachfrage nach effektiven Verfahren, kann ich nicht umhin, die Frage zu stellen: Haben wir es, weithin unbemerkt von der Öffentlichkeit, mit einer Verleugnung von Folter für Kinder unter dem Deckmantel von Liebe und Therapie zu tun?

Kinder selbst können über solche im Kleinkindalter erfahrenen Zwangsmaßnahmen durch Mutter und Vater nicht berichten; sie drücken jedoch in ihrem Beziehungsverhalten unmissverständlich aus, was sie als gültige Verhaltensmuster in sich aufnehmen mussten, um zu überleben. Jetzt sind sie alt genug und klug genug, ihrerseits festhaltend nicht mehr passiv, sondern aktiv tätig zu werden: Jetzt erlauben sie ihren Bezugspersonen keinen Rückzug, keine Pause, jetzt überrennen sie mit derselben Rücksichtslosigkeit, die sie einst gegen ihre individuellen Bedürfnisse erfahren haben, ihrerseits elterliche Bedürfnisse oder ignorieren die von Spielkameraden. Jetzt fordern sie unbewusst zur Festhalteszene heraus, fesseln nun ihrerseits ihre Bezugspersonen in stundenlangen und ausweglos erscheinenden Clinch-Situationen; sie sind unfähig loszulassen, unfähig zu ertragen, dass andere andere Ideen und Gefühle haben. Stattdessen suchen sie sich anderer zu bemächtigen, weil sie erst Ruhe finden, wenn ein Wille alle Widersprüche unterdrückt und verschmelzende Einheit suggeriert.

Ältere Kinder hingegen, bei denen die Festhaltetherapie im Alter von z. B. 12 Jahren ebenfalls angewendet wurde, können sich an die Qualen und die Verzweiflung, die sie erlebt haben, zu ihrem Leidwesen nur zu gut erinnern. Nie wieder habe sie daran denken wollen, nur noch vergessen, sagte eine junge Studentin, die wegen akuter Probleme psychotherapeutische Hilfe suchte. Und doch gelang ihr die Verdrängung der Qualen und der Bilder nicht, die überwältigende Gefühle und Albträume in ihr auslösen. Wie sie so verzweifelt war, dass sie nur noch überlegen konnte, wie sie sich am besten umbringen könnte; wie sie sich erfolglos überall zu verstecken suchte, vorgezerrt wurde, wegzulaufen suchte; wie sie schrie in panischer Angst vor den Qualen der Stunden, in denen sie in ihrem Zimmer auf den Fußboden gezwungen wurde, sich ein Elternteil auf sie legte, der andere mithalf, dass sie sich nicht bewegte. Sie erinnert sich an Sätze des Arztes, als ihre Eltern auf seine Frage, wie es denn so laufe zu Hause mit der Festhaltetherapie, klagten, schlimm sei eben, dass die Tochter immer so schreie, und der Arzt dann lachend gesagt habe, „dann ist sie ja noch am Leben“, dass das Schreien nun einmal dazugehöre, und dann dringend „weitermachen“ angeordnet habe.

Sie erinnert sich auch, dass Videos von ihr in der Praxis gemacht worden sind, zu irgendwelchen Lehrzwecken. Der Arzt habe den Eltern gesagt, ihre Tochter sei ja wohl schon etwas alt, aber man könne es dennoch probieren, denn es schade ja nichts, sondern könne nur helfen. Heute noch hört sie auch die Schreie ihres Bruders, wenn er nach ihr der Festhalteprozedur unterworfen wurde. Denn sie hätten gesagt, ihm helfe das auch. Die Eltern hörten auf, als sie sich willig fügte, als sie freiwillig Blickkontakt hielt und sich berühren ließ. Es ist freilich ein schwer zu ertragender fixierender Blick voll namenlosen Unglücks, der an Folterbilder erinnert.

Die Kinder würden durch Festhaltetherapie wesentlich willensstärker und sozialer als andere Kinder, hätten sie doch gelernt, mit Widerständen umzugehen, sagt Jirina Prekop, die bekannteste Vertreterin des Verfahrens.[5] Das entspricht auf eine schreckliche Weise den Klagen der Eltern und dem psychologischen Befund: Diese Kinder können nach Festhaltetherapien nicht mehr anders, als in ihren Beziehungen unbewusst bis zur allgemeinen Erschöpfung die Szene zu wiederholen, die sich in ihnen traumatisch abgebildet hat: Um

5 Jirina Prekop, Der kleine Tyrann. Welchen Halt brauchen Kinder?, München 2003, S. 164 (6. Auflage 2003, dtv, Erstausgabe1988 Kösel Verlag, München).

psychisch zu überleben, waren sie gezwungen, die Verletzung der körperlichen und emotionalen Distanzgrenzen, der Würde ihrer Person, der Respektgrenzen zu ertragen. Sie mussten die Missachtung ihres Willens, ihrer Schmerzäußerungen und flehentlichen Bitten, aufzuhören, ertragen und dies noch als besonderen Liebesbeweis mit Zärtlichkeit beantworten.

Jetzt halten sie ihrerseits die Eltern fest im Griff ausweglos erscheinender häuslicher Szenen, bringen Mütter oder Väter an den Rand der Beherrschung, der Gewalt und von Zusammenbrüchen, jetzt sind sie unerbittlich stur und hören nicht auf elterliche Wünsche. Jetzt verklammern sie sich mit ihren Eltern, zetteln immer neue Hick-Hacks an, in denen es ihnen nicht um die Sache geht, die sich klären ließe, sondern in denen es um das Erlebnis der körperlichen und psychischen Verstrickung bis zur Verwischung der Personengrenzen geht, sodass keine Individualität und keine erlösende Außenfreundschaft mit anderen Kindern möglich ist; jetzt wird mörderischer Druck auf Eltern ausgeübt durch die Drohung wegzulaufen, sich selbst zu gefährden, ja sich umzubringen. „Ich lass' mich jetzt mitten auf der Straße überfahren", sagte ein solches Kind und blieb zum Schrecken anderer Kinder mitten auf der Kreuzung stehen.

Das Konzept der Festhaltetherapie in Theorie und Praxis

Bei der Festhaltetherapie handelt es sich um ein zu Beginn der 80er-Jahre in Deutschland praktiziertes Verfahren. Jirina Prekop als führende Vertreterin dieser Therapie beruft sich u. a. auf die Nobelpreisträger für Verhaltensbiologie Konrad Lorenz und Niko Tinbergen sowie auf Martha Welch, eine amerikanische Kinderpsychiaterin. Deren Behandlungsversuche für autistische Kinder durch „forced holding", bei dem das schreiende Baby in engem Körperkontakt festgehalten wird, war laut Prekop die Intitialszene für sie – „nichts für Intellektuelle" merkt sie ironisch, wie so oft, an deren Adresse zur Erheiterung ihres Publikums an. Prekop verlangt seither grundsätzlich eine frontale Körperhaltung zwischen den beiden beteiligten Personen: „Von Bauch zu Bauch, von Galle zu Galle, von Herz zu Herz“[6] als Standardhaltung des Festhaltens, sei es rittlings im Sitzen oder im Liegen auf dem Boden.

Prekop bietet inzwischen vier verschiedene Variationen an, die sie praktiziert und lehrt.[7] Erstens das Verfahren für Kinder mit Eltern, zweitens die Paartherapie, drittens die „Rückbindungstherapie“ für Erwachsene, die sich mit ihren Eltern auseinander setzen und versöhnen wollen, und viertens die „Aussöhnungstherapie“ für Erwachsene mit Personen, die sich mit Verstorbenen, mit Verweigernden oder mit Kranken (z. B. bei Alzheimer) versöhnen wollen; die Abwesenheit solcher Personen wird durch eine stellvertretende Person als haltendes Gegenüber ersetzt. Die Variante vier ist Prekops erklärte Lieblingstherapie, bei der sie die Technik der „Visualisierung“ verwendet, weil man sich detailliert vorstellen soll, was auf der Reise in den Himmel zu sehen und zu hören ist.

Prekop war beratend in der Abteilung für Entwicklungsstörungen im Olgahospital in Stuttgart tätig. Ihr 1989 erschienenes Buch „Hättest Du mich festgehalten ... Grundlagen und Anwendung der Festhalte-Therapie“ ist erklärtermaßen eine unmittelbare Reaktion der Autorin auf die kontroversen Diskussionen über ihr ein Jahr zuvor publiziertes Buch „Der kleine Tyrann“, das sie zur Bestsellerautorin machte. Spektakulär darin ist nicht nur die Festhaltetherapie, sondern die Kreation einer neuen Diagnose kindlicher Erkrankungen, der viele Kritiker der antiautoritären Erziehung und genervte Eltern begeistert zustimmten: der Diagnose „Sucht nach Herrschaft“, die wie andere Suchtkrankheiten durch harten Entzug therapeutisch behandelt werden müsse und mit der universalen Methode der

6 Auf Videos, öffentlichen Vorträgen sowie in zahlreichen Publikationen wiederholt Prekop diese Metapher immer wieder.

7 Video: Jirina Prekop, Grundlagen der Festhaltetherapie, 161 Min., Auditorium Netzwerk Müllheim.

Festhaltetherapie geheilt werden könne. „Das Festhalten“, so heißt es im Überblick des Buches „Hättest Du mich festgehalten ...“, „wurde ursprünglich für autistische Kinder entwickelt. Inzwischen wird es aber auch dann angewandt, wenn ein Kind beziehungsunfähig geworden ist und keinen Kontakt mehr zu seinen Gefühlen hat“. Festhalten, so wird generell unter Auslassung der Gewaltaspekte beschrieben, heißt, „einen, der in tiefer seelischer Not ist, in den Arm zu nehmen und so lange mit Liebe festzuhalten, bis er seine Wut ausgeschrieen und seinen Kummer ausgeweint hat und sich wieder freier und zufriedener fühlt“.[8]

Um Geist, Technik und Erfolg des von Jirina Prekop entwickelten Konzepts der Festhaltetherapie zu verstehen, bedarf es der Auseinandersetzung mit Prekop als Bestsellerautorin renommierter Verlage.[9]

Prekop legt ihre biografischen Motive, ihre philosophische und psychologische Denkungsart in einer wissenschaftlich nicht nachvollziehbaren Weise der Sprunghaftigkeit, begrifflichen Unschärfe und Beliebigkeit vor. Es ist eine höchst eigenwillige Mixtur aus Allerweltsweisheiten, unterhaltsamen Fallbeispielen, beliebig zusammengetragenen Theoriefragmenten aus Entwicklungspsychologie, Verhaltensbiologie, Verhaltenstherapie, psychoanalytischer Ichpsycho-

8 Klappentext Jirina Prekop, Hättest Du mich festgehalten ... Grundlagen und Anwendung der Festhalte-Therapie, München 1989 (3. Aufl.1992).

9 Folgende Bücher und Videos Jirina Prekops werden als Quellen herangezogen: Prekop, Der kleine Tyrann; Prekop, Hättest Du mich festgehalten ...; Christel Schweizer/Jirina Prekop, Was unserer Kinder unruhig macht. Ein Elternratgeber. Aufklärung über Ursachen der Hyperaktivität. Empfehlungen zur Förderung der normalen Entwicklung, Stuttgart 1991; Jirina Prekop/Christel Schweizer, Unruhige Kinder. Ein Ratgeber für beunruhigte Eltern, München 1997; Jirina Prekop/Christel Schweizer, Kinder sind Gäste, die nach dem Weg fragen. Ein Elternbuch, München 1990 (4. Aufl. 1991, 35.–54. Tausend); Jirina Prekop/BertHellinger, Wenn ihr wüßtet, wie ich euch liebe. Wie schwierigen Kindern durch Familien-Stellen und Festhalten geholfen werden kann, München 1998.

logie, Ethnologie, Klinikerfahrungen und Elternberatungen, die eine Richtschnur hat: die strikte Kategoriebildung von „Richtig" versus „Falsch", illustriert an zahlreichen Beispielen und Zitaten aus Dankesbriefen, sodass eine vermeintlich klare Orientierung angeboten wird. Prekop zieht dabei alle Register der Überredungskunst und Überzeugungsarbeit mit beschwörenden, belustigenden, entwertenden, verächtlich machenden, drohenden oder aber idealisierenden Tönen zur Rechtfertigung ihres Konzepts und ihres Tuns.

Zunehmend spielen seit 1990 religiöse Begriffe eine Rolle, seitdem Prekop sich mit Bert Hellinger, wie sie es ausdrückt, „vermählt" hat, d. h. nicht nur seine Technik der Familienaufstellungen ihrer Festhaltetechnik hinzufügt, sondern sich seines Konfliktverständnisses und seiner Erklärungsprinzipien bedient, damit die „göttlichen Ordnungsprinzipien" wiederhergestellt werden und Befreiung von Schuldgefühlen bzw. die Erlösung der Menschen von ihren Verstrickungen in unbewusste, intergenerationale Aufträge und Schuldgefühle erlangt wird. Hellingers Beitrag zu dem 1998 erschienenen Buch, in dem er als Koautor erscheint, „Wenn ihr wüsstet, wie sehr ich euch liebe", besteht in einem halbseitigen Vorwort, in dem er klar stellt, dass er erst das fertige Manuskript zu Gesicht bekommen habe und lediglich zur äußeren Gestaltung der Dokumentationen und Grafiken über Aufstellungen etwas beitragen könne. Da aber die beiden Methoden, das „Familienstellen" und die „Festhaltetherapie", sich durchdrängen und ergänzten, sei er einverstanden aufgrund des gemeinsamen Ziels, „damit es Eltern und Kindern besser gehe".[10]

Jirina Prekop ist Gründerin der „Gesellschaft zur Förderung des Festhaltens als Lebensform und Therapie"; das Publikationsorgan der Gesellschaft heißt „Holding Times". Mit dieser unverfänglicher als „Festhaltetherapie" klingenden englischen Bezeichnung folgt Prekop immer wieder angestellten Überlegungen, wie sie den Be-

10 Ebenda, S. 7.

griff Festhalten, weil er unmissverständlich deutlich macht, was erklärtermaßen Absicht, Methode und Überzeugung Prekops ist, beibehalten und zugleich vermeiden kann, immer gleich die leidige Kritik auf den Plan zu rufen. Hinsichtlich ihrer persönlichen Motivation zum Festhalten berichtet Prekop gerne auf drastische Weise ihre positiven Erfahrungen mit ihrem Ehemann, einem Widerstandskämpfer in der ČSSR, der 15 Jahre Haft überstanden habe, daher unerschütterlich stark im Durchhalten sei, und sie in einer emotionalen Krise festgehalten habe, bis sie all ihren Ärger und ihre Wut herausge-schrien habe, sodass „die Liebe wieder fließen" konnte. Diese Szene ist deshalb nicht marginal, sondern von zentraler Bedeutung, weil Prekop das „Fließen der Liebe" als Ziel und Rechtfertigung der Festhaltetherapie deklariert. Ein Festhalteprozess, ganz gleich, wie viele Stunden er ununterbrochen dauere, dürfe nicht eher beendet werden, bis dieses Fließen erreicht sei.

Das schöne, wenngleich vieldeutige Bild des Fließens der Liebe ist jedoch eine irreführende Metapher. Ausgeblendet ist darin, dass körperliche und seelische Gewalt aufgewendet werden musste, dass die Nähe- und Distanzgrenzen bei Festhaltetherapien verletzt werden, auch wenn Prekop betont, dass Kinder zuvor nach ihrem Einverständnis gefragt würden. Vertuscht wird, dass das Ergebnis erzwungen ist durch den Zusammenbruch der Ichgrenzen mit Regression. Es verwundert daher nicht, wenn Prekop empfiehlt, dass es beim Prozess des Festhaltens keine kritischen Zuschauer geben solle, weil diese den Ablauf störten. Sie demonstriert stattdessen selbst die üblichen Haltegriffe und Positionen auf öffentlichen Veranstaltungen mit Menschen als Statisten.[11]

Ich will bei dem Bild der fließenden Emotionen noch etwas verweilen, um auf seine ebenso bedeutsame komplementäre Kehrseite aufmerksam zu machen, nämlich auf das Bild der Blockierung von

11 Jirina Prekop, Video: Halte mich fest, bis die Liebe fließt, Auditorium Netzwerk Müllheim.

Gefühlen. Denn mit diesem so sachlich wirkenden Bild der Blockierung von Gefühlen oder Bindungen operieren inzwischen andere festhaltende Therapieverfahren, die von Kinderärzten, Psychologen, Ergotherapeuten, Verhaltenstherapeuten z. B. unter der Bezeichnung KIT als „Körperbezogene Interaktionstherapie nach Jansen“ angeboten werden, zur Begründung ihrer Behandlungen. Für Laien, aber auch Therapeuten wirken technische Vorstellungen von Blockade und ihrer raschen Lösung durchaus plausibel, denkt man an blockierte Reifen, Bremsen oder Schrauben und den unvermeidlich nötigen Kraftaufwand des Lösens der Blockaden. Doch ob nun argumentiert wird mit den Begriffen „Blockade“ oder „Fließen von Emotionen“ – am Kern der Sache, an der Gewaltszene zwischen einem Erwachsenen und seinem Kind sowie am fragwürdigen ideologischen Zusammenhang festhaltender Verfahren ändert das nichts.

Prekop verwendet zur Begründung ihres Konzeptes theoretische Fragmente aus der Psychoanalyse, der Verhaltenstherapie, der systemischen Therapie, der systemischen Familientherapie, der Verhaltensbiologie, Ethnologie und Philosophie und Religion nach Belieben. Sie untermauert, sich auf diese Weise allgemein gültig gebend, die Aktualität ihrer gesellschaftskritischen Exkurse und ihrer Weltsicht mit passenden Beispielen aus früheren Zeiten. Sie bedient sich gern in Bild und Liedern vokstümlicher Weisheiten aus den Kulturen der Welt zu dem Zweck, das „Natürliche“ schlechthin und den gesunden „Instinkt“ hervorzuheben, den durch Technik unverdorbene Mütter der Dritten Welt sich bewahrt hätten. Diese seien durch schwere Körperarbeit stets stark genug gewesen, ihre Kinder lange Zeit im Tragetuch rhythmisch bei sich festzuhalten, sie dadurch positiv zu hemmen vor uferlosem Bewegungsdrang und zu vielen Eindrücken.

Immer wieder gibt Prekop zwar Hinweise, dass sie keine wissenschaftlichen Ansprüche erheben, dass sie volkstümlich und humorvoll wie am Küchentisch sein wolle, aber dies wirkt nicht überzeugend, wenn man ihr erfolgreichstes Buch, den Bestseller „Der kleine Tyrann", in seinem diagnostischen und therapeutischen Anspruch untersucht. Die Autorin versucht mit vielen Rekursen auf die Entwicklungs- und Ichpsychologie, ihre Hypothese einer neuen Sucht bei Kindern, der „Herrschsucht", mit wissenschaftlich klingenden Begründungen zu untermauern und Allgemeingültigkeit zu beanspruchen. Mit begeisterten Leserbriefen von Eltern sucht sie diese zu belegen. Die populistische augenzwinkernde Übereinstimmung, mit der Prekop Erwachsenen das Konstrukt des kleinen herrschsüchtigen Tyrannen als Wahrheit suggeriert, hat den bemerkenswerten Effekt, dass an Erwachsene aller Generationen appelliert wird, sich gegenüber Kindern als potenziellen Feinden zu solidarisieren, um gemeinsam die Gefahren der kindlichen „Tyrannensucht" abzuwehren. Vieles könnte man als unfreiwillige Komik auffassen, zum Beispiel die Behauptung, dass meist Knaben von der Herrschsucht betroffen seien, doch leider wird hier im Bereich der Eltern- und Erziehungsberatung eine Sündenbockfunktion benutzt, die weder originell noch harmlos ist, denn sie hat eine unselige Tradition in Deutschland seit 1934.

Millionen von deutschen Eltern und Kindern haben lange vor Prekop das Schreckbild des kleinen Haustyrannen, dem es früh und konsequent zu wehren gelte, vor Augen geführt bekommen im erfolgreichsten deutschen Erziehungsklassiker, einem in Millionenauflage erschienenen und über Generationen hinweg vor und nach 1945 benutzten Werk. Die Rede ist vom Babypflegebuch „Die deutsche Mutter und ihr erstes Kind" aus der Feder der Ärztin Johanna Haarer.[12] Der Zweck war klar: die Eltern von Anfang an dazu zu bringen, dass sie konsequent nicht irgendwelchen eigenen Instinkten oder Gefühlen folgten, sondern das machten, was ihnen die faschis-

12 Johanna Haarer, Die deutsche Mutter und ihr erstes Kind, München/Berlin 1934. Das Buch war kontinuierlich auf dem deutschen Markt von 1934 bis 1945 und seit 1949 bis in die Gegenwart, nur ohne das Wort „deutsch" im Titel. Ende der 80er-Jahre übernimmt eine Tochter Haarers, A. Hutzel, die Mit-Autorschaft.

toiden Erziehungsratschläge als das Natürliche und Instinktgerechte für ein gesundes Kind in einem gesunden Volk zur Vorschrift machten. Was als gängige Floskel vom Feindbild Kind als frühzeitig zu bekämpfendem Haustyrannen in den Köpfen von Generationen verankert war, gehört zum deutschen Allgemeingut, das spricht jeden an. Prekop hat sich hier einer tiefen Quelle altbekannter Vorurteile bedienen und sie erfolgreich ausbeuten können, indem sie noch eins drauf setzte: Sie macht den kleinen Haustyrannen zum „suchtartig Abhängigen vom Herrschenmüssen".[13]

Nun könnte man einwenden, derartige Diagnoseerfindungen seien doch längst überholt und nicht weiter ernst zu nehmen und sie würden unter Fachleuten der Medizin z. B. keine Rolle spielen. Ein anderes Bild ergibt sich jedoch, berücksichtigt man die legitimierende Wirkung der Kinderärztin Christel Schweizer, die zusammen mit Prekop 1991 das Lehrbuch zu einem hochaktuellen Thema, dem Problem der hyperaktiven Kinder, unter dem Titel „Was unsere Kinder unruhig macht" publizierte.[14] Es ist für Eltern, Erzieher und auch für Ärzte konzipiert. Hier wird im Stil differentialdiagnostischer Abwägungen die Unterscheidung vermittelt zwischen hyperaktiven Kindern und den „kleinen Tyrannen", die süchtig nach Herrschaft sind. Das Ergebnis ist in Merksätzen zusammengefasst: „Das herrschsüchtige Kind wird deshalb unruhig, weil es die Verhältnisse in seinem magischen Imperium stets im Auge behalten und beeinflussen muß." Durch einen schwarzen Markierungsbalken am Rand betont, heißt es abschließend: „Kurz und gut: Jeder ‚kleine Tyrann' ist unruhig – sprich hyperaktiv. Aber nicht jedes hyperaktive Kind ist ein kleiner Tyrann!"[15] Was an dieser Stelle so sachlich klar getrennt

13 Prekop, Der Kleine Tyrann, S. 132 ff.

14 Prekop/Schweizer, Was unsere Kinder unruhig macht, S. 13. Dr. med. Christel Schweizer, Kinderärztin mit neuropädiatrischer Zusatzausbildung, Leiterin der Abteilung für Entwicklungsstörungen am Pädiatrischen Zentrum Stuttgart, Olgahospital.

15 Prekop/Schweizer, Was unserer Kinder unruhig macht, S. 13.

erscheint – am Ende spielt die Differenzierung für die Autoren doch keine Rolle, denn die therapeutischen Ratschläge gipfeln im Rat zur Festhaltetherapie, die unter der Rubrik psychotherapeutische Verfahren an erster Stelle angeführt ist.

In diesem Buch findet sich auch eine sachlich abstrakt wirkende Definition. „Festhaltetherapie: Das prolongierte Halten des hyperaktiven Kindes in dichtem Körperkontakt ist hier nicht im Sinne eines Wahrnehmungstrainings zu verstehen, sondern vielmehr im Sinne einer Möglichkeit, aversive Gefühle offen auszudrücken und damit Beziehungskonflikte aufzulösen. Der Zusatz ‚Therapie' besagt, dass die Anleitung und Begleitung durch einen Therapeuten unverzichtbar ist."[16] So beschrieben, kann und muss man sich den Festhalteprozess nicht anschaulich und nicht weiter problematisch vorstellen, so wirkt es beruhigend sachlich. Umso wichtiger ist die Frage, wie das Verfahren der Festhaltetherapie konkret aussieht.

Zur Praxis des Festhaltens

Unermüdlich wiederholt Prekop den Grundsatz, dass der Prozess des Festhaltens solange dauern müsse, „bis die Liebe fließt". Nicht kürzer als eine Stunde, oft viel länger. Zuvor aber müssten Kinder und Eltern mit voller Emotionalität alle Wut, allen Schmerz, alle Enttäuschung dem festhaltenden Gegenüber ins Gesicht schreien. Drastische Vergleiche mit Eiter, der fließen müsse, scheut Prekop nicht, damit jedermann begreift, welch dramatische Prozesse nonstop zu durchlaufen sind bis zur endlichen Lösung, die Prekop inzwischen mit religiösen Begriffen der Erlösung, ja der Wiederherstellung der gottgewollten Ordnung überhöht.

Die Prozedur des Festhaltens zu schildern, wie ich sie aus Videos, Patienten- und Elternberichten und der Literatur kenne, fällt mir

16 Ebenda, S. 133 f.

schwer, denn ich halte sie für eine Art Folter, bei der ausgerechnet Eltern zu Handlangern im Auftrag eines Therapeuten werden. Kleine Kinder werden mit gespreizten Beinen auf den Schoß gesetzt, die Arme am eigenen Leib verschränkt und so fest an den Leib der Mutter oder des Vaters oder eines Stellvertreters gepresst, dass sie nichts mehr bewegen können. Sie sollen nur noch verbal Bewegungsfreiheit haben. Klar, dass die Kinder schreien, aber ihr Schreien wird als zur Prozedur gehörig erachtet, es wird ausdrücklich provoziert, sofern ein Kind nach Ansicht der anleitenden Therapeuten zu früh nachgibt und nur rasch tun will, was man von ihm verlangt, um losgelassen zu werden, oder gar einschläft. Nonchalant vermerkt Prekop zum Problem des Schreiens: „Kinder haben sowieso ein viel unbeschwerteres Verhältnis zum Festhalten als Erwachsene mit ihrem Bedarf nach rationaler Verarbeitung. Das kindliche Gespür verlangt nach dem Festhalten noch aus der Tiefe des naiven, magisch fühlenden Herzens."[17]

Da es – außer mit einem sehr kleinen Kind – ein reales körperliches Kraftproblem ist, ein Individuum, das sich mit aller Kraft wehrt, lange Zeit auf diese Weise festzuhalten, damit es nicht davonläuft oder verletzend um sich schlägt, werden die größeren Kinder „auf der Matte", wie es im Jargon der Festhaltetherapie heißt, traktiert. Sie werden rittlings auf den Schoß der mit dem Rücken zur Wand sitzenden festhaltenden Person gezwungen („Von Bauch zu Bauch, von Herz zu Herz, von Galle zu Galle"). Oder sie werden mit dem Rücken auf den Boden gelegt. Ihre Arme müssen sie am eigenen Leib verschränken, dann legt sich ein Elternteil auf sie und fixiert sie durch sein Körpergewicht mehr oder weniger fest, damit sie sich nicht bewegen können. Notfalls greifen Therapeuten unterstützend ein, auch da, wo festhaltende Familienangehörige aufgeben wollen, weil sie die Gegenwehr oder das Geschrei der Kinder nicht mehr aushalten.

17 Prekop, Hättest Du mich festgehalten ..., S. 215.

Therapeuten haben die Aufgabe, durch ihre Anweisungen den emotionalen Prozess dramatisch in Gang zu bringen, damit die „emotionalen Blockierungen“ gelöst werden. Sie müssen dafür sorgen, dass keiner wegläuft, bevor der Prozess zu Ende ist. Man müsse, sagte mir eine in Brandenburg die Festhaltetherapie praktizierende Psychologin, „schon sehr überzeugt von der Sache sein, dass man das Schreien der Kinder aushält. Aber das gehört eben dazu, ist aber nicht leicht zu ertragen“. Sie versteht nicht, warum die Klinikleitung das Verfahren, das von einem Berliner Arzt unterstützt worden sei, inzwischen abgeschafft hat. „Ich habe es einmal gemacht und nie wieder“, berichtet dagegen ein Arzt, der als junger Medizinalassistent in seiner Klinikausbildung dazu beordert worden ist, eine Festhaltetherapie durchzuführen. Mit Grausen erinnert er sich an die ihm abverlangte Gewaltaktion gegen das Kind, die von den meisten Anwesenden mit Entsetzen aufgenommen wurde; sie nahmen daraufhin Abstand von der Methode.

Die Brechung des kindlichen Widerstandes

Da in der Psychoanalyse der Begriff Widerstand eine große Bedeutung für das Verständnis der Psychodynamik hat, interessiert mich besonders, wie Prekop und Vertreter anderer Festhalteverfahren den Widerstand der Patienten interpretieren und wie sie mit ihm umgehen. Auffällig ist die Strategie der absichtsvollen Umdeutung des kindlichen Willens und des kindlichen Widerstands. Gleichgültig, wie lange und wie heftig das Kind sich auch wehrt, seine Abwehr wird einfach ins Gegenteil verkehrt, nämlich in tiefste unbewusste kindliche Zustimmung.[18] Als Beweis werden die Endergebnisse des Verfahrens angeführt, wenn das erschöpfte Kind aufgibt und tut, was man von ihm verlangt, in der Tat ein Beleg für die Traumatisierung des Kindes.

18 Ebenda, S. 119.

„Dem Widerstand kommt beim Festhalten eine zentrale Bedeutung zu, denn er ist die Bedingung, ohne die Festhalten nicht möglich ist, gleichzeitig aber auch Stein des Anstoßes. Denn das Handeln gegen den Widerstand, das gewaltsame Eingreifen in die Kompetenzsphäre des anderen ist für uns [Prekop spricht hier im pluralis majestatis, U. B.] ein Tabu. Wir beharren auf dem Grundsatz der Freiwilligkeit jeder therapeutischen Einmischung [...]. Für das Kind muß derjenige entscheiden, der denken und die Verantwortung übernehmen kann. Dies gilt auch für den intelligenten Erwachsenen, der bereits seelisch krank, behindert, schwach oder nicht in der Lage ist, für sich zu sorgen [...]. Ein großer Irrtum wäre es, aus dem Widerstand des Kindes auf sein eindeutiges Verlangen nach Loslassen zu schließen. Das Kind erhofft sich mehr Widerstand (‚Halte mich länger fest, als ich will'), als der freiheitsliebende Erwachsene meint. Alle zu früh losgelassenen Kinder waren maßlos enttäuscht."[19]

Von Freiwilligkeit zu reden, wenn ein Kind von Erwachsenen überredet wurde, einer festhaltenden Therapie zuzustimmen, erscheint mir zynisch. In der für sie typischen antirationalen, scheinbar gefühlsbetonten, intellektfeindlichen Diktion schlussfolgert Prekop über die von ihr vermuteten heilsamen Erfahrungen des Kindes, das seinen Widerstand aufgegeben hat: „Sobald man mit dem künstlichen Zergliedern beginnt, klaffen die simultan verzahnten Erlebnisse auseinander. Versuchen wir dennoch festzuhalten, welche Erfahrungen das Kind bei seinem Widerstand macht [...], je qualvoller die Anspannung, um so befriedigender die Entspannung. Je schädlicher die zerstörerischen Kräfte waren, um so mehr genießt das Kind deren Bereinigung."[20]

Schwer erträglich ist es, die Details der Festhaltetherapie zur Kenntnis zu nehmen, Originalton dazu zu hören. Im Kapitel „Wie lange dauern Festhaltetherapien?[21] macht Prekop sehr unterschied-

19 Ebenda, S. 135.
20 Ebenda, S. 143.
21 Ebenda, S. 118 f.

liche Angaben von mindestens einer bis zu vier Stunden Dauer. Bei Erwachsenen kann sich das unter Umständen noch viel länger hinziehen. Während des Prozesses wird keine Unterbrechung toleriert, kein Toilettengang, Essen, Trinken, Spielen, notfalls uriniert das Kind eben, das muss in Kauf genommen werden.[22] Prekop schreibt: „Ganz sicher wird das Festhalten nicht kürzer als eine Stunde sein."[23] „Das Festhalten kann unterschiedlich lange dauern, je nach Temperament und Schweregrad der gestörten Beziehung, aber auch je nach Fähigkeit, Fluchtstrategien zu entdecken (zum Beispiel Selbststimulation mit dem eigenen Speichel im Mund)."[24] „Lange Mammutsitzungen ergeben sich meist dann, wenn die Mutter müde wird, ihre Ausstrahlungskraft und die Herausforderung der Widerstände des Kindes nachlassen. Es kann aber auch daran liegen, dass sich die Mutter die Konfrontation mit den Widerständen nicht zutraut, die Konflikte meidet und das Kind viel zu früh besänftigen möchte. Der Prozeß mündet dann in eine beiderseitige Ermüdung. (Trotz aller unausgegorenen Widerstände wird allerdings auch in einem solchen Fall die Bindung angeknüpft)." „Weitaus befriedigender ist es für beide Seiten, wenn der Widerstand des Kindes steil zu einem Höhepunkt getrieben wird und in der restlosen Beglückung endet. Dies gelingt am ehesten, wenn Mutter und Kind ein ähnliches Temperament haben. Es ist dann so, wie wenn zwei Wolken aufeinanderprallen. Ein solches Gewitter erlebe ich am häufigsten bei extrovertierten, geltungsbedürftigen Kindern, die ihre Eltern vollständig tyrannisieren."[25]

22 Ebenda, S. 116.
23 Ebenda, S. 118 f.
24 Ebenda, S. 117.
25 Ebenda, S. 118.

Wie geht Prekop mit Bedenken von Eltern um?

Prekop plädiert dafür, Widerstände von Eltern durch Gruppenfesthaltesitzungen auszuschalten: „Manche Eltern haben Bedenken, ob sie das Schreien des eigenen Kindes ertragen werden. Wenn dann innerhalb der Gruppe in jedem ‚Nestchen' geschrieen wird, hören es die Eltern überhaupt nicht." Warnend fügt Prekop hinzu: „Es ist nicht ratsam, Menschen, die das Festhalten praktisch noch nie erlebt haben, einen Film darüber zu zeigen. Sie können sich die feinen emotionalen Prozesse nicht vorstellen und lassen sich vom Schreien übermäßig beeindrucken. Sie übertragen auch die eigene Situation – die des Zuschauers und Zuhörers – auf die gefilmte: sie meinen, daß auch die Festhaltenden sich vom Publikum beobachtet fühlen. Das Gegenteil ist wahr: die Festhaltenden fühlen sich in einem intimen Raum. Nachdem in allen Familien eine Entspannung eingetreten ist, kommen sie miteinander ins Gespräch, sowohl die Eltern mit ihren Kindern, aber auch die Eltern alleine dürfen sich über ihre Probleme aussprechen, und die Kinder kommen im Spiel zusammen."

Prekop rät daher zu Selbsthilfegruppen von festhaltenden Eltern, wobei sie anmerkt, dass es vorteilhaft wäre, wenn die Gruppe mit einem Fachmann in Verbindung stünde. An dieser Stelle beruft sie sich auf Martha Welch und deren Mutter-Kind-Zentrum in New York, wo sich solche Gruppen unter ihrer therapeutischen Leitung träfen.[26]

Festhaltetherapeut – was ist das für ein Mensch?

Prekops Leser könnten nach der Lektüre ihres Buches zu dem Schluss kommen, dass Festhaltetherapeuten eigentlich Universalgenies sein müssten: „Tiefenpsychologe, klinischer Psychologe, Primärtherapeut,

26 Ebenda, S. 132.

Entwicklungspsychologe, Bioenergetiker, Verhaltenstherapeut, Familientherapeut, Heilpädagoge und Sozialpädagoge." Sie fügt hinzu: „Ich sah schon manche hoch- und vielseitig ausgebildeten Psychotherapeuten beim Festhalten scheitern."[27] Über die Anforderungen an Festhaltetherapeuten publizierte sie eine 1986 bei einem Symposium über die Ethik des Festhaltens erstellte Liste. Von besonderem Interesse ist dabei ein Passus, der juristisch klingt: „[Der Festhaltetherapeut] ist nicht nur Anwalt des Kindes, sondern auch der Eltern. Er setzt sich für ihre Rechte ein, als wären es seine eigenen." Hier wird deutlich, wie dringend erforderlich es ist, die Rechte des Kindes juristisch zu klären, um sie vor therapeutischer Beliebigkeit zu retten.

Der kleine Tyrann

Da bei Prekop der Begriff des „kleinen Tyrannen" immer wieder eine zentrale Rolle spielt, wird er hier noch einmal eingehender untersucht.[28] Was ist nach Prekop ein kleiner Tyrann? Es sei ein Patient mit einer sehr ernsten Suchterkrankung. Die wissenschaftlich bemühte Definition Prekops zur differentialdiagnostischen Unterscheidung vom hyperaktiven Kind lautet: „Der kleine Tyrann. Manche, die sich mit diesem Thema beschäftigen, neigen dazu, den ‚kleinen Tyrannen' gleichzustellen mit dem hyperaktiven Kind. Tatsächlich ist der kleine Tyrann unruhig und hyperaktiv. Der Unterscheid zwischen beiden ist aber unverkennbar, er liegt in der suchtartigen Abhängigkeit vom Herrschenmüssen. Das herrschsüchtige Kind wird deshalb unruhig, weil es die Verhältnisse seines magischen Imperiums stets im Auge behalten und beeinflussen muß. Das hyperaktive Kind aber muß nicht ‚herrschen'. Es verlangt nicht danach."[29]

27 Ebenda, S. 151 f.
28 Prekop, Der kleine Tyrann.
29 Schweizer/Prekop, Was unsere Kinder unruhig macht, S. 13.

Prekop schreibt im Vorwort zur Neuauflage ihres Bestsellers, sie habe zu diesem Buch im Laufe der vielen Auflagen ein zwiespältiges Verhältnis entwickelt. Ihr sei bitter bewusst, „dass die Verkäuflichkeit des Buches nur durch die Not der betroffenen Kinder und Eltern möglich wurde“.[30] Zehn Jahre nach der Erstausgabe 1988 klagt Prekop darüber, dass sie sich durch „die scharfe Kritik von den antiautoritär und antipädagogisch denkenden Fachleuten“ sehr verletzt gefühlt habe. Doch sie habe mit dem „Kleinen Tyrannen“ einen wichtigen Klärungsprozess angestoßen, der weitergehe, ihr Buch sei immer noch aktuell und es gäbe nichts Grundlegendes für sie zu korrigieren, sie stehe nach wie vor zu allen Darstellungen und Deutungen. Lediglich, was ihren speziellen Rat für die elterliche Hilfe in der Trotzphase angehe – sie hatte immer verlangt, dass die Kinder isoliert und mit ihrem Trotz alleine fertig werden sollen –, sei sie inzwischen anderer Meinung. Neuerdings plädiert sie stattdessen, wenn sich der Zorn der Kinder nicht auf Sachen, sondern auf die Eltern richte, für die Festhaltetherapie, wegen der guten Erfahrungen, die sie damit habe. „Dann soll es seine Aggression von Antlitz zu Antlitz ausdrücken, dabei aber auch den Ärger des Gegenübers wahrnehmen. Damit diese Konfrontation gut verläuft und sich die Liebe erneuern kann, ist eine festhaltende Umarmung unterstützend.“

Prekop erinnert daran, dass sie bereits in den ersten Ausgaben des Buches die eingehende Beschreibung des Festhaltens erläutert habe, damit Eltern sie anwenden können. Ihr ist klar, dass zwischenzeitlich viele Eltern gläubig das Festhalten nach dem Buch praktiziert haben, einige mit angeblich guten Erfahrungen, andere aber nicht. Prekop sieht jedoch keinen Fehler an ihren Methoden und Anweisungen und keinerlei Grund, Eltern und Kinder um Verzeihung für erlittene Qualen zu bitten. Sie reklamiert stattdessen nur Fehler auf Seiten der Eltern: „Einige bekamen Angst vor dem Ausbruch ihrer eigenen ungezügelten Affekte und gaben auf. Dies hat

30 Prekop, Der kleine Tyrann, S. 7.

zwar beim Kind keinen weiteren Schaden angerichtet, aber es bekam einmal mehr den Beweis, dass es stärker als die Eltern ist und dass diese sich leicht einschüchtern lassen."[31]

Eigene fundamentale diagnostische Fehler gesteht Prekop nur indirekt ein, wenn sie schreibt: „Es hat sich gezeigt, dass das unbefriedigende lange Festhalten von zwei bis vier Stunden eine Folge von verschiedenen Störungen ist."[32] Doch weit entfernt, ihre Gewaltmethode grundsätzlich in Frage zu stellen, negiert Prekop lediglich die elterliche Kompetenz – an die sie sonst immer appelliert – und postuliert stattdessen die unstrittige Kompetenz des Festhaltetherapeuten: „In diesen Fällen reichte das laienhafte Festhalten nicht, sondern es war fachliche Hilfe in Form der Festhaltetherapie angezeigt." „Ohne Hilfe der auf dem Gebiet erfahrenen Therapeuten hätten die Eltern es nicht geschafft, sich als Eltern zu stellen und dem Kind sein unbeschwertes Kindsein zu ermöglichen."[33]

Traumatische Gewalterfahrungen mit dem Zwang zur Regression öffentlich als Erfolg zu proklamieren – so viel Verleugnung brutaler Realität in Festhaltetherapien kann vom psychotherapeutischen Standpunkt aus nicht akzeptiert werden. Warum aber konnte Prekop so erfolgreich sein? Warum fand und findet ihre Argumentation von Blockierung und Lösung bereitwillige Nachahmer? Meine These lautet, dass Prekop in Deutschland eine diktatorische Tradition bedient und gleichzeitig eine Revolution verspricht.

Die politische Dimension in der Festhaltetherapie

Ratgeber und Ratsuchende stehen immer in einem besonderen Wechselverhältnis miteinander. Wer sagt wem und wie, was er zu

31 Ebenda, S. 8.
32 Ebenda.
33 Ebenda.

tun oder zu lassen hat, wer lässt sich was von wem und warum so und nicht anders sagen? Herrscht in der Ratgeberszene ein Geist der Toleranz, des Respekts vor Menschen anderer Meinung oder ein Geist der Diktatur nach dem Prinzip, einer weiß zweifelsfrei ganz genau, was für alle anderen richtig ist, und trägt dafür die ganze Verantwortung?

Vergleichende Untersuchungen zeigen, dass es zahlreiche stilistisch-ideologische und politische Parallelen gibt zwischen den beiden erfolgreichsten Elternratgeberinnen in Deutschland: Johanna Haarer, Autorin des Erziehungsklassikers „Die deutsche Mutter und ihr erstes Kind“, und Jirina Prekop. Im Prinzip ähneln sich ihre Stilmittel, ihre Art zu appellieren, zu drohen, Durchhalteparolen auszugeben, Konsequenz zu fordern und ihre Methode, den Endkampf um das einzig Richtige in der Erziehung zur Rettung der Welt bzw. der ganzen Schöpfung zu propagieren.

Prekop 1988 und Haarer 1934 lieben es, das Kind als den kleinen Tyrannen, dessen Macht es beizeiten zu brechen gelte, zu beschwören, um die entschlossene Abwehrfront der Erwachsenen gegen das (männliche) Kind zu formieren. So heißt es 1934 bei Johanna Haarer: „Fange nur ja nicht an, das Kind aus dem Bett herauszunehmen, es zu tragen, zu wiegen, zu fahren oder es auf dem Schoß zu halten, es gar zu stillen. Das Kind begreift unglaublich rasch, daß es nur zu schreien braucht, um eine mitleidige Seele herbeizurufen und Gegenstand solcher Fürsorge zu werden. Nach kurzer Zeit fordert es die Beschäftigung als ein Recht, gibt keine Ruhe mehr, bis es wieder getragen, gewiegt oder gefahren wird – und der kleine aber unerbittliche Haustyrann ist fertig.“[34] Und 2003 bei Prekop: „Immer häufiger trifft man auf herrschsüchtige rücksichtslos aggressive Kinder. Für manche ist ‚der kleine Tyrann‘ inzwischen zu einem klassischen Begriff geworden.“[35] Besteht insofern eine deutsche Sehn-

34 Haarer, Die deutsche Mutter, S. 148.
35 Prekop, der kleine Tyrann, S. 7.

sucht nach altvertrauten Tönen zweifelsfreier Orientierung, die Prekops Erfolg ausmacht?[36]

Andererseits gibt es einen fundamentalen Unterschied zwischen Prekop und Haarer, wodurch auf den ersten Blick beide unvergleichbar erscheinen. Tatsächlich sind sie extrem verschieden, was ihren Umgang mit körperlicher Nähe bzw. Distanz und mit Emotionen betrifft. Prekop wirft mit geradezu exzessiver Lust alles über den Haufen, was generationenlang zum guten Ton der Erziehung in Deutschland gehörte: körperliches Distanzgefühl, Zurückhaltung mit Emotionen. Hierin wirkt Prekop in der Tat revolutionär. Beides zusammen, das alte Diktatorische verknüpft mit dem revolutionären, Distanz aufhebenden Körperumgang könnte ihren Erfolg als Bestsellerautorin und Galionsfigur der Bewegung diktatorischer Festhaltetherapien in Deutschland erklären.

Prekop stieß, als sie sich in den 70er-Jahren in das westdeutsche Elternberatungswesen einarbeitete, auf ein spezifisch deutsches Kapitel ungestillter Sehnsüchte nach Körperkontakt, nach Befreiung von Hemmungen, aber auch nach eindeutiger Orientierung bei jungen Eltern, die, abgeschnitten von Traditionen, Freiheit im Umgang mit Kindern als Grenzenlosigkeit und als verunsichernde Belastung empfanden. Generationen waren vor und nach 1945 in Angst vor Verwöhnung und Verzärtelung sozialisiert worden. Was Körperkontakte betrifft, so wirkten sich die in der nationalsozialistischen Erziehung politisch induzierten Hemmungen langfristig in Gefühlen der Unsicherheit und frühkindlicher Frustrationen aus. Das mag Illusionen über die erlösende Wirkung von hemmungslosen Körperkontakten befördert haben.

Prekop, als Emigrantin nach dem Zusammenbruch des Prager Frühlings fremd gegenüber Sozialisationstraditionen in der Bundes-

36 Ute Benz, Deutsche Frau und deutsche Mutter – die langen Wirkungen der Ideologisierung im Nationalsozialismus, in: Ortrun Niethammer (Hrsg.), Frauen und Nationalsozialismus. Historische und kulturgeschichtliche Positionen, Osnabrück 1996, S. 144–155.

republik, mussten diese speziellen deutschen Störungen in Eltern-Kind-Beziehungen auffallen. Sie deutete die Störungen als emotionale Blockierungen. Sie interpretierte sie als von der modernen Technik verursachte Störungen, die man nur zu lösen brauche. Durch das Mittel der gewaltsamen Inszenierung von engen Körperkontakten durch die Festhaltetherapie konnte Prekop die überwältigende Befriedigung unerfüllter Sehnsüchte als Heilung versprechen. Doch sie kann keine echte Lösung anbieten, denn menschliche Beziehungen sind ein kompliziertes Wechselspiel von körperlichen und emotionalen Bedürfnissen nach Nähe und Distanz gleichermaßen, und eines ist nicht durch das andere zu ersetzen. Das Gegenteil der körperfeindlichen Erziehung ist nicht das Erzwingen körperlichen Nähe. Menschen müssen vielmehr lernen, sowohl mit ihren Nähe- wie mit ihren Distanzwünschen nicht spaltend, sondern integrierend umzugehen.

Prekop hingegen ist, beflügelt durch die große Nachfrage aufgrund unerfüllter Nähewünsche, von dem alten Extrem der in der NS-Zeit politisch erzwungenen Distanz von Eltern und Kindern nur ins gegenteilige Extrem gekippt. Ihrerseits hat sie einen neuen Zwang zum Heilsprinzip erhoben, nicht durch erzwungene Ferne, sondern im Gegenteil durch gewaltsam erzwungene Nähe des Festhaltens. Auch Prekop überrennt individuelle Bedürfnisse von Kindern, die Bedürfnisse nach Autarkie und nach körperlichen Respektgrenzen. Anstatt die Not der Menschen wirklich zu lindern und ihnen zu helfen, Verluste zu betrauern und eigene Ambivalenzen zu akzeptieren, verspricht Prekop Erlösung durch das andere Extrem. Jetzt ist sie es, die vollkommene Blockierung bis zum Zusammenbruch der Person betreibt; Jetzt verbietet sie diktatorisch zwar nicht wie Haarer körperliche Nähe, aber eben das genaue Gegenteil, jede Möglichkeit der kindlichen Distanzierung. Durch die totale Verweigerung jeder freien Bewegungsmöglichkeit beraubt Prekop nun Menschen der Chance, selber Nähe und Distanz zu integrieren, statt in „Entweder-Oder“ zu spalten. Anstatt die Blockierungen zu lösen, wie sie vorgibt, blockiert sie sämtliche körperlichen Impulse durch den Einsatz vergewaltigender physischer Kraft, mit der die Abwehr von Menschen erdrückt wird.

Doch damit nicht genug. Prekop erzeugt permanent paradoxe Situationen, wenn sie fordert, heftige Emotionen des Hasses müssten provoziert werden in einem Ausbruch von Wut- und Hassgefühlen bis zu dem Punkt der bedingungslosen Kapitulation, bis zum Zusammenbruch der Eigenwilligkeit der Person und der hemmungslosen Hingabe an den Stärkeren.

Was sie als Erfolg und als Versöhnungsarbeit ausgibt, ist ein Zeichen fundamentalen Scheiterns der Erlösung. Denn sie inszeniert nicht Befreiung, sondern das Prinzip der Spaltung von Körper und Geist, der Spaltung in maximale Emotion und körperliche Regression bei völlig fixiertem Körper. Sie macht eiserne Unerbittlichkeit und Konsequenz zur Voraussetzung für Erfolg, sie etabliert sich als Führerfigur.

In grotesker Verdrehung von Ursache und Wirkungszusammenhängen deklariert Prekop als Erfolg, was Traumatisierung ist: Kinder, die festgehalten wurden, bitten eines Tages von sich aus ihre Betreuer, dass sie festgehalten werden, oder sie nötigen sie mit erpresserischem Verhalten dazu. Ihnen ist bewusst, dass sie nicht gelernt haben, aus eigener Kraft mit heftigen widersprüchlichen Gefühlen und mit ihren Körperkräften fertig zu werden, sie bekommen Angst, wenn keiner da ist, der ihre Motorik blockiert und sie daran hindert, um sich zu schlagen oder fortzurennen. Prekop propagiert inzwischen das Festhalten als Lebensform in ihrer Gesellschaft, sie hat gemerkt, dass Festhalten zwanghaft wiederholt werden muss.

Prekops Programm, Festhalten als Lebensform zu etablieren, wie es ihr Verein tut, steht im völligen Widerspruch zur Behauptung, ihr komme es im Unterschied zu anderen festhaltenden Methoden, die das Verfahren zur Disziplinierung und diversen Verhaltensänderung von Kindern benutzten, nur auf den Tiefenprozess von wenigen intensiven Sitzungen an.

In sämtlichen Publikationen Prekops nach 1979 findet sich die Praxis der alten Erziehungsratgeber, dass in konkreten Handlungsanleitungen politischer Weltanschauungsunterricht mitgeliefert wird. So wird das, was konkret als richtiges und falsches Verhalten und Handeln im Erziehungs-, Gesundheits- und Beziehungswesen gelten soll, im Namen der höheren segensreichen Ordnung, der Natur, des Volkes oder Gottes verkauft.[37] Die Betonung religiöser Begründungen wird seit den 90er-Jahren immer stärker, seitdem Prekop 1990 Bert Hellingers Ideologie und Technik der Familienaufstellungen als Offenbarung erlebt und zu ihrem Festhaltekonzept adaptiert hat. Als Beispiele wachsender Dynamik ihres politisch-religiösen Engagements sind die Schlusssätze aus zwei inhaltlich dem gleichen Thema gewidmeten Büchern im Abstand von sechs Jahren aufschlussreich.

Die Benutzung des demagogischen Stilmittels der Suggestion persönlicher Nähe zum Leser durch plötzlichen Briefstil in der Verwendung der Anrede „Lieber Leser!“ (mit Ausrufezeichen) sowie durch den Vermächtnischarakter in der Überschrift „ein allerletztes Wort“ hat eindeutig Appellcharakter, bei dem mit *erstens* und *zweitens* der nötige Kampfgeist, die nötige dauerhafte Wachsamkeit sowie die gültige Marschrichtung im Kampf ums Überleben gegen den bösen Feind ins Gedächtnis gehämmert werden. Das sind kriegerische Einstellungen und Stilprinzipien, mit denen Johanna Haarer Eltern in der Zeit des Nationalsozialismus und Jahrzehnte danach zur konsequenten Gefolgschaft zu verpflichten suchte.

Der erste Beleg findet sich in dem Buch „Was unsere Kinder unruhig macht“ in kursiver Schrift auffällig mittig vom anderen Text abgesetzt: „Lieber Leser! Wir hoffen, es ist uns gelungen, darzustellen, dass die innere Unruhe im Kindesalter viele Wurzeln hat, die untereinander in einer Wechselwirkung stehen. Unsere Empfehlung ist leicht davon abzuleiten: 1. Seien Sie wach für unruhigmachende Einflüsse in unserem Lebensstil. 2. Haben Sie den Mut, dem Kind

37 Jirina Prekop, Wir haben ein behindertes Kind. Eltern geistig behinderter Kinder berichten, Stuttgart, 1979.

Halt, Grenzen und Ordnungsstrukturen anzubieten, in denen es seine wahre Lebendigkeit finden kann."[38] 2003 heißt es auf der letzten Seite des gleichen Buches: „Ein allerletztes Wort. Nehmen wir die Herausforderung an und wagen wir die Antwort! Der wachsenden Unruhe, die uns die Innen- und Außenwelt zerstört, kann nur abgeholfen werden, wenn wir unser Bewusstsein für die wahren Werte schärfen und unsere Tatkraft zu deren Erneuerung einsetzen. Der Ausweg kann nur in der Wiedereinbindung („re-ligio") in die schöpfungsbedingten Ordnungen bestehen. Freiheit kann der Mensch nur finden, wenn er seinen freien Willen in den Dienst der Verantwortung für das Ganze stellt. Es geht um die ganze Menschlichkeit! Es geht um die ganze Schöpfung!"[39]

Schlussfolgerungen

Die Festhaltetherapie ist nach allem, was ich in Erfahrung bringen konnte, eine unverantwortbare Methode, die mit demokratischen, wissenschaftlichen und psychotherapeutischen Grundsätzen nicht in Einklang zu bringen ist. Die theoretischen Begründungen festhaltender Therapien sind psychologisch, wissenschaftlich und therapeutisch nicht zu akzeptieren. Sie zeugen von einer schrankenlosen Willkür der Verfechter im Umgang mit psychologischen und pädagogischen Wissenschaften und Forschungen. Sie sind ein Konstrukt, das nicht zur Rechtfertigung physischer Gewalt gegen Kinder unter dem Deckmantel familiärer Liebe und pädagogischer Interessen dienen kann.[40]

38 Schweizer/Prekop, Was unsere Kinder unruhig macht, S. 136.

39 Prekop, Unruhige Kinder, S. 226.

40 Gerd Biermann, Macht und Ohnmacht im Umgang mit Kindern, in: Praxis der Kinderpsychologie und Kinderpsychiatrie 33 (1984), S. 206–213; Lienhard Valentin, Wenn Kinder festgehalten werden. Die Auswirkungen der Festhaltetherapie auf die innere Entwicklung des Kindes, www.mitKindernwachsen.de.

Der Kern der festhaltenden Therapien besteht in einer Szene der Gewalt, in der durch physische Gewalt eines Elternteiles oder Therapeuten das Kind für eine oder mehrere Stunden fixiert wird und überdies zum existenziellen, emotionalen und physischen Widerstand provoziert wird, ohne Rücksicht auf sein Schreien und Flehen, so lange, bis das Kind aufgibt.

Psychisch bedeutet dieses Ende des Verfahrens kein ichgerechtes Aufgeben aus Einsicht. Was als Erfolg der Therapie vorgegeben wird, gründet auf dem Zusammenbruch der Persönlichkeit durch Regression und deren pervertierter Folge erzwungener Identifikation mit dem Aggressor, wie dies aus der Traumaforschung eindeutig belegt ist. Das bedeutet, dass de facto die Ichstruktur von Kindern schwer und nachhaltig gestört wird und sich in ihrer Persönlichkeits- und Sozialentwicklung negativ auswirkt.

Die Verfechter der Festhaltetherapie nach Prekop und vergleichbarer Konzepte unter anderen Namen verleugnen, dass es sich dabei um traumatische Zusammenbrüche handelt, bei denen Kinder wie Gefolterte alles sagen und tun, was von ihnen verlangt wird. Was sie als Akt des angeblich freiwilligen Verzichtes des Kindes auf unerwünschte Verhaltensweisen deklarieren, sind in der Tat Unterwerfungshandlungen des Opfers.

Was Kindern durch die Festhaltetherapie unvergesslich als Körpergefühl beigebracht wird, ist eine menschenverachtende Struktur der Macht, die sadomasochistische Beziehungsmuster enthält. Diesen Kindern wird beigebracht, dass Führungspersonen absolute Machtansprüche auf Menschen mit Gewalt durchsetzen dürfen und können.

Diese Kindern müssen am eigenen Leib erfahren, wie Widerstände gebrochen werden, dass man keine äußeren Wunden sieht, dass keine Rücksicht auf Schmerzsignale des Opfers genommen wird, dass im Gegenteil das Bitten und Flehen des Opfers speziell provoziert werden muss, dass Widerstand dazu da ist, um gebrochen zu werden, dass es nur auf Kraft, auf Macht und körperliche Überlegenheit bzw. auf totale Unterwerfung ankommt.

Als analytische Kinder- und Jugendpsychotherapeutin und Familientherapeutin muss ich konstatieren, dass familientherapeutische Ansätze in der Festhaltetherapie missbräuchlich benutzt werden. Es ist ein schlimmer therapeutischer Kunstfehler, psychischen Widerstand zu brechen. Widerstand ist im psychologischen Sinne ein natürliches Recht des Menschen, das ihm zugestanden und nicht zum Vorwurf gemacht werden muss. Der psychische Widerstand darf, damit keine neuen seelischen Verletzungen den alten zugefügt werden, niemals mit Gewalt und Tricks überrannt werden. Die Wege zur Überwindung von inneren Widerständen, die Leiden verursachen, müssen friedlich sein. Ihre Grundlage ist die Einhaltung der Gesetze, der Verzicht auf Verletzung der Personengrenzen und auf Übergriffe aller Art.

Wolfgang Rupieper

Gesetzlicher Kinderschutz im Rechtsstaat

Überlegungen zum Festhalten aus juristischer Perspektive

I. Begriff des Kindes

Um den gesetzlichen Umfang des Kinderschutzes zu untersuchen, muss zunächst definiert werden, wer unter den juristischen Begriff des Kindes fällt. Grundsätzlich rechtsfähig wird ein Mensch mit Vollendung seiner Geburt. Minderjährige unter 14 Jahren gelten als Kinder, Personen im Alter zwischen 14 und 18 Jahren werden als Jugendliche bezeichnet. Mit dem 14. Lebensjahr beginnt im Sinne zahlreicher Gesetze die Phase des „Jugendlichen“. Wer das 18. Lebensjahr noch nicht vollendet hat, gilt im Sinne der UN-Kinderrechtskonvention als Kind, es sei denn, die Volljährigkeit tritt in dem auf das Kind anzuwendenden Recht früher ein. In der Bundesrepublik Deutschland fallen unter den Begriff „Minderjährige“ alle Personen, die das 18. Lebensjahr noch nicht vollendet haben.

Es muss somit bei den einzelnen innerstaatlichen gesetzlichen Bestimmungen geprüft werden, ob sie Kinder – nämlich Personen, die noch nicht 14 Jahre alt sind – schützen. Etwas anderes ergibt sich bei der Anwendung der Kinderrechtskonvention. Danach endet der Kindesstatus erst mit Vollendung des 18. Lebensjahres.

II. Gesetzliche Verankerung des Kinderschutzes

Mit Vollendung seiner Geburt hat das Kind einen umfassenden internationalen und nationalen Rechtsschutz gegenüber jedermann – auch gegenüber den Eltern – erlangt. Es gehört zu den elementaren Grundpflichten eines Rechtsstaates, seine Mitglieder und insbesondere die Kinder vor Gewalt und anderen Straftaten zu schützen. Die Schutznormen finden sich in internationalen und nationalen Regelungen.

1. Internationale Regelungen

Die UN-Kinderrechtskonvention wurde am 20. November 1989 durch die Generalversammlung der Vereinten Nationen verabschiedet, sie trat am 2. September 1990 in Kraft. Die besondere Bedeutung der Konvention über die Rechte des Kindes liegt darin, dass zum ersten Mal verbindlich für die vertragsschließenden Parteien persönliche Rechte aus der Sicht von Minderjährigen in einem internationalen Übereinkommen zusammengestellt wurden.

Dabei ist in Art. 3 Absatz 1 der Kinderrechtskonvention geregelt: Bei allen Maßnahmen, die Kinder betreffen, gleichviel, ob sie von öffentlichen oder privaten Einrichtungen der sozialen Fürsorge, Gerichten, Verwaltungsbehörden oder Gesetzgebungsorganen getroffen werden, ist das Wohl des Kindes ein Gesichtspunkt, der vorrangig zu berücksichtigen ist. Ferner ist in Artikel 19 geregelt, dass die EU-Vertragsstaaten alle geeigneten Maßnahmen treffen, um das Kind vor jeder Form körperlicher oder geistiger Gewaltanwendung, vor Misshandlung, vor schlechter Behandlung oder Ausbeutung zu schützen.

Der Deutsche Bundestag hat am 14. November 1991 das „Gesetz zu dem Übereinkommen vom 20. 11. 1989 über die Rechte des Kindes“ verabschiedet. Das UN-Übereinkommen über die Rechte des Kindes ist für die Bundesrepublik Deutschland nach seiner Ratifizierung am 5. April 1992 in Kraft getreten. Die mittlerweile 185 Vertragsstaaten der Vereinten Nationen verpflichten sich, Kindesinteressenten anzuerkennen und über innerstaatliches Recht den Konventionsvorgaben anzupassen.

2. Deutsches Recht

Die Frage, ob Kinder Rechtsträger im Sinne des Grundgesetzes sind, ist lange kontrovers diskutiert worden. Es ergibt sich aus der Natur der Sache, dass einige Grundrechte auf Kinder nicht übertragen werden können. Seit 1968 wurde durch eine verfassungsgerichtliche Entscheidung klargestellt, dass Kinder „Rechtsträger“ sind. Das Elternrecht in Art. 6 Absatz 2 des Grundgesetzes muss anders als alle anderen Grundrechte verstanden werden, nämlich als Elternverantwortung. Jede elterliche Befugnis geht mit der Pflicht einher, sie allein zum Wohle des Kindes auszuüben. Auf Kinder kommt auch der Artikel 1 Absatz 1 – „die Würde des Menschen ist unantastbar“ – voll zur Geltung. Gleiches gilt auch für Artikel 2 Absatz 2 Grundgesetz, wonach jeder das Recht auf Leben und körperliche Unversehrtheit hat. In die Freiheit der Person darf nur aufgrund eines Gesetzes eingegriffen werden.

Aus Artikel 2 Absatz 3 Grundgesetz leitet sich die verfassungsmäßige Schutzpflicht des Staates ab, die grundrechtlich gesicherten Individualrechte, insbesondere das Leben und die Gesundheit seiner Bürger zu schützen. Je weniger sich ein Mensch selbst helfen kann – wie zum Beispiel ein kleines Kind –, desto größer ist die Schutzpflicht des Staates ihm gegenüber. Aus der Verfassung des Landes Brandenburg Artikel 26 Absatz 3 lässt sich ebenfalls ein Kinderschutz herleiten. Dieser lautet: Wer in Ehe, Familie oder in einer anderen Lebensgemeinschaft psychische oder physische Gewalt erleidet, hat Anspruch auf Hilfe.

a) Kinder und Jugendhilfegesetz

Die Leitziele des Kinderschutzes sind in § 1 Absatz 3 KJHG geregelt. Vorrangig soll Jugendhilfe die individuelle und soziale Entwicklung von jungen Menschen fördern, insbesondere sollen Kinder und Jugendliche vor Gefahren für ihr Wohl geschützt werden. Diese

Leitziele sollen bei der Ausgestaltung der Jugendhilfeleistungen als Programm dienen. So hat das Kind in Not- und Konfliktfällen nach § 1 Abs. 3 KJHG einen Beratungsanspruch. Vorrangig soll Jugendhilfe die individuelle und soziale Entwicklung von jungen Menschen fördern und Benachteiligungen vermeiden. Eltern sollen bei der Erziehung beraten und unterstützt werden.

b) Kinderschutz nach § 1631 BGB

Seit Jahren wurde in der Öffentlichkeit die Forderung erhoben, negativ zu bewertendes elterliches Erziehungsverhalten ausdrücklich im Gesetz zu benennen. Diese Forderung hat in dem im Jahr 2000 neu formulierten Kindschaftsrecht teilweise seinen Niederschlag gefunden. Nach § 1631 Absatz 2 BGB haben Kinder ein Recht auf gewaltfreie Erziehung. Körperliche Bestrafungen, seelische Verletzungen und andere entwürdigende Maßnahmen sind unzulässig, ebenso wie entwürdigende Erziehungsmaßnahmen. Es muss aber bezweifelt werden, ob mit dieser letzteren Ergänzung eine klare Grenzziehung zwischen erlaubter und nicht mehr erlaubter Erziehungsverantwortung möglich wurde. Die gesetzliche Regelung hat aber die Diskussion darüber, welches strafende Verhalten denn eine Misshandlung bedeutet, nicht beendet. Offen geblieben ist insbesondere die Frage, ob jegliche körperliche Züchtigung untersagt ist. Allerdings ist das die eigene Körperbewegung des Kindes längere Zeit behindernde Zupacken nicht von dem elterlichen Sorgerecht gedeckt.[1]

c) Kinderschutz aufgrund strafrechtlicher Normen

Im Strafgesetzbuch ist in § 171 StGB geregelt: Wer seine Fürsorge- oder Erziehungspflicht gegenüber einer Person unter 16 Jahren gröblich verletzt und dadurch den Schutzbefohlenen in Gefahr bringt, in seiner körperlichen oder psychischen Entwicklung erheblich geschä-

1 Vgl. Palandt-Dierichsen, BGB-Kommentar, 61. Auflage, Rdz. 11 zu § 1631.

digt zu werden, einen kriminellen Lebenswandel zu führen oder der Prostitution nachzugehen, wird mit Freiheitsstrafe bis zu drei Jahren oder mit Geldstrafe bestraft. Ferner ist in § 225 StGB geregelt: Wer eine Person unter achtzehn Jahren, die seiner Fürsorge oder Obhut untersteht oder seinem Hausstand angehört, quält oder roh misshandelt, wird mit einer Freiheitsstrafe von sechs Monaten bis zu 10 Jahren bestraft. Ferner regelt § 223 b StGB die rechtliche Würdigung von Misshandlungen an Personen, die unter Obhut stehen. Es handelt sich insoweit um ein Spezialgesetz, das Misshandlungen anders beurteilt als sonstige Körperverletzungsdelikte. Bei an Kindern begangenen Straftaten finden selbstverständlich alle anderen strafrechtlichen Bestimmungen Anwendung, insbesondere die Straftatbestände der Körperverletzung (§§ 223 ff. StGB), Nötigung (§ 240 StGB) und Freiheitsberaubung (§ 239 StGB).

Bei der Würdigung der Schutzbestimmungen im Strafrecht darf aber nicht übersehen werden, dass durch eine Verurteilung die unmittelbaren oder mittelbaren Schädigungen des Kindes nicht abgegolten worden sind. Durch die Verurteilung eines Täters wird lediglich die unmittelbare weitere Gefährdung des Kindes beseitigt. Daneben bedarf es aber intensiver sozialtherapeutischer Beratung und Hilfe, und insofern darf der strafrechtliche Schutz nicht überbewertet werden.

Das materielle Strafrecht ist auch unter Berücksichtigung der Funktion der Nebenklage als Kinderschutzrecht unzulänglich. Insoweit sind die entsprechenden Gesetzesinitiativen über die Berücksichtigung der Rechte der Kinder im Strafverfahren zu begrüßen.

III. Umsetzung der Kinderschutzrechte

Welche Hilfe bietet nun das Recht , wenn das Kindeswohl gefährdet ist und durch die Personenberechtigten keine sofortige Abhilfe geschaffen wird? Das Kinder- und Jugendhilfegesetz sieht unterschiedliche Möglichkeiten der Intervention vor.

Das Jugendamt ist gemäß Art. 6 Grundgesetz verpflichtet, eine schnelle Klärung herbeizuführen, ob der Verdacht einer Kindeswohlgefährdung vorliegt. Nach § 42 KJHG können Kinder in Obhut genommen werden. Hierunter wird die vorläufige Unterbringung eines Kindes außerhalb des Elternhauses bei einer geeigneten Person, einer Einrichtung oder in einem sonstigen betreuten Wohnen verstanden. Kinder haben einen Rechtsanspruch auf Obhutnahme. Wenn sie selbst darum bitten, sind sie somit in Obhut zu nehmen. Unabhängig von dem Willen des Kindes hat eine Obhutnahme bei einer dringenden Gefahr für das Wohl des Kindes zu erfolgen. Diese ist anzunehmen, wenn das schädigende Ereignis unmittelbar bevorsteht und keine weitere Zeit vertan werden sollte, um das Wohl des Kindes zu sichern.

Das Jugendamt muss nach § 50 Absatz 3 KJHG das Vormundschafts- oder Familiengericht einschalten, wenn die Personenberechtigten sich auf ihr Personensorgerecht stützen und das Jugendamt sich nicht über dieses Personensorgerecht aus eigener Befugnis hinwegsetzen darf. In diesen Fällen muss eine Entscheidung des Gerichts für die Abwendung einer Gefährdung herbeigeführt werden.

Als Rechtsgrundlage für eine Sorgerechtseinschränkung oder den Sorgerechtsentzug kommen die §§ 1666 und 1666 a BGB in Betracht. In diesem Fall kann der Kinderschutz gegen den Willen der Eltern gewährt werden, wenn die Eltern dazu nicht gewillt oder nicht in der Lage sind. Zentrale Voraussetzungen für eine mögliche familiengerichtliche Entscheidung ist aber immer das Vorliegen einer Gefährdung des Kindeswohls. Das Kindesrecht wird bei schwerwiegenden Konflikten über das Elternrecht gestellt.[2]

Der Begriff des Kindeswohls als wesentlicher Bestandteil des Kinderschutzes

Bei dem Begriff des Kindeswohls handelt es sich um einen so genannten unbestimmten Rechtsbegriff. Eine allgemein gültige Defi-

2 Staudinger Kommentar zum BGB 1992, Rdz. 133 zu § 1666.

nition gibt es für diesen Begriff nicht. Er lässt sich vielmehr allein an den verschiedenen Erscheinungsformen der Kindeswohlgefährdung wie Missbrauch der elterlichen Sorge, Kindesvernachlässigung und Versagen der Eltern konkretisieren. In Kommentaren ist niemals klar definiert worden, was unter dem Wohl des Kindes zu verstehen ist. In den Gesetzen ist das Kindeswohl lediglich als allgemeines Rechtsprinzip festgeschrieben.

Die elterliche Sorge muss jedoch nach den §§ 1626, 1627 BGB zum Wohle des Kindes ausgeübt werden. Es handelt sich hierbei um ein so genanntes Pflichtrecht. Es ist ein subjektives Recht der Eltern, begründet aber im Interesse des Kindes auch Pflichten diesen gegenüber. Das Kind ist somit Träger eines Rechts auf pflichtgemäße Ausübung der elterlichen Sorge. Hierin spiegelt sich das Recht des Kindes auf freie Entfaltung der Persönlichkeit gemäß Art. 2 GG wider. Dabei gibt § 1626 Absatz 2 BGB vor, wie ein Leitbild für die elterliche Erziehung aussieht. Diese Norm stellt eine bewusste Selbstbeschränkung der Eltern zur Förderung der Persönlichkeitsentwicklung des Kindes dar. Dabei sind die Elterninteressen von den Kindeswohlinteressen zu trennen, und bei einer Kollision dieser Interessen treten die Elterninteressen hinter denen des Kindes zurück.

Durch die Einführung des § 1626 Absatz 2 BGB ist ein sehr lange im deutschen Familienrecht verankerter Erziehungsstil, der auf Gehorsam und Unterwerfung unter den Elternwillen beruhte, durch den Erziehungsstil, beruhend auf Partnerschaft und Gleichberechtigung, abgelöst worden. Der Kindeswille spielt somit im deutschen Familienrecht heute eine gewichtige Rolle. Deshalb schreibt § 50 b FGG vor, dass in allen Verfahren, in denen Sorgerechtsentscheidungen zu treffen sind, grundsätzlich eine Anhörung des Kindes erfolgen muss. Der Kindeswille beeinflusst also die Entscheidungen des Familiengerichts.

Allerdings kann das Kindeswohl nicht alleine nach den Gesetzen bestimmt werden, vielmehr müssen alle Verantwortlichen und Beteiligten diesen Begriff fachübergreifend bestimmen.

Bei der Begriffsdefinition des Kindeswohls unterscheidet der Gesetzgeber zwischen körperlichem, geistigem und seelischem Kindeswohl. Das körperliche Kindeswohl kann nicht definiert werden, vielmehr muss es immer unter dem Begriff der Gefährdung des Kindeswohls bestimmt werden. Körperliche Misshandlungen jedweder Art fallen unter die Gefährdung des körperlichen Kindeswohls.

Das Familiengericht hat nach § 1666 Absatz 1 BGB die zur Abwendung der Gefahr erforderlichen Maßnahmen zu treffen, wenn das körperliche, geistige oder seelische Wohl des Kindes gefährdet wird. Da das Gesetz diese drei Begriffe nicht definiert, ist die Abgrenzung voneinander schwierig, denn die drei Gefährdungszonen lassen sich in den wenigsten Fällen voneinander abgrenzen. Bei einer schweren körperlichen Misshandlung des Kindes durch die Eltern wird auch seine seelische Entwicklung gefährdet. Ebenso können seelische Misshandlungen körperliche Schäden (Krankheit, Selbstmord) zur Folge haben.

IV. Gefährdung des Kindeswohls

Voraussetzung für das Eingreifen des Staates ist, dass eine Gefährdung des Kindeswohls vorliegen muss. In der Rechtsdiskussion liegt eine Kindeswohlgefährdung vor, wenn eine gegenwärtige oder zumindest unmittelbar bevorstehende Gefahr für die Kindesentwicklung abzusehen und bei ihrer Fortdauer eine erhebliche Schädigung des körperlichen, geistigen oder seelischen Wohls des Kindes mit ziemlicher Sicherheit zu erwarten ist. Zur Feststellung der Gefahr müssen sich das Jugendamt oder das Familiengericht unter Ausnutzung ihrer Erkenntnismöglichkeiten ein Bild von den Verhältnissen des Kindes machen und sodann versuchen, sich dessen Zukunft vorzustellen. Die Art der Gefährdung muss weiterhin nachhaltig und schwerwiegend sein. Dies ergibt sich aus dem Vorrang elterlicher Sorge vor der staatlichen Einmischung aus Artikel 6 Absatz 2 Satz 1 Grundgesetz.

Das Gesetz nennt als Kriterien der Kindeswohlgefährdung vier unterschiedliche Tatbestände:

- missbräuchliche Ausübung der elterlichen Sorge
- Vernachlässigung des Kindes
- das Verhalten eines Dritten
- das Unvermögen der Eltern.

Dabei kann der Sorgerechtsmissbrauch als Ausnutzen der elterlichen Sorge zum Schaden des Kindes verstanden werden. Dies muss nicht notwendigerweise zum eigenen Vorteil oder zur Befriedigung egoistischer Ziele erfolgen. Es handelt sich dabei um einen fehlerhaften rechtswidrigen Gebrauch des Personensorgerechts in einer Weise, die dem Kindeswohl zuwiderläuft. Eine unpraktische oder unzweckmäßige Verhaltensweise des Sorgerechtsinhabers fällt allerdings nicht darunter.

Fälle des Sorgerechtsmissbrauchs

Bei einer Kindesmisshandlung kann von einem Missbrauch der elterlichen Sorge ausgegangen werden. Dass der sexuelle Missbrauch von Kindern eine besonders schwere Form des Sorgerechtsmissbrauchs darstellt, muss nicht näher erläutert werden. Als Sorgerechtsmissbrauch kommen aber auch Erziehungsfehler oder medizinisch-ärztliche Fehlentscheidungen in Betracht.

Auch körperliche Bestrafung, seelische Verletzungen und andere entwürdigende Maßnahmen sind unzulässig. Seelische Verletzungen beziehen sich vor allem auf sprachliche Äußerungen der Nichtachtung und Verachtung oder auf entwürdigende Maßnahmen, die das Kind dem Gespött oder der Verachtung anderer Personen aussetzen und seine Selbstachtung und sein Ehrgefühl in unzulässiger Weise beeinträchtigen. Die Entwürdigung kann in der Art der Maßnahme (Nacktausziehen, Fesseln) oder in dem Ausmaß und ihrer Dauer bzw. in den Begleitumständen (Einsperren im Dunkeln) zum Ausdruck kommen.[3]

3 Vgl. Palandt-Dierichsen, BGB-Kommentar, Rdz 13.

Das Recht des Kindes auf gewaltfreie Erziehung ist somit anerkannt. Bei einer Verletzung dieses Rechts ergibt sich aber keine Sanktion. Bei einer Kindesmisshandlung sehen die Gesetze allerdings Sanktionen und Eingriffsmöglichkeiten des Familiengerichts und des Jugendamtes vor.

Folgende Formen der Kindesmisshandlung sind dabei zu unterscheiden:

- Körperliche Misshandlung
- Vernachlässigung
- Emotionale Misshandlung
- Sexueller Missbrauch.

Der Begriff der Misshandlung enthält alle Handlungen, die bei einem Kind körperliche Verletzungen hervorrufen. Unter die körperliche Misshandlung fallen u. a. Schläge mit der Hand, Festhalten und Würgen, wenn es dadurch zu körperlichen Verletzungen des Kindes kommt. Keine Misshandlung stellen allerdings harmlose Erziehungsmethoden dar, wie z. B. das Ziehen am Arm des Kindes, um es zum Weitergehen zu bewegen. Gleiches gilt auch für das gewaltsame Wegnehmen von Streichhölzern oder das Zurückholen des weggelaufenen Kindes.

Unter die emotionale Misshandlung fällt die Anwendung der seelischen Gewalt. Das betrifft Haltungen, Gefühle und Aktivitäten, die zu einer schweren Beeinträchtigung einer vertrauensvollen Beziehung zwischen Bezugsperson und Kind führen und dessen geistig-seelische Entwicklung zu einer autonomen und lebensbejahenden Persönlichkeit behindern.[4] Dazu gehören ungeeignete und unzureichende Handlungen von Sorgeberechtigten zu Kindern in der Form der Ablehnung, des Ängstigens und Terrorisierens sowie der Verweigerung emotionaler Zuwendung.

Die Schäden für die betroffenen Kinder sind vergleichbar mit denen einer körperlichen Misshandlung. Seelische Gewalt liegt vor,

4 C. Eggers, Seelische Misshandlung von Kindern, in: Der Kinderarzt 25 (1994), S. 748–755.

wenn dem Kind ein Gefühl der Angst vermittelt wird. Einsperren in dunkle Räume, Alleinlassen, Anbinden, Festhalten und verbale Formen der Bedrohung wirken destabilisierend auf die seelische Verfassung des Kindes. Die „Dunkelheit" muss heute als Folter bezeichnet werden. Denn das Kind wird dabei mit einer unerträglichen Situation konfrontiert. Dieser Mittel bedient sich die Folter, indem lebenserhaltende Gewohnheiten (Licht, Schlaf, Bewegungsfreiheit etc.) beschränkt oder entzogen werden. Deshalb muss bei einer medizinisch notwendigen Fixierung eines Kindes immer die richterliche Einwilligung eingeholt werden. Denn insoweit handelt es sich um eine freiheitsbeschränkende Maßnahme, die nach dem Grundgesetz dem Richtervorbehalt (Art. 104 Absatz2 Satz 1 Grundgesetz) unterliegt.

Das Festhalten eines Kindes stellt nach diesen Grundsätzen einen Sorgerechtsmissbrauch in Form der körperlichen Misshandlung dar, wenn aufgrund des Fehlverhaltens die körperliche Unversehrtheit verletzt wird. Dies ist der Fall bei Anwendung von Gewalt und damit verbundenen Druckspuren (Blutergüsse etc.). Gleiches gilt bei Verletzungen, die durch anhaltendes Schreien und damit verbundene körperliche Anstrengung des Kindes durch Abwehrhandlungen entstehen. Hierbei kann es sich z. B. um das Platzen von Adern infolge von Überanstrengungen handeln. Diese Verletzungen sind die Folge gezielter Gewaltausübung und durch das elterliche Sorgerecht nicht abgedeckt.

Wenn durch das Festhalten keine körperlichen Schäden entstehen, ist die rechtliche Lage – meines Erachtens – ebenfalls eindeutig. Die Sorgeberechtigten müssen das Sorgerecht zum Wohl des Kindes ausüben. Hierüber muss der Staat wachen und notfalls das Kind, das sich noch nicht selbst zu schützen vermag, davor bewahren, dass seine Entwicklung durch einen Missbrauch der elterlichen Rechte oder einer Vernachlässigung Schaden leidet. In diesem Sinne bildet das Wohl des Kindes den Richtpunkt für den Auftrag des Staates gemäß Artikel 6 Absatz 2 Satz 2 Grundgesetz.[5]

5 BVerfGE 24, 119, 144.

Da ein Festhalten des Kindes über einen längeren Zeitraum objektiv den Tatbestand der Nötigung (§ 240 StGB) und der Freiheitsberaubung (§ 239 StGB) erfüllt, können diese Handlungen nur gerechtfertigt sein, wenn sie nach eindeutigen wissenschaftlichen Erkenntnissen für das Wohl und die geistig-seelische Entwicklung des Kindes erforderlich sind. Es muss durch Langzeitstudien belegt sein, dass die Therapie, bei der Gewalt angewendet wird, zweifelsfrei bei bestimmten Verhaltensstörungen von Kindern die einzige Möglichkeit zur Behandlung darstellt und dabei keine Gefährdung des Kindeswohls eintritt. Hierbei sollte auch die Ethikkommission oder der wissenschaftliche Beirat, der sich mit der Anerkennung von Therapiemethoden durch die Krankenkassen befasst, einbezogen werden.

Solange keine wissenschaftlichen Parameter über die Anwendung nicht gewaltfreier Therapien erstellt sind, wird das einzelne Kind gewalttätigen Handlungen ausgesetzt, deren Wirkungen nicht eingeschätzt werden können. Es muss somit wie bei jedem ärztlichen Eingriff auch bei einem Kind gewährleistet sein, dass dieser dem Kindeswohl dient und nicht zum Schaden des Kindes gereicht. Gleiches gilt selbstverständlich auch bei der Verabreichung von Medikamenten. Ferner müssen Richtlinien für die Therapie erstellt und für allgemein verbindlich erklärt werden, damit durch unabhängige Dritte im Nachhinein die ordnungsgemäße Anwendung der Therapie überprüft werden kann. Die Standards der Therapie müssen somit transparent und insbesondere allgemein zugänglich gemacht werden. Ansonsten würde eine Überprüfung der Notwendigkeit, eine Therapie durchzuführen, im Einzelfall vereitelt, und auch die Korrektheit der Art und Weise der Durchführung würde sich jeglicher Kontrolle entziehen. Auch den die Therapiemaßnahmen überprüfenden Gerichten (Familien- und Strafgerichten) stünde keine allgemein verbindliche Grundlage für die Begutachtung der Therapiemethode und deren Anwendung zur Verfügung.

Solange diese elementaren Grundvoraussetzungen bei einer Therapie nicht erfüllt sind, handelt es sich um nicht vom Sorgerecht der

Eltern gedeckte Erziehungsmaßnahmen, und diese stellen auch ohne Verletzungserfolg eine Kindesmisshandlung dar. Für den Staat besteht daher nach meiner Auffassung die Verpflichtung, bei Bekanntwerden solcher Misshandlungen einzuschreiten und zu überprüfen, ob sie dem Kindeswohl dienen. Auch bei Anwendung der geschilderten Maßnahmen aufgrund einer durch den Arzt angeordneten Therapie ist der Sorgerechtsmissbrauch durch die Eltern nur ausgeschlossen, wenn zweifelsfrei feststeht, dass die Anwendung dem Wohle des Kindes dient. Diese Feststellung sollte durch einen unabhängigen Facharzt oder Therapeuten erfolgen. Nur hierdurch ist eine neutrale und objektive Kindeswohlüberprüfung gewährleistet.

V. Verhalten des Arztes bei Misshandlungsdelikten

In der Bundesrepublik Deutschland gibt es keine Verpflichtung des Arztes zur Meldung oder Anzeige eines Deliktes der Kindesmisshandlung. Es handelt sich insoweit nicht um ein Offizialdelikt, sondern um ein Antragsdelikt im Sinne des § 232 StPO. Der Staat nimmt somit die Verfolgung dieser Straftat nur nach Antrag auf. Der Arzt ist ebenso wie andere Berufsgruppen nach § 206 StGB an die ärztliche Schweigepflicht sowie an das Zeugnisverweigerungsrecht nach § 53 StPO gebunden. Damit werden die Rechte des Kindes und der Familienangehörigen geschützt.

Falls durch den Arzt keine Meldung erfolgt und in der Folgezeit weitere Schädigungen eintreten, die durch die Meldung verhindert worden wären, kommt eine Verurteilung des Arztes wegen unterlassener Hilfeleistung nach § 323 c StGB in Betracht.

Für den Arzt stellt sich somit eine Konfliktsituation dar, die er allein für sich entscheiden muss. Auch ohne ausdrückliche Einwilligung der Sorgeberechtigten kann die Weitergabe der Informationen durch den Arzt zulässig sein. Der rechtfertigende Notstand nach § 34 StGB besagt, dass es bei einer Pflichtenkollision zur Rechtsverletzung kommen darf, wenn durch die Entscheidung zur Rechtsverletzung ein höherwertiges Rechtsgut, nämlich die Gesundheit des Kindes, betroffen ist. Im Zweifelsfall kann die Anonymisierung des Falles eine Möglichkeit darstellen, eine Verletzung der Schweigepflicht zu vermeiden und fachkundigen Rat einzuholen.

Jugend- und Gesundheitsämter sind ebenfalls nicht zur Strafanzeige verpflichtet. Eine erstattete Strafanzeige kann aber nicht zurückgenommen werden.

VI. Zusammenfassung

Die gesetzlichen Bestimmungen sind nur bedingt geeignet, Kinder vor Gefahren für ihr Wohl zu schützen. Denn Kindesmisshandlungen erkennen kann nicht jeder, und die meisten Kindesmisshandlungen bleiben verborgen. Allerdings haben die Kinder in § 1631 Abs. 2 BGB einen gesetzlichen Anspruch auf gewaltfreie Erziehung. Die Eltern können bei der Erziehung selbstständig die geeigneten Maßnahmen ergreifen und durchsetzen, die aber nicht dem Kindeswohl zuwiderlaufen dürfen. In diesem Fall muss der Staat in seiner Wächterfunktion eingreifen. Das Recht des Kindes auf gewaltfreie Erziehung ist über das Elternrecht auf freie Wahl der Erziehungsmittel gestellt. Die missbräuchliche Ausübung der elterlichen Sorge ist verschuldensunabhängig, und die staatlichen Institutionen müssen korrigierend einschreiten.

Staatliche Eingriffe sind zwar subsidiär, müssen aber in Fällen der Kindesmisshandlung zweifelsfrei erfolgen. Die Grenzziehung zwischen legitimer Erziehung und Kindesmisshandlung muss eindeutig durch den Gesetzgeber oder die Gerichte erfolgen. Dieses dient sowohl dem Schutz des Kindes als auch der Rechtssicherheit.

Elke Nowotny

Grenzen und Grenzüberschreitungen am Beispiel einer Festhaltetherapie bei vermuteter Kindesmisshandlung

Als Beraterin und Psychotherapeutin erlebe ich jeden Tag Eltern, die in ohnmächtigen, hilflosen und affektiv hochgeladenen Situationen ihre Kinder misshandelt, missbraucht oder vernachlässigt haben oder Rat suchen, wenn eine Misshandlung vermutet wird. Eltern suchen Hilfe, weil sie so nie mit ihren Kindern umgehen wollten und sie doch verletzt oder geschädigt haben. Sie spüren ihr Scheitern und haben Angst vor den Folgen ihres Tuns sowie heftige Schuldgefühle dem Kind gegenüber.

Wir wissen, dass Eltern dann mit Gewalt reagieren, wenn andere Möglichkeiten der Befriedigung ihrer Bedürfnisse bzw. der Abwehr bedrohlicher Gefahren nicht möglich sind. Je größer der Druck und je schärfer die Krise, desto mehr verkörpert das Kind eine Bedrohung und Überforderung, die in der Misshandlung „blind vor Wut" verzweifelt agiert wird.

Alle Formen von Kindesmisshandlung sind hilf- und sprachlose Versuche, den Kontakt zum Kind gewaltsam aufrechtzuerhalten (physische und psychische Misshandlung), ihn zu unterbrechen (Vernachlässigung) bzw. einen für das Kind unerträglich nahen sexuellen Kontakt herzustellen (sexuelle Misshandlung). Die Eltern sind ambivalent, weil sie Hilfe möchten und zugleich Angst davor haben. Deshalb können sie unsicher, abwehrend und misstrauisch sein und können nur schwer in einen Kontakt mit Beratern bzw. Psychotherapeuten treten.[1]

So oder ähnlich ging es den Eltern, die ich mit ihrer Geschichte vorstellen möchte. Das Besondere bei ihnen: Sie haben relativ jung Zwillinge bekommen. Als ich sie kennen lernte, waren beide Kinder geschützt in einer Krisen-Pflegestelle untergebracht, nachdem es zu Verletzungen gekommen war, die in einem Fall sicher als Misshandlung, in den beiden anderen Fällen als „ohne äußere Gewalt kaum vorstellbare Verletzungen"[2] eingeschätzt wurden. Die Zwillinge waren zu diesem Zeitpunkt erst sechs Monate alt. Trotz mehrfacher Verletzungen der Säuglinge und Beteiligung vieler Professioneller konnte bis dahin kein beraterisch-therapeutisches Angebot platziert werden.

Zum Zeitpunkt meiner Kontaktaufnahme zu den Eltern war unklar, in welcher Situation das Kind verletzt wurde und wie die Beteiligung von Mutter und Vater an der Misshandlungsszene war. Zu Beginn unseres gemeinsamen Beratungsprozesses berichteten mir die Eltern, dass der Vater der Zwillinge die Behandlung nach der Vojta-Methode gelernt und sie zunächst unter Anleitung einer Physiotherapeutin in der Klinik und später allein mehrmals täglich bei einem der Zwillinge durchgeführt habe. Die Mutter hatte die Methode, nachdem sie ihr vorgestellt worden war, abgelehnt. Sie sagte jedoch, sie sei einverstanden, dass ihr Partner die Therapie bei ihrem Kind realisiere.

Mir geht es vordergründig nicht darum, die medizinische Indikation und die Wirksamkeit der Behandlungsmethode nach Vojta[3] allgemein in Frage zu stellen bzw. zu kritisieren, sondern darum,

1 Das Kinderschutz-Zentrum Berlin bietet in krisenhaft zugespitzten familialen Situationen, die mit Gewalt gegen Kinder einhergehen, Beratung und Therapie für Familien, Eltern, Kinder und Jugendliche sowie nahe Bezugspersonen von Kindern an. Beratungen in Krisensituationen erfolgen umgehend und unbürokratisch.

2 Laut ärztlicher Epikrise.

3 Die von Vaclav Vojta (1917–2000) entwickelte neurophysiologische Frühtherapie wird heute bei zahlreichen Erkrankungen im Kindes-, Jugend- und

wie Eltern sie wahrnehmen und wie es ihnen und ihrem Kind während der für das Kind schmerzhaften und festhaltenden Behandlung geht. Ich möchte analysieren, was passieren kann, wenn spezielle, möglicherweise sogar medizinisch anerkannte und erprobte Behandlungsformen hinsichtlich ihres Effekts mit Eltern, die Gewalt ausgeübt haben, nicht kommuniziert werden können oder sogar, wie in diesem Fall, als Druckmittel eingesetzt werden. Ich möchte verstehen, was die Behandlung ihres schwer verletzten Kindes nach Vojta bei den Eltern ausgelöst hat und auf welchen Boden diese Behandlung bei ihnen gefallen ist.

Meine Gedanken hierzu gliedern sich in drei Abschnitte:

- Ich möchte beschreiben, was bei Eltern passiert, die ihr Kind misshandelt haben und, um „Folgeschäden" zu minimieren, nun eine Vojta-Therapie durchführen und
- ich bin interessiert an der Frage, wie ein offener Kontakt zu Eltern, die ihr Kind verletzt haben, möglich werden kann, und ich möchte
- Ideen dazu entwickeln, wie fachlich geeignete Hilfen von Anfang an sowie deren Vernetzung ins Werk gesetzt werden könnten.

Erwachsenenalter eingesetzt (z. B. nach Schädel-Hirn-Traumen, bei Skoliosen sowie nach Schlaganfällen). Ziel der therapeutischen Anwendung der so genannten Reflexlokomotion ist es, die automatische Steuerung der Körperhaltung, die Stützfunktion der Extremitäten und die dafür erforderlichen koordinierten Muskelaktivitäten zu bahnen. Diese Fähigkeiten sind bei jeder zentralen oder peripheren Schädigung des Nervensystems oder Bewegungsapparats mehr oder weniger gestört. Die Behandlungsmethode besteht in der Stimulation komplexer Bewegungsmuster, die genetisch vorgegeben sind und bereits beim Neugeborenen ausgelöst werden können. Bewegungsabläufe zerebralgeschädigter Kinder sollen mit Hilfe bestimmter Griffe zur Aktivierung von Muskeln „normalisiert" werden. Die Anhänger dieser Therapieform gehen davon aus, dass das Zentralnervensystem die notwendigen Muskelaktivitäten und einzelne motorische Teilmuster schaltet. Die Therapie-Methode hat eine weite Verbreitung gefunden. Sie wird in vielen Kliniken und physiotherapeutischen Praxen angeboten und den oft jungen Eltern empfohlen. Jährlich werden 150 Ärzte und ca. 150 Physiotherapeuten in dieser Technik ausgebildet.

Ich habe vor drei Jahren dieses Elternpaar kennen gelernt, beide waren damals Anfang zwanzig. Zu ihrer Geschichte gehört, dass sie ein knappes Jahr zusammen waren, als die Frau schwanger wurde. Eigentlich wollten die beiden damals noch kein Kind. Sie waren mit sich als Paar beschäftigt. Frau A. wollte ihre Arbeitsstelle nicht aufgeben. Irgendwann waren dann auch ein oder zwei Kinder geplant.

Nachdem Frau A. von ihrer Schwangerschaft erfahren hatte, war sie sich sicher, dass sie die Kinder bekommen wollte. Sie litt unter einem früheren Schwangerschaftsabbruch und wollte den damit verbundenen Schmerz und die Trauer nicht noch einmal spüren müssen. Sie hatte gleichzeitig Angst, ihr Freund könne von ihr verlangen, die Kinder nicht zur Welt zu bringen. Er war seit längerem arbeitslos und wollte unbedingt eine Arbeit finden.

Sie hat ihm dann „beigebogen“, dass sie Eltern werden, indem sie ihm Babyschuhe hingestellt hat, vier insgesamt.[4] Herr B. habe erst gestutzt, dann begriffen. Das Paar beschreibt, dass sie sich gemeinsam auf die Kinder gefreut haben und sich vorstellen konnten, gut für sie zu sorgen. Während der Schwangerschaft wird Frau A. zunehmend unruhiger. Sie wacht von Albträumen geplagt auf und erinnert sich wieder an ihre eigene Misshandlungsgeschichte. Sie verwendet viel Energie darauf, das Erinnerte wegzuschieben, und erzählt auch Herrn B. nicht davon.

Die Kinder kommen durch Kaiserschnitt zur Welt. Der Anfang ist schwer für alle vier, zumal der Vater nach durchwachter Nacht und emotional sehr beteiligt vom Arzt, der die Kinder ihm in den Arm legen will, hört, er solle sich nicht so anstellen und ob er ihm nun auch noch zeigen solle, wie man Kinder „anfasst“. Beide Eltern kommen nicht auf die Idee, wenigstens eine Hilfe im Haushalt in

4 Hier unterscheidet sich das Paar nicht von anderen. Johann A. Schülein spricht von einer „Art Vaterlosigkeit des Kinderwunsches“. Die Frau zwinge den Mann zu einer Entscheidung oder diese wird aus Mangel an Klarheit durch unterlassene Verhütung vorgenommen. Johann A. Schülein, Die Geburt der Eltern, Gießen 2000, S. 140.

Anspruch zu nehmen. Es wird ihnen auch nicht angeboten. Der Kontakt zu ihren Herkunftsfamilien ist brüchig, und sie erhielten die Botschaft, ob denn das mit den Kindern hätte sein müssen. Deshalb mochten sie nicht um Hilfe bitten.

Beide überfordern sich ständig. Sie denken über ihre reale Situation, in der sie immer zwei Kinder zu versorgen, zu trösten und zu wärmen haben, überhaupt nicht nach. Dieses Phänomen ist mir im Kontakt mit Frau A. und Herrn B. auch auf Seiten der Fachkräfte (z. B. in Geburts- und Kinderkliniken oder im Kinder- und Jugend-Gesundheitsdienst) aufgefallen: Es wird zu selten überlegt, wie Eltern mit neugeborenen Zwillingen in Risikosituationen (unter psychosozialer Belastung) nach Hause gehen und den Anfang miteinander herstellen.

Frau A. geht nach kurzer Zeit wieder arbeiten, um etwas mehr Geld für die Familie zur Verfügung zu haben. Herr B. versorgt die Kinder tagsüber alleine. Er geht mit ihnen zum Arzt, macht nebenher recht und schlecht den Haushalt und sagt später, das sei ihm oft viel zu viel gewesen. Das Paar beginnt zu streiten. Frau A. erwartet, dass sie abends nicht noch die ganze Wäsche waschen muss, Herr B. fühlt sich zunehmend nicht gewürdigt, obwohl er sich sehr anstrengt, er spürt Kritik und fühlt sich mit der übergroßen Verantwortung allein gelassen. Das „alte“ Thema, er sei kräftig und könne sich Arbeit suchen, taucht wieder auf. Auch die Herkunftsfamilie von Frau A. schürt diese Debatte, indem Herr B. als faul hingestellt wird. Die Streitereien des Paares sind recht heftig, ein ruhiges Sprechen über diese sehr wichtigen Dinge scheint nicht möglich zu sein.

An einem Abend – die Kinder waren damals acht Wochen alt – füttern die Eltern jeweils ein Baby. Sie beschreiben später die Situation so: Das Kind, das von der Mutter gefüttert wird, verschluckt sich und bekommt keine Luft. In Todesangst hält die Mutter das Kind mit dem Kopf nach unten, sie klopft ihm mehrmals auf den Rücken. Dann habe sie es dem Vater gegeben. Sie schreit mehrfach laut um Hilfe und versucht in höchster Panik, schnell einen Notarzt herbeizuholen. Der Vater merkt, dass das Kind nicht atmet, und beginnt eine Mund-zu-Mund-Beatmung. Der Notarzt trifft ein und bringt Florian sofort in die Klinik. Die Eltern fahren hinterher und erinnern, dass sie dort lange ohne Nachricht auf dem Flur ausharren mussten und dann von einer Schwester beiläufig gehört hätten, ob sie nicht wüssten, dass man Babys nicht schüttelt.

In dieser Nacht wird ein Schütteltrauma mit differenzierten typischen Verletzungen diagnostiziert. Mit der Diagnose durch den behandelnden Arzt konfrontiert, bleiben die Eltern bei ihrer Darstellung des Geschehenen. Florian bleibt fast zwei Monate in der Klinik. In dieser Zeit bildeten sich die für das Schütteltrauma typischen Verletzungen (Parenchym- und Augenhintergrundblutungen) zurück. Wegen seiner Krampfanfälle wird er medikamentös eingestellt. Zu diesem Zeitpunkt ist weder eine Beratungsstelle noch das Jugendamt über die Indikation des Schütteltraumas informiert. Der Vater besucht Florian tagsüber mit dem zweiten Baby. Die Mutter geht oft nach ihrem Dienst ins Krankenhaus.

Nach einigen Wochen wird den Eltern mitgeteilt, dass eine spezielle physiotherapeutische Behandlung, eben die Vojta-Therapie, nötig sei, um Schädigungen und Entwicklungsverzögerungen bei Florian aufzuholen. Beide Eltern kennen die Methode nicht und werden praktisch mit ihr vertraut gemacht. Über therapeutische Ziele und die Gründe, warum sie eine Therapie bei ihrem Kind durchführen sollten, gegen die es sich durch Schreien wehrt, wird nicht mit ihnen gesprochen. Als die Mutter merkt, dass die Therapie nach ihrem Gefühl sehr gewaltsam vonstatten geht, steigt sie aus. Der Vater fragt nach, ob er das wirklich tun müsse. Daraufhin antwortet eine Ärztin, dass Florian in eine stationäre Einrichtung der Jugendhilfe komme, wenn der Vater die Behandlung nicht durchführe. Ich möchte an dieser Stelle nochmals daran erinnern, dass ich die Wahrnehmungen und Gefühle der Eltern wiedergebe.

Der Sozialdienst der Klinik informiert dann das zuständige Jugendamt über die ärztliche Diagnose. Sozialarbeiterinnen nehmen Kontakt zur Familie auf.

Wirkungen und Nebenwirkungen der Vojta-Behandlung

Nachdem der Beratungsprozess zwischen mir und den Eltern begonnen hatte, erzählen mir die Eltern ihre Empfindungen während der Vojta-Therapie. Herr B. möchte mir eine anschauliche Erklärung liefern. Er schaut sich im Beratungsraum um, geht zum Puppenwagen und nimmt eine Puppe heraus. Er legt sie auf den Bauch, streckt die Arme und beginnt, mir die gelernten Handbewegungen zu demonstrieren. Dann unterbricht er kurz, zieht die Puppe noch dichter zu sich heran und legt sich mit seinem Oberkörper auf eine Körperhälfte. Er sagt, dass er das so mehrmals täglich tun sollte und es kaum aushalten konnte. Er hat gespürt, dass er seinem Sohn wehtut. Florian habe immer sehr geschrien und sich gewehrt. Herr B. sei dann fahrig geworden, er habe oft nicht weiter pressen und drücken können. Anschließend habe die Physiotherapeutin weiterbehandelt.

Erschwerend kam hinzu, dass er Florians Bruder Alexander immer dabei hatte, denn die Mutter war ja nicht zu Hause. Alexander habe sich immer sofort von Florians Schreien anstecken lassen. Ich hatte den Eindruck, dass Herr B. an dieser Stelle sehr empathisch reagierte und differenziert seine Gefühle von gewaltsamer Grenzüberschreitung dem Sohn gegenüber, von Hilflosigkeit und Ausgeliefertsein schildern konnte. Diese Differenziertheit steht scheinbar der Wahrnehmung und Schilderung der abendlichen Situation, während der es zu Florians schweren Verletzungen kam, im Wege.

Ich möchte kurz bei diesem Widerspruch verweilen, um ihn zu verstehen. Wir wissen, dass die Geschichte, die die Eltern erzählen, nicht einfach eine Entschuldigungs- und Entlastungsgeschichte ist, die aus Angst formuliert wird und die eigene Beteiligung leugnet bzw. verkürzt. Sie können sich vielmehr nicht als verantwortlich Handelnde sehen und sagen, „es ist etwas passiert“, und sie „können sich das Geschehene und die Verletzungen des Kindes nicht erklären“. In der psychoanalytischen Theorie gibt es hierfür die Begriffe Widerstand und Abwehr. Abgewehrt werden in diesem Sinne nicht erträgliche aggressive Impulse, die in Überforderungssituationen entstehen können, und sehr schmerzhafte Schuldgefühle. Das eigentlich bedürftige kleine Kind wurde zum mächtigen Widersacher, der nicht ertragen und ausgehalten werden kann. Die Miss- bzw. Fehlhandlung hat so ihren Boden gefunden.

Wenn ein schwer verletztes Kind versorgt werden muss und Eltern ihre Wahrnehmungen zu Erklärungsgeschichten verknüpfen, dann fällt es Helfern mitunter schwer, ihre Gegenübertragungsgefühle von Wut, Unverständnis und Ausgrenzung der Eltern aus der Gemeinschaft zurückzuhalten. Es wird erwartet, dass sie zugeben, was auf der Hand liegt. Die Drohung, dass ohne Erlernen und Durchführen der Vojta-Therapie das Kind anderswo untergebracht werden würde, konnte so zum unerträglichen Druckmittel werden bzw. zum Instrument eines „Strafimpulses".

Mögliche wichtige Gründe kindorientierter medizinischer Indikation, wie der Versuch des Neubahnens von motorischen und neuronalen Prozessen nach Hirnverletzungen oder ein Abwägen von Wirksamkeit der Behandlung bzw. neuerlicher Traumatisierung des Kindes, konnten unter diesem Druck nicht offen besprochen werden. Der Widerstand auf Seiten der Eltern hat sich auf diese Weise verstärkt. Chancen des Beziehungsaufbaus zwischen Helfern, Eltern und Kindern, indem das Unaussprechliche ausgesprochen wird, wurden an dieser Stelle vertan und damit eine Minimierung des Risikos erneuter Misshandlung.

Mein nächster Gedanke rankt sich um die Tatsache, dass ein Vater, der seinen Sohn misshandelt haben könnte, gezwungen wird, ihn mehrmals täglich gegen seinen Willen zu pressen und zu bewegen.[5] Was bei Orientierung auf das verletzte und geschädigte Kind ärztlicherseits als einzige Chance des Bahnens von Bewegungsmustern

5 „Das Schema der einzelnen Übungen beim Reflexkriechen und -umdrehen ist, dass das zu behandelnde Kind durch Festhalten an mehreren Punkten, vor allem auch am Kopf, in eine Ausgangslage gebracht wird, die ihm unangenehm ist und aus der es sich deshalb – zusätzlich stimuliert durch Reizungen

verstanden werden könnte, ist bezogen auf den Vater ambivalent. Ich frage mich, wie Herr B. mit der Vojta-Behandlung und seiner unter Zwang erpressten „Motivation" umgeht. In den folgenden Stunden kommt er immer wieder auf die Behandlung zurück. Er sagt mir, dass das doch „ein Quälen seines Kindes" sei, ein „therapeutisches Quälen". Hinter diesen Formulierungen versteckt sich sein Ausgeliefertsein und die Hilflosigkeit. Ich bekomme ein Gefühl dafür, wie es jemandem geht, der mit dem Vorwurf, sein Kind misshandelt zu haben, umgehen soll, bzw. seinem Kind Gewalt angetan hat und gleichzeitig gezwungen ist, bei diesem Kind eine Therapie durchzuführen, die ihn abstößt. Sie erscheint ihm verständlicherweise gewaltsam, und er spricht nicht weiter, wenn nur andeutungsweise Florians Schreien zum Thema wird. Phantasien zu aktuellen Schmerzen bei Florian, zu Folgeschäden des Schütteltraumas und seinem langen Klinikaufenthalt ohne Eltern können beide nur sehr vorsichtig zulassen.

Für Herrn B. muss das Ganze ein unerträgliches Wechselbad der Gefühle gewesen sein. Er hat nun ganz bewusst sein Mitgefühl für Florian gedeckelt und empfand sich als schrecklichen Vater. Er hatte Angst, dass Florian sich später erinnern würde, dass und wie der Vater ihm wehgetan hat – und das auf doppelte Weise. Monika Aly weist uns darauf hin, dass die schwierige Ausgangssituation beim Säugling (er hat eine zerebrale Schädigung erlitten) durch die massive Intervention nach Vojta noch verstärkt werden kann. Der Säugling wird „verunsichert", wenn die Hände der nahen Bezugsperson

an entsprechenden Schlüsselpunkten – zu befreien versucht. [...] In der Praxis wird der nur wenige Wochen oder Monate alte Säugling in Bauchlage auf einen Tisch gelegt, der Kopf, der Ellenbogen, eine Pobacke und ein Fuß werden vom Therapeuten fixiert. Das Baby versucht nun mit dem geringen Rest an freien Bewegungsmöglichkeiten, sich aus seiner Zwangslage herauszubewegen. Es hat dabei einen hochroten Kopf, weint oder brüllt fast immer und steht unter ausgesprochenem Streß. Man kann sich gut vorstellen, in welchen Angstzustand ein Kind gerät." Monika Aly, Mein Kind im ersten Lebensjahr. Frühgeboren, entwicklungsverzögert, behindert? Oder einfach anders? Antworten für Eltern, 2. Aufl., Berlin/Heidelberg/New York 2002, S. 133.

ihn einerseits streicheln und andererseits pressen und und festhalten. Herr B. hat später erreicht, dass die Therapie in einer anderen Klinik von einer geschulten Therapeutin fortgesetzt wurde.

Wie verlief nun die Beratung weiter?

Herrn B. fällt es schwer, über Gefühle von Wut und Aggressivität zu sprechen. Erst nach vielen Stunden kann er äußern, dass er als Kind immer der Mutter beistehen musste, wenn der Vater betrunken nach Hause kam und sie angegriffen hat. Als achtjähriger Junge hat er sich das erste Mal zwischen Mutter und Vater gestellt, damit die Mutter nicht die Wucht der Schläge des Vaters trifft. Er hat dann alles stellvertretend abbekommen und erinnert sich, stets zwischen zwei Stühlen gesessen zu haben. Noch heute ist er voller Wut, wenn er an den Vater denkt, und voller Scham, weil die Polizei öfter in die Wohnung gerufen wurde. Sein Schamgefühl ist sehr präsent, weil alle in der Schule wussten, dass der Vater schlägt. Früh übernahm er Verantwortung für die Mutter und den Vater, weil es nicht anders ging. Über die Last, die er als Junge auf seinen Schultern trug, dachte er vorher nie nach. Nun konnte er nachvollziehen, warum er so leicht in den Plan des alleinigen Betreuens der Zwillinge tagsüber eingewilligt hatte.

Herr B. hat später sagen können, dass er Wut nicht spüre. Er merke sie erst, wenn er kurz vor einer Explosion stehe. Dann sei die Gefahr für andere groß, denn er könne sich nicht immer beherrschen. Das habe ein Schulfreund schon mal zu spüren bekommen.

Frau A. wurde als Kind von ihrem Stiefvater schwer körperlich misshandelt. Spätere Versuche zu fliehen endeten immer wieder in der Familie, sodass ihr Druck, die Unsicherheit und Angst ständig stiegen. Sie ist durch die erlittenen Demütigungen in ihrem Selbstwertgefühl sehr instabil. Im Verlauf der Beratung holt sie der Jammer um sich selbst immer wieder ein. Erinnerungen an eigene Verletzungen scheinen in manchen Stunden übermächtig zu werden. Frau A. hatte einmal versucht, Hilfe zu bekommen, und die Mutter überredet, ohne Wissen des Vaters zum Allgemeinen Sozialpädagogischen Dienst zu gehen. Es war morgens kurz nach sieben Uhr, und dort war noch nicht geöffnet. Daraufhin sei die Mutter wieder mit ihr gegangen. Frau A. habe sich trotz all ihrer Not nicht noch einmal allein dorthin getraut. Ähnlich erfolglos war die Bitte um Hilfe bei den Großeltern. Dort konnte sie kurze Zeit wohnen. Als sie in der Pubertät schwierig wurde, die Schule verweigerte und manchmal stahl, gaben die Großeltern sie in die „Obhut“ des Stiefvaters zurück. Die Misshandlung durch ihn und das Wegschauen der Mutter gingen weiter.

Ich konnte bei beiden viel gedeckelte Wut spüren: bei Herrn B. so, dass er einerseits gepanzert war, andererseits aggressive Phantasien gegenüber vermeintlichen Feinden formulierte, bei Frau A. durch depressive Episoden. Beide mussten sich immer wieder meiner Verlässlichkeit und Vertrauenswürdigkeit versichern, bis sie offener werden konnten. So konnten sie mir später von einer Szene berichten, in der es um ungezügelte Wut ging.

Beide saßen beim Frühstück, die Stimmung war gespannt. Herr B. strich seiner Frau mit einem Finger über die Wange. Frau A. kannte genau diese Geste von ihrem Stiefvater und hat sie immer als eklig, beschwichtigend und abwertend empfunden. Deshalb schlug sie ihrem Mann die Tasse aus der Hand, der dann dasselbe bei ihr tat. Frau A. nahm daraufhin die Thermoskanne, schüttelte sie kräftig, bis der Kaffee von allen Wänden tropfte. Er hat das Gleiche wiederholt. Plötzlich kamen beide zur Besinnung. Frau A. brach weinend zusammen, Herr B. musste zunächst aus der Wohnung gehen, um sich zu beruhigen. Diese Szene barg die Möglichkeit, anzusprechen, wer denn auf die beiden Kinder achten würde, wenn sich die Eltern im Missverstehen verstricken und ausrasten könnten.[6]

6 Thea Bauriedl spricht in diesem Zusammenhang vom Vorgang des „szenischen Verstehens“. Das Interesse richte sich „auf das Zusammenspiel der (unbewussten) Phantasien eines oder mehrerer Menschen“. Es geht darum, die „szenische Gestalt von Beziehungsstrukturen zu erkennen und bewusst werden zu lassen, damit die ständige Wiederholung von Gewalt im Sinne der Selbst- und Fremdunterdrückung aufhören kann“. Thea Bauriedl, Wege aus der Gewalt. Analyse von Beziehungen, Freiburg 1992, S. 136.

Ich habe diese Szene vorgestellt, weil sie deutlich macht, welche Wut in beiden Eltern steckt und wie vertrauensvoll ein Kontakt sein muss, bis Eltern, die selbst als Kinder verletzt wurden und die nun ihre eigenen Kinder schwer beschädigt haben, ein Stück ihres Widerstands aufgeben können. Nach einer so schweren Misshandlung wie dem Schütteltrauma können sie es nach meiner Erfahrung kaum. Sie konnten sich später mit ihrem gewaltsamen Paarkonflikt anvertrauen und sehen, dass für ihre Kinder ein Risiko besteht, wenn sie miteinander in Streit geraten. Beide beginnen ganz vorsichtig im Verlauf der Beratung, sich in die Angst ihrer kleinen Kinder einzufühlen, wenn sie als Eltern gewaltsam streiten.

Fachlich geeignete Hilfen von Anfang an

Ich habe eine Fallgeschichte entwickelt, bei der das Elternpaar leider viel zu spät beraterische bzw. therapeutische Hilfe angeboten bekam. Angeboten wurde die Vojta-Methode, ohne differenzierter verstehen zu wollen, was geschehen ist und wie die Verletzungen des Kindes entstanden sind. Wir können davon ausgehen, dass sich Eltern, die ihr eigenes Kind schwer verletzt haben, Helfern gegenüber kaum oder gar nicht öffnen, keine Hilfe in Anspruch nehmen möchten und ihre Probleme am liebsten verdrängen. Das spüren Professionelle sehr deutlich und sind versucht, die Eltern massiv und eindringlich zu konfrontieren, oft aus Sorge um das verletzte Kind und aus Angst vor Wiederholung. Auf diese Weise manifestiert sich jedoch die Abwehr bis hin zur Leugnung.

Offener Kontakt kann sich nur herstellen ohne Zeit- und Handlungsdruck: Es geht um das Benennen dessen, was passiert ist, und um die gefühlsmäßige Vermittlung des Eindrucks, dass man am Verstehen des sehr komplizierten Beziehungskonflikts interessiert ist. Im Alltag der Klinik ist die Identifikation des medizinischen Personals mit dem misshandelten Kind und das Entsetzen über die

Eltern verständlich, müssen doch die mitunter schweren Verletzungen des Kindes behandelt werden. Dennoch könnte gerade die Klinik in Fällen von Kindesmisshandlung eine Brücke bauen, die zu einer angemessenen Weiterbehandlung der „kranken Beziehung" gehen könnte.

Helfer können an eine Grenze geraten, wenn Eltern abwehren bzw. das Geschehene leugnen. Leugnung ist ein heftiger Widerstand, der Eltern vor unerträglichen Schuldgefühlen und vor Scham schützt. Anhaltende Leugnung der Eltern deutet darauf hin, dass die eigene Beteiligung am Misshandlungsgeschehen zu wenig wahrgenommen wird. In diesem Fall könnte die Leugnung manifester geworden sein, weil die Eltern die Gewalt der Behandlung gespürt haben und sich sehr dagegen abgrenzen mussten.

Alles in allem könnten wir von einer verpassten Chance sprechen, einen tragfähigen Kontakt zu Helfern von Anfang an herzustellen. Es ist ganz offensichtlich, dass die Familie einen schweren Beginn hatte. Die Versorgung neugeborener Zwillinge ist kompliziert und eine echte Herausforderung an Eltern. Das hat kein Professioneller den Eltern gegenüber benennen können. Deshalb sind sie vom ersten Tag an in ihrem Zwang, alles ganz gut zu machen, überfordert gewesen. Gewalt gegen Kinder ist, wie wir wissen, ein hilfloser Versuch, mit Konflikten umzugehen. In diesem Fall konnte die Verantwortung als Mutter und Vater nicht mehr ausbalanciert werden.

Veröffentlichungen zum Eltern unterstützenden Ansatz modernen Kinderschutzes verweisen auf den Wert früher Interventionen und Kriterien zur Abschätzung des Risikos erneuter Misshandlung.[7] Es wird in diesen Zusammenhängen sehr klar dargestellt, dass, wenn es zu einer Misshandlung gekommen ist, relativ rasch geklärt werden muss, ob die Sicherheit eines Kindes in der Familie gewährleistet werden kann. Kriterien für die Beurteilung des Risikos erneuter

7 Kinderschutz-Zentrum Berlin e. V. (Angela Bernecker-Wolff, Pieter Hutz, Hubertus Lauer, Elke Nowotny, Ute Thyen, Reinhart Wolff), Kindesmisshandlung. Erkennen und Helfen, Berlin 2000, S. 78 ff.

Misshandlung sind u. a. das Ausmaß der Verantwortung, die Eltern für den Zustand des Kindes übernehmen, das Ausmaß an Wärme, Empathie und Fähigkeit, die Bedürfnisse des Kindes auch unter Belastung voranzustellen, die Annahme von Hilfe statt Verleugnung und Bagatellisierung, die Verfügbarkeit von Ressourcen im Umfeld der Familie. Die meisten Autoren favorisieren ein stützendes therapeutisches Umfeld, in dem auch ambivalente elterliche Gefühle, Enttäuschungen und Misshandlungsimpulse ohne Schuldzuweisung artikuliert und zugelassen werden können.[8]

Ich frage mich, was es für einen Vater, der als Kind selbst Gewalt erlebt hat und der vermutlich in einer maßlosen Überforderungssituation sein Kind verletzt haben könnte, bedeutet, wenn er die Vojta-Therapie mit seinem kleinen Sohn durchführen muss. Er spürt auf verdrehte Weise, wie sein Kind sich quält, wie es leidet, und er ist mit Ängsten konfrontiert, sein Sohn könnte spüren, dass der Vater ihn (erneut) gewaltsam anfasst. Herr B. ging noch einmal über die Grenzen seines Sohnes hinweg und über seine eigenen heftigen Gefühle. Diesmal unter den Augen von Ärzten und Physiotherapeuten.

Im vorgestellten Fall wird das Verstehen und Reflektieren der eigenen aggressiven Anteile beider Eltern doppelt schwierig. In Ausnahmefällen könnte ein Risiko bestehen, dass aggressive Durchbrüche verstärkt werden. Im schlimmsten Fall wiederholt sich ein Teil der Misshandlungsszene: Das Kind wehrt sich und weint, der Vater hat das Gefühl, durchgreifen zu müssen und gefährdet so das Kind erneut.

Meine zunächst abschließende Frage lautet, ob Eltern, die in ein Misshandlungsgeschehen verstrickt sind und ihre Anteile noch nicht sehen können, zu Therapeuten ihrer Kinder werden sollten. Nach meiner Erfahrung in der Beratung dieses Elternpaares ist es unerlässlich, nach ihren eigenen aggressiven Anteilen zu fragen und

8 Nikolaus von Hofacker, Frühkindliche Störungen der Verhaltensregulation und der Eltern-Kind-Beziehung, in: Kai von Klitzing (Hrsg.), Psychotherapie in der frühen Kindheit, Göttingen 1998.

diese zu bearbeiten, bevor sie eingeschworen werden, mit ihrem Kind eine Vojta-Therapie mehrmals täglich durchzuführen. Ich wünsche mir, dass sich Professionelle in Kinderschutzfällen vor Verschreibung einer festhaltenden und pressenden Physiotherapie fragen, was zur Verletzung oder Schädigung des Kindes geführt hat, um den Eltern den Kontakt zu ihren Kindern nicht zusätzlich zu erschweren und der so wichtigen Bearbeitung des Beziehungskonflikts Steine in den Weg zu legen.

Wünschenswert ist außerdem, dass die Kooperation zwischen Fachkräften so früh wie möglich einsetzt, um psychotherapeutische Hilfe zu installieren. Voraussetzung hierfür wären das Bekanntwerden untereinander und der gegenseitige fachliche Austausch in respektierender Weise. So gäbe es die Chance, die besten Hilfen im Einzelfall für Eltern und Kinder so früh wie möglich zu platzieren.

Sibylle von Eicke

Erwartungen, Ängste und Hoffnungen der Eltern

Gewalt im Namen der Liebe

Aus Langzeitstudien über die Wirksamkeit von Psychotherapien ist bekannt, dass beispielsweise Patienten, die sich einer psychoanalytischen Therapie unterziehen, weniger die Beseitigung einer bestimmten Symptomatik anstreben als eine Art Selbstfindung suchen, die ihr Selbstwertgefühl und die Qualität ihrer Beziehungen verändern helfen soll. Patienten, die sich in ihrer Lebensqualität durch störende Symptome beeinträchtigt fühlen und diese gezielt angehen möchten, wählen dagegen eher übende Verfahren und suchen eine Verhaltenstherapie auf. Beide „Gruppen“, so die Studien, sind mit den Ergebnissen, die sich auf eine subjektiv erlebte, positive Veränderung beziehen, in vergleichbarer Weise zufrieden. Das heißt, keine der beiden Richtungen (Richtlinientherapien) kann als die „bessere“ bzw. weniger wirksame betrachtet werden. Patienten und Therapeuten finden bewusst und unbewusst zueinander. In den unbewussten Motiven sind letztendlich die entscheidenden Auslöser für eine Wahl zu suchen.

Welche Erwartungen hegen nun Eltern, die sich mit ihren Kindern in eine Festhaltetherapie begeben (in Amerika mit dem, wie ich meine, sehr viel treffenderen Ausdruck „forced holding“ belegt)? Welche Ängste könnten mit diesen Erwartungen verbunden sein, welche Hoffnungen? Diese drei Aspekte – Erwartungen, Ängste, Hoffnungen – sind nicht voneinander zu trennen. Dazu eine kurze Passage aus einem Therapiegespräch.

Eine Mutter: „Als ich die Anna zum allerersten Mal sah, war ich ganz erschrocken. Sie erinnerte mich irgendwie an ... Ich fand sie richtig hässlich. Ich hatte sie mir ganz anders vorgestellt. Sie hat auch ständig geschrien. Nichts hat geholfen. Wenn ich sie ganz, ganz fest gewickelt habe, wurde sie manchmal ruhiger, oder wenn ich sie so (fest gewickelt) hingestellt habe ... Dann hat mir eine Freundin, die in einer Beratungsstelle gearbeitet hat, gesagt, da gibt es etwas Neues, das sollte ich mit Anna unbedingt mal probieren ...“ (Das war im Jahr 1993).

Die neue „Therapie“ bestand aus einem Festhalte-Verfahren, das über elf Monate, einmal pro Woche, aber immer wieder über mehrere Stunden durchgeführt wurde. Anna wurde nach einer Methode, die die amerikanische Ärztin Dr. Martha Welch 1984 entwickelt und die die Psychologin Dr. Jirina Prekop von ihr übernommen und in Deutschland weiterverbreitet hatte, „behandelt“. Beide Eltern wurden in einer Praxis im Rhein-Main-Gebiet dafür „angeleitet“.

Hier, im Falle der einjährigen Anna, sollte etwas verändert werden – vor allem am Kind. Etwas soll weg, wächst sich nicht aus, entspricht nicht dem Bild, das man sich einmal vom Kind gemacht hat. Äußerungen des Kindes werden in der Eltern-Kind-Beziehung als etwas erlebt, das keine Mitteilung enthält, die es erst – oft sehr mühsam – zu entschlüsseln gilt. Sondern Schreien, Unruhe, Trotz, also vor allem aggressive Äußerungen, werden als Störung, als Fehlverhalten, als Angriff und Vorwurf gedeutet. Das Kind passt nicht, es ist falsch!

Diese Nicht-Entsprechung wird nicht als etwas Rätselhaftes, noch Offenes wahrgenommen, das zu jedem Eigen-Leben und zu jeder individuellen Entwicklung gehört, sondern wirkt fremd, ja bedrohlich: eine Blockade, die das Kind auf dem gemeinsamen Weg errichtet hat.

In dieser schwierigen Situation werden dringend Helfer benötigt.

Die eben erwähnte Mutter, Frau F., wandte sich an verschiedene Beratungsstellen, da sie fürchtete, nicht allein mit dem Baby fertig zu werden, das sie vom ersten Moment an ablehnte.

Sie kam aus einem nordischen Land nach Deutschland, erwartete eine völlig andere Unterstützung von den hiesigen Sozialeinrichtungen, von denen sie sich im Stich gelassen fühlte. Das unerträgliche Schreien ihres Babys drückte auch ihre eigene Verzweiflung und ihre Wut aus, die sich einmal bis zum Mordimpuls steigerte, sodass sie das Baby auf das Sofa warf: Es sollte – verdammt noch mal! – endlich still sein.

Der Vater der kleinen Anna, tagsüber außer Haus beschäftigt, wurde zwar immer wieder telefonisch von seiner Frau „informiert", konnte oder wollte aber nicht glauben, was ihm berichtet wurde. Frau F. und die kleine Anna blieben mit dieser Gewaltszene, der sich weitere anschlossen, allein.

Sie wurde jedoch von der heute 12-jährigen Anna in Form von selbstschädigendem, mörderisch anmutendem Verhalten immer wieder in Szene gesetzt und in „Neuauflage" durchgespielt. Die Eltern, vor allem Frau X., antworteten mit Schuldgefühlen, hilfloser Strenge, Wut und rasch wechselnden Kontrollmaßnahmen. In psychoanalytischen Gesprächen, die mich häufig an eine Beichte erinnerten, konnten die bis dahin völlig unverständlichen Ursprünge der Gewaltakte allmählich deutlicher werden. Anna, die in den Sitzungen anfangs meist schläfrig – unbeteiligt – wirkte, manchmal „wie tot" erschien, reagierte auf einmal überraschend wach und lebendig, als diese Sinnzusammenhänge auftauchten.

In den Angeboten der Halte-Therapien werden nun Erwartungen angesprochen (oder auch geweckt?), die einer (Wieder-) Herstellung von Wunsch-Bildern dienen. Es sind die Erwartungen, dass alles Störende (das, wie im eben erwähnten Fall Anna, vom Kind ausging und nur im Kind wahrgenommen wurde) gründlich beseitigt werden kann. Dass es dafür eine Technik gibt, die zwar von Fachleuten vermittelt werden muss, aber doch erlernbar und überschaubar ist sowie zu Hause aufbereitet werden kann, im Heimhandwerk sozusagen.

Fehler können erkannt und korrigiert werden. Fortschritte dagegen werden als sichtbar und machbar, als schnell erreichbar, aber dennoch tief wirksam versprochen.

Eine recht einfache, lineare Vorstellung also, in der es stetig nach oben geht. Die Stufen, auch wenn sie hoch sind, führen in diese eine Richtung. Das Vorwärts schließt das aus, was dahinter liegt oder der Vergangenheit ein für alle Mal angehören und dort begraben sein soll. Gleichzeitig wird jedoch eine Art Kindheit konstruiert, die diesem Aufwärtstrend entspricht.

Richtlinientherapien, die derartige „Fortschritte" weniger sicher garantieren, werden gern als wenig wirksam gefürchtet, als langwierig, zu kompliziert oder intellektuell, also als zweifelhafte, überholte Verfahren, die alles nur noch schlimmer machen. Oder aber, die nicht bis „zum Kern der Sache" vordringen und keine Rettung, keine Erlösung ermöglichen. Sie werden – ähnlich wie die „Schulmedizin" – auch häufig verteufelt.

Im Unterschied dazu werben die Halte-Therapien mit „ganzheitlichen Ansätzen", die folgendermaßen formuliert werden: „Die Haltetherapie ... hat natürlich ein wissenschaftlich fundiertes Theoriemodell, ist längst in signifikanten Langzeituntersuchungen und in zahlreichen Veröffentlichungen der Fachliteratur ... belegt. Die Arbeitshypothese von Jirina Prekop, die seit 1981 als deutsche Vertreterin der Halte-Therapie gilt, baut auf eine ganzheitliche Sichtweise des Menschen auf, in der ethnologische, biochemische, lernpsychologische und entwicklungspsychologische Aspekte das Theoriemodell bilden ..."[1]

Das klingt erprobt, „wissenschaftlich belegt". Die erwähnten Langzeituntersuchungen stehen jedoch noch aus. Aber Bücher, die heute als Bestseller zu bezeichnen sind, zeigen ihre Wirkung. Deren äußerst treffsichere Titel – z. B. „Der kleine Tyrann", „Hättest du mich festgehalten ...", „Schlaf, Kindchen, schlaf! Verflixt noch mal!", „Wenn ihr wüsstet, wie lieb ich euch habe" –, lobende Rezensionen in bekannten Tageszeitungen sowie eine Flut gleichlautender, leb-

1 Claudia Söller, Aspekte der Festhaltetherapie in der Kinderheilkunde, Paracelsus Report 5, 1995.

hafter Dankesbekundungen ehemaliger Klienten weisen auf erstaunliche Ergebnisse hin. Wer wollte da zweifeln? Und was lösen diese Titel vielleicht aus?

Breite Zustimmung entsteht bereits bei der immer wieder geäußerten Behauptung in den Broschüren, Büchern und Vorträgen der Haltetherapeuten, dass Herz und Kopf, Intellekt und „Bauch" wieder zueinander finden müssen. In einer „kalten", zunehmend von „Technokraten" bestimmten Welt sei der „Stimme des Herzens" der Vorzug zu geben, sie weise angeblich den Weg.

Jirina Prekop greift auf Antoine de St. Exupéry und dessen Kult-Buch „Der kleine Prinz" zurück, um ihn – hier als Vertreter für die „Stimme des Herzens" – ausdrücken zu lassen, was sie auch in ihren Halte-Therapien beabsichtigt. Die Kinder in ihren Falldarstellungen werden übrigens häufig als „kleine Prinzen" bezeichnet. Sie wirken allerdings wenig liebenswert, sondern erscheinen eher als unangenehme, despotische Knirpse, eben als „Kleine Tyrannen".

Jirina Prekop über ihre Methode: „Man kann diesen Therapieansatz nicht mit der Logik des Verstandes verstehen, sondern es nur mit der Logik des Herzens tun." Nur so könnte eine ursprüngliche Einheit entstehen (oder auch wieder entstehen) zwischen Mutter und Kind, Vater und Kind, Eltern mit und ohne Kind. Diese Einheit, die bei den „Naturvölkern" als noch intakt gelobt wird (hier werden Beispiele aus der Mongolei, von Indianerstämmen angeführt und mit Bildern ausgestattet von Müttern, die ihre Säuglinge als „Traglinge" in bunten Wickeltüchern am Körper mit sich tragen), diagnostiziert Frau Prekop in den westlichen Kulturen als zutiefst gestört. Gestört durch zu frühe Trennung von Mutter/Vater und Kind, durch mangelhaften Körperkontakt oder durch ein Zuviel davon.

Aber aus dieser Einheit heraus – so die Grundthese der Halte-Therapeuten –, die die Natur uns nicht nur auferlegt hat, sondern die gottgewollt auch einem „Schöpfungsgesetz" und einem „Naturgesetz" entspreche, entstünden erst stabile Bindungen, Harmonie, Glück, ein Gefühl des Rückhalts in Beziehungen. Schöne Gedanken, schöne Bilder ... So finden wir sie überall im Internet oder in den Prospekten der Festhalte-Therapeuten.

Lassen wir die Bilder etwas länger auf uns wirken, so wird deutlich, dass sie „geschönt“ sind: Sie zeigen uns ausnahmslos glückliche Menschen, lächelnde Gesichter. Da gibt es beispielsweise Vater, Mutter, Kind zu sehen – die klassische Kernfamilie, von den Halte-Therapeuten gern als „schicksalsmäßig aneinander gebunden“ proklamiert. Alle sind in enger Umarmung aneinander geschmiegt. Der Vater hält den Kopf des Kindes, die Mutter streichelt zärtlich seine Wange. Nichts könnte sie trennen, nichts könnte schöner sein.[2] Auf weiteren Fotos, die wie Bilder nach einer Geburt anmuten, sehe ich an anderer Stelle Mutter (vielleicht 40 Jahre alt) und Tochter (vielleicht 10 Jahre alt). Sie haben offensichtlich zueinander gefunden, liegen beide erschöpft und glücklich in hohen weißen Kissen, gestützt nach gemeinsamen, wohl recht anstrengenden Geburtswehen, wiederum lächelnd, Auge in Auge ineinander versunken. Die große Tochter hat den Daumen im Mund.[3]

Was bezwecken derartige Szenen? Was soll uns hier vermittelt werden? Haben die innigen Bilder nicht vor allem mit Kitsch zu tun, mit dem Reim auf Herz und Schmerz, mit unechten Gefühlen, also mit Sentimentalität? Wir alle kennen den Kitsch aus Filmen, Fernsehserien, aus der Heftchen- und Traktätchen-Literatur. Wir kennen seine Bedeutung als Propagandamittel. Wir wissen um seine Funktionen – er kann uns weglocken aus unerfreulichen Realitäten – aber wir wissen auch, wie dünn die Trennlinie ist zur Ernsthaftigkeit, wie schwer es manchmal fällt, echte und unechte Gefühle zu unterscheiden.

In den Festhalte-Therapien und ihren Angeboten fällt diese Unterscheidung gänzlich weg, ist gar kein Thema mehr. Übrig bleiben allein der Kitsch und die Sentimentalität. Wie kommt das? Es gibt

2 Martha Welch, „Holding Time“, www.marthawelch.com, S. 1.

3 Mutter und Tochter, in: „Holding Times“, Tannheim, Ausgabe 2004, S. 9.

wohl in den meisten Menschen den Wunsch nach tiefer Harmonie, der mit entsprechenden Bildern und Idealvorstellungen, bewusster und unbewusster Art, verknüpft ist. Auch in jeder anderen Therapie spielt der Wunsch nach Harmonie, nach Liebe und Sicherheit eine zentrale Rolle, aber der Weg dorthin ist es, der sich unterscheidet.

In der Festhalte-Therapie erscheint dieser Weg ausgetreten und breit. Jeder hat darauf Platz. Auch jedes Symptom kann mitgebracht und behandelt werden. Nach einer Logik des Herzens? Also nicht unbedingt durch „wissenschaftlich Belegtes?“ Das klingt möglicherweise verlockend oder beruhigend für Mütter oder Väter, die sich in der von Jirina Prekop gezeichneten, angeblich herzlosen kalten Welt unter lauter „Technokraten“ mit ihren Kindern allein gelassen wähnen.

Während ursprünglich angeblich nur Kinder mit autistischen Zügen festgehalten werden sollten – wobei die von Frau Prekop skizzierten Fälle auch auf völlig andere Probleme verweisen könnten, die mit den komplizierten, vielfältigen Formen des Autismus wenig zu tun haben oder nur in oberflächlichstem Zusammenhang stehen[4] – und sich die Festhalte-Therapien noch im klinischen Umfeld abspielten, breitete sich diese angeblich Wunder bewirkende Methode unter den Modebegriffen „neu“ und „alternativ“ bald in weite Bereiche jenseits der Institutionen aus, sodass es heute schwer fällt, Diagnosen zu finden, die als ungeeignet für eine Festhalte-Therapie bezeichnet werden. Zumal fachlich gesicherte, diagnostische Abklärungen ohnehin nur noch eine schwindende Bedeutung zu haben scheinen und daher den umständlichen Verfahren der „Richtlinientherapien“, wie z. B. der Psychoanalyse, überlassen werden können.

Im aktuellen Therapie-Angebot (Herbst/Winter 2004/2005) des Wiener Prekop-Institutes finden sich unter vielen anderen die folgenden Indikationen – massive Widersprüche bei Indikation (Sucht)

4 Jirina Prekop, Der kleine Tyrann, erw. Neuaufl. München 1998, S. 25–37; Söller, Aspekte der Festhaltetherapie; Therapieangebot Herbst/Winter 2004/2005, www.prekop-insti-tut.com

und Kontraindikation (schwere Sucht) fallen bei den Autoren und Lesern offenbar kaum ins Gewicht:

„Eltern-Kind-Festhalten ist zu empfehlen: bei Depressionen, Ängsten aller Art, hauptsächlich Berührungsängsten, bei psychosomatischen Krankheiten, bei Essensverweigerung, übertriebenen Vorlieben oder Abneigung gegen bestimmte Nahrungsmittel, bei zwanghaften Abhängigkeiten von Süchten, einschließlich Destruktionszwängen, Herrschsucht, Leistungssucht etc., bei Aggressivität gegen sich selbst und gegen andere, für hyperaktive oder unruhige Kinder, Schlafstörungen, bei unverhältnismäßig langem Einnässen oder Einkoten, übermäßiger Stimulation der Geschlechtsorgane, bei frühkindlichem Autismus und autistischen Zügen, zur Trauerbegleitung bei Verlust einer Bezugsperson etc.“[5]

Der „breite Weg“ sollte – so die Angebote in den Prospekten und Workshops – nicht nur zu einer vorübergehenden, also oberflächlichen Symptombeseitigung führen, sondern zu einer Lebens-Haltung. Hier gibt es von kirchlicher Seite Beifall und Unterstützung. Es werden familienorientierte Veranstaltungen in Gemeinden und Kindergärten angeboten. Oder durch Theologen, die sich zu Halte-Therapeuten ausbilden ließen – kostengünstig: fester Halt nach Prekop.

Der „breite Weg“ führt nicht auf dunkle Umwege, Stolpersteine oder gar in Abgründe, wenn man – in diesem Fall die Eltern, nach den Wünschen des Kindes wird nicht weiter gefragt – drei Schritte bereit ist zu tun, drei Stufen erklimmt. Damit sie nicht zu künstlich wirken und nicht zu scharf einschneiden, werden sie gern mit einer Art Auslegware ausgestattet, beispielsweise mit einem Gedicht. Beispielsweise von Hermann Hesse, das wir alle kennen: „Stufen“. Es werden darin tiefe Reifeprozesse ausgedrückt, Lebenserfahrungen bis zum Tod, bis zur Erfahrung des Sterbens. Daher ist es so gut geeignet für Abiturfeiern („Reifeprüfung“) und Beerdigungen.

5 Therapieangebot Herbst/Winter 2004/2005 – Festhaltetherapie – „Eltern-Kind-Festhalten ist zu empfehlen: ...“, www.prekop-institut.com

„Stufen“

Wie jede Blüte welkt und jede Jugend
Dem Alter weicht, blüht jede Lebensstufe,
Blüht jede Weisheit auch und jede Tugend
Zu ihrer Zeit und darf nicht ewig dauern.
Es muß das Herz bei jedem Lebensrufe
Bereit zum Abschied sein und Neubeginne,
Um sich in Tapferkeit und ohne Trauern
In andre, neue Bindungen zu geben.
Und jedem Anfang wohnt ein Zauber inne,
Der uns beschützt und der uns hilft zu leben.

Wir sollen heiter Raum um Raum durchschreiten,
An keinem wie an einer Heimat hängen,
Der Weltgeist will nicht fesseln uns und engen,
Er will uns Stuf' um Stufe heben, weiten.
Kaum sind wir heimisch einem Lebenskreise
Und traulich eingewohnt, so droht Erschlaffen,
Nur wer bereit zum Aufbruch ist und Reise,
Mag lähmender Gewöhnung sich entraffen.

Es wird vielleicht auch noch die Todesstunde
Uns neuen Räumen jung entgegen senden,
Des Lebens Ruf an uns wird niemals enden ...
Wohlan denn Herz, nimm Abschied und gesunde![6]

Zurück zur Festhalte-Therapie, die man als eine „Drei-Stufen-Therapie“ skizzieren könnte. Eine verblüffend einfache Sache, wie immer wieder betont wird. Für verwirrte Eltern ein deutlich übersichtliches, scheinbar klar strukturiertes Unterfangen, über das sie sich nicht allzu viele Gedanken machen müssen. Drei ist aber auch

6 Hermann Hesse, Die Gedichte, Frankfurt a. M. 1992, S. 676.

eine magische Zahl, verweist auf Zauber und Verwandlung. Das lässt hoffen?

Die drei Stufen sind bedeutungsvoll mit je einem Fremdwort überschrieben:

Erster Schritt: *Konfrontation*

(mit dem „Konflikt". Das Kind „darf" seine Aggression erleben und ausdrücken; ebenso die Eltern).

Zweiter Schritt: *Rejektion*

(Kampf, Auseinandersetzung, die Eltern zeigen sich als die Stärkeren, die dem Kind lebenswichtige Grenzen vermitteln).

Dritter Schritt: *Resolution*

(völlige Auflösung der Spannung).

Die Auflösung der Spannung wird dem Ratsuchenden als der Moment erläutert, in dem „die Liebe wieder frei fließen kann". Zur Vorstellung der frei fließenden Liebe gehört natürlich, dass sie vorher „unfrei" war, also nicht „fließen" konnte, dass sie in der Person des Kindes eingesperrt und eingeklemmt war. Vom (nicht liebenswerten) Kind falsch ausgedrückt, nur überbordend oder aggressiv zum Ausdruck kam. Nur in einer Art schartigem Rohmaterial vorhanden, das nach Fassung und Schliff verlangt.

Eine liebevollere, zärtlichere Beziehung wurde auch von dieser Mutter ersehnt. Ich zitiere wiederum aus einem Therapiegespräch.

Frau B.: „Die Patricia war immer so komisch. Sie kam nie zum Schmusen oder so. Wenn wir sie auf den Arm nehmen wollten, hat sie sich nach hinten durchgebogen und sich gestemmt. Wir haben eben gedacht, dass sie eine Kommunikationsstörung (!) hat. In der Vojta-Therapie hat sie so geweint, dass wir aufgehört haben, aber auch hier hat sie so geschrien und geweint, es war schrecklich."

Die Mutter weint.

„Und ich hab' mich so geschämt. Ich habe noch nie mit jemandem darüber gesprochen. Das ist jetzt elf Jahre her."

Bei der 5-jährigen Patricia erlebte Frau B. eine ihr unverständliche Zurückweisung all ihrer Bemühungen. Die kleine Patricia, nur knapp ein Jahr älter als ihre Schwester, sehr lebhaft und neugierig, wurde immer wieder gebremst in ihrem vitalen Erkundungsdrang. Sie war ja so anstrengend! Und sie war ihren Eltern oft zu viel. Sie erlebten Patricia bereits als kleines Kind als nicht mehr zu halten, unbewusst als halt-los. Ein Kinderarzt stellte fest, mit Patricia müsse unbedingt etwas geschehen. Eine Halte-Therapie wurde empfohlen, da hatte man aus der Psychiatrie von etwas „Neuem“ gehört.

Patricia, ein adoptiertes Kind, aus einer angeblich verwahrlosten Familie aufgenommen, hatte schwere Befürchtungen in den Adoptiv-Eltern ausgelöst, sie könne in ein ähnliches „Fahrwasser“ geraten wie ihre leibliche Mutter. Negative Zuschreibungen wucherten, wurden mit Patricia und deren leiblichen Eltern verknüpft, dort bekämpft. Das Kind und seine verwahrlosten Eltern: der (h)ausgemachte Feind. Die Halte-Therapie wurde also angewendet gegen projizierte Haltlosigkeit.

Patricias Adoptiv-Mutter hat die Stufe Nr. 3, die der Entspannung und der frei fließenden Liebe, nach der sie sich so sehnte, jedoch nicht erreicht. Sie hat nicht einmal die Stufe Nr. 2 bewältigt, hat mittendrin „aufgegeben“. Im Rückblick schämt sie sich sowohl dafür, „aufgegeben“ zu haben, als auch dafür, so lange mitgemacht, Patricias Schreien so lange angehört zu haben.

Patricias Vater: „Wenn ich mir das heute überlege, wir müssen verrückt gewesen sein.“ Er lacht: „Wir wollten einfach nichts unversucht lassen.“

Patricia wurde von den Adoptiv-Eltern, vom Kinderarzt sowie von einer Beratungsstelle nicht nur als „gestört“ eingestuft, sondern schließlich als „behindert“. Sie wurde, da sie angeblich nicht hörte, in einer Schule für Hörgeschädigte untergebracht. Als ich sie kennen lernte, fiel mir bald auf, dass Patricia mit dem Hören keine Schwierigkeiten hatte, dass das Hören jedoch im Sinne von „einander hören und wahrnehmen“ ein langjähriges Familienproblem darstellte.

Das Schreien ist für das Kind nach der Geburt bekanntlich die erste Möglichkeit, sich zu äußern und sich damit Gehör zu verschaffen. Ein zentraler Moment, der den Beginn eines neuen Lebens anzeigt. Wir wissen von der hohen Bedeutung dieses Augenblicks. Obwohl wir ihn selbst nicht erinnern können, hören wir gern und immer wieder, wie er bei uns war, erzählen, wie er sich bei unseren Kindern gestaltete. Mit diesem exponierten Augenblick, der oft gefilmt, vielleicht per Band festgehalten wird, damit er erhalten bleibt, geschieht in der Festhalte-Therapie etwas: Er wird verwendet. Um es noch deutlicher sagen: er wird missbraucht.

Das gezielt initiierte, verzweifelte, wütende oder angstvolle Schreien des Kindes wird den Eltern als etwas Wichtiges, Nützliches erklärt. Es muss sein. Da muss „man" durch!

Auf Stufe 2 wird gekämpft, „miteinander gerungen", oft bis zur völligen Erschöpfung, obwohl der Stärkere doch von vorneherein feststeht. Das Kind ist es nicht. Es wurde nur vorsätzlich als allmächtig und tyrannisch überzeichnet, sozusagen in seiner Karikatur. Seine reale „Kleinheit", seine durch „Naturgesetz" gegebene Ohnmacht gegenüber jedem Erwachsenen klein geredet und verleugnet.

Kein Wunder, dass auf Stufe Nr. 2 Szenen und Bilder einer Geburt, animalische Bilder zusammenfließen, getränkt mit Urin, Schweiß, Rotz und Wasser. Ekliges und „Natürliches" vermischt. Zugleich aber werden intensive Hoffnungen auf eine Art Neu-Geburt, Wieder-Geburt geweckt, die offenbar für viele Menschen etwas Reizvolles und auch Glaubhaftes enthalten. Hoffnungen, die die Ankündigungen vieler Festhalte-Therapeuten üppig wuchern lassen.

Da dieser Moment der (Wieder-)geburt eine Wende darstellen soll, enthält er dramatische Elemente. Hierzu gehört der Schrei.

In einem Prospekt der Festhalte-Therapie ist zu lesen:

„Meist entsteht nach sehr kurzer Zeit aufgrund der kindlichen Symptomatik Abwehr und Unbehagen im Körperkontakt mit der Mutter, worauf diese mit Festhalten im Sinne von ‚ich halte dich länger, als du erwartest, mit all meinem Herzen, meinen Sinnen und meinem Verstand' beginnt. Das Kind reagiert nach oftmals anfänglichem Erstaunen mit Protest, Widerstand, Beißen, Schreien bis hin zu Einnässen."[7] Lässt man derartige Texte auf sich wirken, so lösen sie, obwohl sie Erklärungen liefern sollen, Bedenken und Ängste aus. Kann man das schaffen, durchhalten? Bedingungslose Liebe? Klingt das nicht völlig aberwitzig? Bedingungslose Liebe enthält bereits eine Bedingung. Wie könnte das gehen? Das muss doch erst einmal erklärt und vorgemacht werden.

Und wird das Kind die Prozedur nicht als bösartig und fremd erleben, die Mutter und den Vater als Folterknechte, die bereits eine moderne Form der Zwangsjacke bereithalten?

All diese begründeten Befürchtungen werden in den derzeitigen Angeboten der Halte-Therapeuten stets „offen" angesprochen. Unter dem Stichwort „Häufige Fragen" (gerichtet an das Wiener Prekop-Institut) lesen wir: „Zum Feind wird mir dabei allerdings nicht ein entfernter Politiker, sondern das eigene Kind, welches ich dann und wann am liebsten an die Wand klatschen würde, oder der Ehemann, den ich in meiner Phantasie zum Mond schieße ..."[8]

Befürchtungen werden vorweggenommen, verallgemeinert und dadurch bereits abgeschwächt. Mit immer gleichlautenden Argumenten wird hier künstlich eingeführten „Nachfragenden" der Wind bzw. die Angst aus den Segeln genommen. Nichts soll schließlich verheimlicht werden, was unterwegs passieren kann. Das mag Durchhaltevermögen, Hemmungslosigkeit und blindes Vertrauen schaffen für die Stufe Nr. 2, die mit Rejektion gekennzeichnet ist.

Fremdwörter verhüllen durch ihren abstrakten Charakter oft genau das, was sie zum Ausdruck bringen könnten: Obwohl ja alles hell ausgeleuchtet erscheint im Szenario auf Stufe Nr. 2, der Stufe der Rejektion, bleibt das, was sich hier tatsächlich ereignen kann, nämlich das, was Kindern von ihren Eltern und deren „Helfern" immer wieder angetan wird, vollkommen im Dunkeln. Ein Drama, eine Tragödie – jedoch hier obendrein noch zum Spektakel verkommen.

7 Söller, Aspekte der Festhaltetherapie, S. 1.
8 Therapieangebot Herbst/Winter 2004/2005 – Festhaltetherapie – „Häufige Fragen", www.prekop-institut.com

Ich erlebe, dass die „Angebote“ der Halte-Therapien Not-Situationen künstlich, nach einem primitiven Schema installieren und provozieren. Situationen mit „Hilfe“ der Eltern kreieren, in denen beispielsweise ein willkürlich so bezeichnetes „Trauma“ geschaffen wird und den Therapiebedarf sowie die Therapienachfrage regulieren hilft. Ein derartiges „Trauma“, schlimmer noch, „frühes Trauma“, besteht dann beispielsweise darin, dass Trennungssituationen in den jeweiligen Biografien aufgespürt und bestätigt werden: Unbewältigtes. Die Mutter/der Vater waren fern. Die Berufstätigkeit der Mutter, deren Selbstverwirklichungszwänge, Krankenhausaufenthalte, Geschwisterzuwachs, Frühgeburten, Kaiserschnitte müssen dann herhalten. Insbesondere alle negativen Klischees bezüglich der „68er-Mütter“. (Die dazugehörigen Väter werden nur am Rande erwähnt.) Von Tragetuch und „Tragling“ jedenfalls keine Rede.

Es wurden – so vermutet Prekop – zwar vermutlich Schmerz und Einsamkeit herausgeschrien, aber niemand reagierte. Der Kopf erinnert sich nicht, aber der Körper hat alles gespeichert. Der Kopf weiß es zwar nicht mehr, aber der Festhalte-Therapeut vermutet bereits etwas, und dem kommt er rasch auf die Spur. Diese nicht erinnerbare (häufig gar nicht mehr nachweisbare) Situation/Situationen muss/müssen nun wiederbelebt werden. Es muss noch einmal geschrien werden, aber diesmal unter Anleitung und Aufsicht. Das Stück heißt: „Der Schrei muss raus.“ Ein Event?

Dazu eine kurze Szene aus einer Haltetherapie. Sie wurde minutiös von einer Erwachsenen, einer Journalistin, aufgezeichnet, die ebenfalls an mehreren Tagen „gehalten“ wurde. Ich erwähne sie deshalb, weil sie sich an einem der vielen Orte abspielte, die der „Holding-Szene“ zuzurechnen sind und an dem sich mehrere mir bekannte Personen mit ihren Familien auf die Matte begaben. Aus Gründen des Personenschutzes soll die Autorin anonym bleiben.

„Graham kniete neben mir und sagte:

‚Ja, ja. Weine! Raus damit, loslassen!‘

Aber ich hörte auch mich in der ansonsten stillen Umgebung und konnte nicht loslassen. Aus Scham. Aus Kontrolle?

‚What do you feel, what do you cry about?'

‚I was left alone, my mother left me alone.'

‚You would like to be held, could it be that you would like to be held? Could it be that you hold and would like someone to hold your head? instead?'

‚If you don't tell your feelings in words in fifteen minutes, your body will do it.'"

Auf meine Nachfrage, welche therapeutische Wirkung denn dieser Kraftakt hinterlassen habe, die spontane Antwort:

„Gar keine. Ich bin da hin, einfach aus Neugier. Ich musste das einfach ausprobieren. Therapie – das war was ganz anderes. Das war dann bei ..." Sie nennt einen Psychoanalytiker.

Die Vorstellung, Opfer der Eltern, ein traumatisiertes Kind zu sein, dazu allein gelassen und unverstanden, bietet manchen ein Erklärungsmodell für vieles, was in ihrem Leben ungut verlaufen ist. Das Drama in Form einer Re-Inszenierung von Geburt ermöglicht ferner, dass ihm/ihr dennoch etwas Aufregendes passiert ist und jetzt wieder passiert. Es geht um Leben und Tod. Aber auch um ein beflügelndes, manipulativ vermitteltes Kurzzeiterlebnis wie: „Ich bin nicht durchschnittlich. Auch meine Gefühle sind es nicht. Ich habe ein Anrecht auf heftige Reaktionen (sie werden gern mit echten Gefühlen verwechselt), auf Selbstmitleid, auf Befreiung nach Schweiß und Tränen." Je grauer die Existenz zuweilen, desto dankbarer ist man für eine spannende Deutung der Frühgeschichte.

In den Geburtsszenen wird vielleicht auch bei manchen eine erregende „Angstlust", eine Art „thrill" erzeugt, ein Phänomen, das nicht nur der Psychoanalyse vertraut ist: Etwas, was einerseits fürchterlich anmutet, Ekel, Abscheu und Angst erregt, zieht zugleich an. Anziehung und Abstoßung weisen auf tiefe Ambivalenz hin. Die Angst selbst ist positiv „besetzt", sie muss immer wieder erlebt und belebt werden.

Manchmal jedoch sind Eltern wirklich Opfer. Opfer wiederum elterlicher Gewalt. Um zu überleben, identifizierten sie sich mit ihren Angreifern. Sie fühlen sich ein, sie erklären sich deren Verhalten und entschuldigen es. In Festhalte-Therapien verführt man sie nun zu einer Art Umkehrverfahren, „ermutigt" sie zu einem perversen Verfahren, in dem ihr Kind, das sie bewusst/unbewusst als Angreifer erleben (durch sein Schreien, seinen Trotz), besiegt oder sollte man nicht besser sagen: „geopfert" werden muss. Es wird sogar „lieb". Es fordert schließlich: „Mami, festhalten!"[9]

Dass ein „Umkehrverfahren" keine Heilung darstellt, auch wenn hier der Rettungswunsch (verdeckt im Neuanfang) aus einer möglicherweise völlig verdrängten, weil unerträglich erlebten Gewaltsituation teilweise nachvollziehbar erscheint, ist tatsächlich tragisch. Denn: Die erlebten Gewaltszenen werden, wenn auch unbewusst, von Generation zu Generation wiederholt und weitergegeben. Dazu ein Beispiel. Eine Mutter erwähnt aus ihrer Biografie:

„Mein Vater hat oft getrunken. Wir haben das gespürt, es war dann so eine Spannung im Haus. Er hat uns oft geschlagen mit einer Peitsche." Sie lacht. Sie schämt sich. „Sein Motto war ‚wer sein Kind lieb hat, der züchtigt es', so ungefähr wohl." Sie lacht wieder. „So was." Dann weint sie: „Meine Mutter hat das irgendwie nicht so mitgekriegt. Auf ihrem Schoß war kein Platz. Wir waren sieben und ich war in der Mitte."

Ihr Ehemann: „In meiner Familie haben beide Schwestern getrunken. Sie sind heute nicht lebensfähig. Mein Vater hat sie beide missbraucht." Im kurzen Lachen, das ständig ins Weinen kippt, wird ausgedrückt, was beide Eltern kaum mehr aushalten können, wenn sie es heute überdenken, noch einmal nachfühlen.

Beiden Töchtern dieser Familie wurde eine Festhalte-Therapie verordnet, die, gottlob, später abgebrochen wurde. Die Eltern woll-

9 Jirina Prekop, Festhaltetherapie. Kinderschrift quer über die Zeitschrift geschrieben, S. 1.

ten ihren Töchtern einen festen Halt vermitteln, es besser und anders machen als ihre eigenen Eltern. Sie sollten selbst Therapeuten sein – eine Überforderung, die beiden seit Kinderzeiten zugemutet worden war. Der Wiederholungscharakter der traumatischen Gewaltszenen war ihnen nicht bewusst.

Sieht man sich Gewaltszenen unter dem Aspekt an, dass hier jemand mit physischen und psychischen Mitteln zum Schweigen gebracht wurde, nachdem er (es) zuerst schreien „durfte" und Hindernisse und Widerstände beseitigt wurden, so wird auf schmerzhafte Weise deutlich, dass auf diesem Wege niemals ein Dialog entstehen kann. Kein liebevoller Dialog voll wechselseitiger Achtung. Ein Dialog als Zielvorstellung jeder Therapie, wo der so häufig zitierte Satz „der Weg ist das Ziel" seine Berechtigung besitzt. Da die Widerstände und Einwände die Grenzen des Anderen kennzeichnen, auch dessen Würde markieren, löst sich der/das Andere in einem so beschriebenen Prozess auf und existiert nicht mehr als der Fremde, der Andere, den der Dialog benötigt. Aus dem Fremden wird das, was man immer schon wusste. Oder aber der/die, wie man ihn/sie immer schon haben wollte.

Über derart pervertierte Therapieerfahrungen, die bestenfalls in Beschämung enden durch das Gefühl, wieder einmal versagt und nicht durchgehalten zu haben, erfahre ich in der Regel zunächst recht wenig. Sie sind, wie die meisten Missbrauchserlebnisse, schwer zugänglich. Sie sind verdrängt, verleugnet, in psychische oder somatische „Störungen" eingekleidet, deren Entstehungs- und Beziehungshintergrund erst mühselig entschlüsselt werden muss. In der Literatur der Festhalte-Therapeuten findet diese Thematik erst recht keinen Raum. (Zu den wenigen, geradezu grotesk anmutenden „Kontraindikationen" im Prospekt des Wiener Prekop-Instituts zählt der „schwere Missbrauch"!) Nur Erfolge werden gemeldet und entwickeln ihre eigene Dynamik. „Niederlagen" werden nicht einmal durch schamhaftes Verschweigen ausgedrückt. Es gibt sie nicht. Nicht einmal im Konjunktiv. Erst nach langer Zeit, in der es in einer korrigierenden Beziehung gelingt, im geschützten „Therapie-Raum" Offenheit und Unsicherheit (wieder) zu riskieren, werden die traumatischen Erlebnisse eines „forced holding" mitteilbar.

Erwartungen, Ängste und Hoffnungen der Eltern speisen sich jedoch nicht nur allein aus ihren Biografien sowie aus ihren inneren und äußeren Lebenssituationen, sondern werden natürlich auch durch Personen ausgelöst oder verstärkt. Man kann sie als Protagonisten einer Bewegung sehen, die mehr umfassen will als eine neue Heilbehandlung, da sie auf eine Lebens- und Glaubenshaltung zielt. Ihr haftet Pseudo-Religiöses an. Allmächtiges. Ihre führenden Vertreter gleichen dadurch Missionaren, Botschaftern, „Sonderbeauftragten".

Nicht jeder hat das Zeug dazu. Der Durchschnittsbürger ist hier fehl am Platz. Eine so genannte Leitfigur muss mehr bieten: Überzeugungskraft durch überhöhten Glauben an sich selbst als Hoffnungsträger/in oder auch als Retter/in. Sicheres Auftreten. Eine spezifische, Zuschauer und Zuhörer mitreißende Redegabe und -begeisterung. Die Fähigkeit, viele Menschen, also Publikum, im „Hier und Jetzt" durch einfache, immer wieder postulierte „Wahrheiten" zu überzeugen, auf die eigene Person einzustimmen, zu mobilisieren und zu emotionalisieren.

Kritik und Zweifel, zu viel „Theorie", scheinen weniger angesagt und sind als Störfaktoren in der wechselseitigen Beziehung zu beobachten. Zwischen „Identifikationsfigur" und Anhängern ist rasche Übereinstimmung gesucht. Unter vielen fühlt man sich einerseits wie unter Brüdern und Schwestern geborgen, teilt Hoffnungen, ist jedoch andererseits auch durch die Teilhabe an den vermeintlichen Stärken der „Identifikationsfigur" selbst vorübergehend positiv gestärkt. Die „Figur" wirkt einerseits fern, geradezu übermenschlich durch ihre Größe, Einmaligkeit und Geschichtslosigkeit, zugleich nah. Volksnah, hautnah. Man ist dann nicht mehr allein mit einem schwierigen, unausstehlichen Kind, dem „Tyrannen", sondern wähnt sich selbst als „Kind" und als Gleichgesinnte/r aufgenommen und geborgen in einem mütterlichen Schoß, mit scheinbar unbegrenztem Fassungsvermögen. „Das Alter spielt überhaupt keine Rolle ... jeder von uns ist immer noch Kind ...“[10]

In vielen Menschen, also auch in vielen Eltern, besteht eine Anfälligkeit oder Ansteckungsbereitschaft, sich auf „breite“, durch Leitfiguren scheinbar abgesicherte Wege zu begeben, die eigene, kritische Wahrnehmung aufzugeben zugunsten regressiver Verschmelzung mit einem Ideal, dessen Ideen und Glauben, oder mit einer Glaubens-Gemeinschaft. Jirina Prekop scheint eine solche Leit- und Identifikationsfigur darzustellen und sie auch darstellen zu wollen. Sie entspricht allen erwähnten Bedingungen, die natürlich nicht den Anspruch erheben, vollständig zu sein. Sie verspricht viel. Ihre zupackende, bärbeißig-humorige Art, sich und ihre Arbeit darzustellen, kommt gut an, löst befreites Lachen aus und vermindert dadurch die Furcht und das Entsetzen vor dem, was in Festhalte-Therapien immer wieder geschieht: Gewalt im Namen der Liebe.

10 Therapieangebot Herbst/Winter 2004/2005 – Festhaltetherapie – „Wir sind offen – sprechen Sie uns an“, www.prekop-institut.com

Jörg Wiesse

Jenseits von Druck und Agieren

Psychoanalytische Therapie bei autistischen Kindern und Jugendlichen[1]

Freud schreibt in „Wege der psychoanalytischen Therapie": „Wir haben es entschieden abgelehnt, dem Patienten, der sich hilfesuchend in unsere Hand begibt, zu unserem Leutgut zu machen, sein Schicksal für ihn zu formen, ihm unsere Ideale aufzudrängen und ihn im Hochmut des Schöpfers zu unserem Ebenbild, an dem wir Wohlgefallen haben sollen, zu gestalten [...]. Ich möchte sagen, dies ist doch nur Gewaltsamkeit, wenn auch durch die edelsten Absichten gedeckt."[2] Und Bruno Bettelheim meint in seinem Buch „A good enough parents": „Wir sollten immer davon ausgehen, daß ein Kind für alles, was es tut, seine guten Gründe hat, auch, wenn es dem oberflächlichen Betrachter noch so befremdend und töricht erscheinen mag."[3]

Freuds mahnende Worte gelten der immer währenden Gefahr, in all unseren therapeutischen Bemühungen zu übersehen, wie sehr

1 Der Text hat gegenüber dem Vortrag am 17. September 2004 an der Technischen Universität Berlin nur unwesentliche Veränderungen erfahren. Deshalb ist auch die in der Diskussion noch deutlicher formulierte Absage an die Methoden festhaltender Therapien, die ja im Umgang mit autistischen Kindern ihren Ursprung haben, hier nicht dokumentiert.

2 Sigmund Freud, Wege der psychoanalytischen Therapie, in: Schriften zur Behandlungstechnik. Studienausgabe, Frankfurt a. M. 1989, S. 246.

3 Bruno Bettelheim, Love Is Not Enough. The Treatment of Emotionally disturbed Children, Glencoe III 1950; Dt.: Liebe allein genügt nicht, Stuttgart 1970.

Allmachtswünsche und nicht nur diese in die therapeutische Arbeit einzugehen vermögen und, wenn sie nicht bewusst sind, in Ideale gekleidet zu Gewalt werden. Vielleicht ist in diesem Zitat Freuds das Wesentlichste der Psychoanalyse enthalten. Die Psychoanalyse versucht jenseits von Ideologie zu sein, ein wissenschaftliches Konstrukt zu bleiben, das in jeder Therapie der Validierung bedarf. Sie beinhaltet keine Wahrheit, allenfalls die Frage nach ihr, und keine Sicherheit, die den Therapeuten vor den Fährnissen einer Psychotherapie bewahren könnte.

Im Folgenden geht es mir nicht darum, einen umfassenden Überblick über die wesentlichen Elemente der Psychoanalyse bei Kindern und Jugendlichen zu geben, wozu Übertragung und Gegenübertragung, Abstinenz, Deutung, Begrenzung, Spiel und Sprache, Entwicklung und Konflikte, Trieb- und Objektbeziehungstheorie, Selbstpsychologie gehören sowie die Besonderheiten psychoanalytischer Arbeit im Vergleich zur Psychoanalyse Erwachsener; sie alle prägten psychoanalytisches Denken und Handeln in der therapeutischen Praxis im Laufe einer hundertjährigen Entwicklung. Besonders präsent sind sie im Werk von Bruno Bettelheim, der sein Leben der psychoanalytischen Behandlung von psychotischen und autistischen Kindern widmete und den immer währenden Versuchen, sie zu verstehen und in ihnen etwas zu verändern.[4] Ich stelle die Psychoanalyse bei autistischen Störungen deshalb in den Mittelpunkt meiner Überlegungen, weil die oberflächliche Betrachtung autistischer Symptome immer wieder dazu verführt, Therapien wie die Festhaltemethoden anzuwenden.

Im Jahr 1943 beschrieb der amerikanischen Psychiater Kanner den kindlichen Autismus als eine eigenständige, in die Krankheitslehre eingeführte Begrifflichkeit. 1911 hatte schon Bleuler im Zusammenhang mit der Schizophrenie von Autismus gesprochen.

4 Bruno Bettelhein, Der Weg aus dem Labyrinth. Leben lernen als Therapie, Stuttgart 1975.

Kanner führte gegenüber der Schizophrenie differentielle Kriterien für diese Krankheit ein: Der Autist ist nicht wie der Schizophrene ein Subjekt, das sich von der Welt zurückzieht, sondern viel eher ein Subjekt, das es nicht schafft, in sie einzutreten. Er spricht von einer „verbarrikadierten Einsamkeit", die wohl von Anfang an existiert. Bis heute blieb es bei seiner Erkenntnis, dass es sich wohl um eine eher angeborene als erworbene affektive Kontaktstörung handelt, die nach ungefähr sechs Monaten bis zu einem Jahr zu beobachten ist; für andere Autoren beginnt sie manchmal später, mit dem zweiten oder dritten Lebensjahr.

Die Geschicklichkeit im Umgang mit Gegenständen, die Qualität der Intelligenz und des Gedächtnisses kontrastieren bei autistischen Kindern mit Störungen der Sprache oder deren nicht Vorhandensein und mit der Unmöglichkeit, einen menschlichen Kontakt herzustellen. Eine der ersten Beobachtungen Kanners war auf ein Kind gerichtet, das von Kreiseln und von Dingen, die sich um sich selbst drehen, fasziniert war. Bettelheim beschrieb, wie sehr diese Kinder, die sich mit leblosen Objekten identifizieren, in panischer Angst leben, aus diesem geschlossenen System, in dem sie sich eingeschlossen haben, herausgerissen zu werden; dort sind sie im Schutz vor menschlichen Kontakten, die sie als gefährlich empfinden. Die Kinder unterscheiden nicht zwischen sich und den anderen; die Worte des anderen können genauso gut die ihrigen sein. Je mehr das Kind im Autismus gefangen ist, desto ärmer ist sein imaginäres Leben. Es geht, wie Bettelheim es dargestellt hat, so weit, dass es sich nur noch auf dem Niveau eines stereotypen und repetitiven Rituals bewegt. Das autistische Kind ist fähig, während zehn Stunden wieder und wieder das gleiche Puzzle zu legen oder sich im Befingern von Objekten zu verlieren. Ein andermal überprüft das Kind die Anordnung seiner Spielsachen, denen es seine unumstößliche Ordnung gibt.

Auch die ausgesprochenen Sätze haben einen repetitiven Charakter; sie scheinen eine verbal-echolalische Imitation von Sätzen Erwachsener zu sein, oder sie tauchen fern von jedem Zusammenhang nach der Art eines Abzählverses auf. Für diese Kinder ist die Zeit stehen geblieben. Sie leben in der Dimension eines Raumes ohne Ereignisse. Gelingt es, in ihre Welt einzutreten, ist man vom Hass, der sie belebt, betroffen. Diese innere Macht von Zerstörung scheint sie zu terrorisieren. Manche Kinder versuchen den Auswirkungen ihrer explosiven Wut zu entfliehen, indem sie sich vom Sprechen zurückziehen. Manche haben nie den Wunsch nach Sprache gekannt. Diese Verweigerung des anderen wird auf eine grausame Weise die Mutter des autistischen Kindes treffen. Sie muss sich gegenüber dem Säugling und später dem Kind, das jegliches Spiel und die Freude an wechselseitiger Interaktion verweigert, vollkommen hilflos fühlen. So entsteht zumeist zwischen Mutter und Kind ein schweres Missverständnis, nicht selten voll geteilten Hasses.

Das Gewaltsame, das die autistischen Kinder manchmal an den Tag legen, hat manche Analytiker zu der Annahme geführt, dass sie aus Hoffnungslosigkeit dem Autismus verfielen, nur weil sie es nicht geschafft haben, sich in ihrer engsten familiären Umgebung verständlich zu machen. Wenn das Gefühl der Verletzlichkeit der Mutter den Aggressionen ihres Kindes gegenüber in ihm das Gefühl der Allmacht verstärkt, so könnte sich der Zustand seiner Isolation, die aus Ablehnung besteht, verschlimmern. Die Unangemessenheit elterlicher Reaktionen auf die Aggression des Kindes ist nie ohne Beziehung zu ihren Schuldgefühlen. Tatsächlich haben die Eltern nicht nur die Last der stummen Vorwürfe, die ihr Kind an sie richtet, zu tragen, sondern auch die, die vom familiären Umfeld und sogar Freunden ausgehen. Nicht selten treibt das autistische Kind seine Eltern in die gesellschaftliche Absonderung und Einengung des sozialen Umfeldes.

Kinder, die an anaklitischer Depression leiden oder in einem konzentrationslagerähnlichen Milieu erzogen wurden, haben den Verlust des Objektes in der Realität gemeinsam; dieser darf aber nicht mit dem Objektverlust in der Psychose verwechselt werden. So sind Kinder, die im jungen Alter „Extremsituationen" durchlebten, nicht psychotisch geworden; sie haben sich gegenseitig vor dem Terror beschützt. Babys, die einen Liebesobjektverlust im Alter zwischen sechs Monaten und einem Jahr erlitten haben, das zeigte René Spitz, suchen nach einem Ersatzobjekt.[5] Wenn aber auch dieses Ersatzobjekt im Sinne eines mütterlichen Agens versagt, stirbt das Baby. Andererseits erholt es sich, wenn ihm seine Mutter rechtzeitig wiedergegeben wird.

In den Anamnesen autistischer Kinder findet sich hingegen kaum ein realer Objektverlust. Die Schwierigkeiten, denen diese Kinder begegnen, bringen sie dazu, sich eine überängstliche und in der Pflege oft höchst präsente Mutter zu schaffen. In diesem Zusammenhang gibt es kaum noch Platz für ein Ersatzobjekt. Das autistische Kind ist nicht in der Lage, mentale Bilder von ursprünglichen Objekten zu verwenden. Was es entwickelt, sind Abwehrmechanismen, die bis zum Rückzug aus der gesamten belebten Dimension gehen. Der Erwachsene wird gleichsam zu einer Erweiterung seines Selbst, eines Selbst, das wie eine wirkliche unbeseelte ausführende Maschine erscheint.

Die französische Analytikerin Tustin, die sich auf Lacan bezieht, spricht von einem primären und einem sekundären Autismus und meint, dass Kinder, die zu lange im primären Autismus verharrt haben, beim Aufbau eines Innenlebens versagen. Die Gefahr bestehe darin, dass sich dieser Rückzug zeitlich immer weiter verlängere und dass dann jegliche Antwort des Subjektes auf externe Stimulation unmöglich werde.

In Kontakt mit einem autistischen Kind zu treten heißt zunächst, seinen Rückzug zu respektieren. Jeder Zwang, jedes Eindringen auf der Ebene der sensorischen Befriedigungen erhöht den Schrecken des autistischen Kindes; es braucht seine Abwehr als Schutz gegen die Außenwelt, diese Abwehr ist dann vom Therapeuten als Möglichkeit des Einstiegs in die verschlossene Welt des Kindes nutzbar.

5 René Spitz, Vom Säugling zum Kleinkind, Stuttgart 1967; ders., Hospitalism, in: The Psychoanalytic Study of the Child I (1945), S. 53–74.

Was den Mutismus im Autismus anbelangt, möchte ich dazu anmerken, dass es nicht darum geht, einem Kind das Sprechen zu lehren. Das autistische Kind ist im Besitz der Sprache, aber es sträubt sich dagegen, Wörter im Kontext der Kommunikation zu verwenden. Jede Kommunikation mit dem anderen läuft über eine Kommunikation mit sich selbst. Anders ausgedrückt: Es existiert im Autismus ein Stadium, in dem das Kind sogar sich selbst gegenüber nicht präsent ist. Unfähig zu träumen, ist es aus allen Phantasienräumen ausgeschlossen. Wenn es keinen inneren Raum gibt, ist der Prozess der Identifikation mit dem sprechenden Wesen blockiert. Wenn das Kind nach dem siebten Lebensjahr immer noch stumm bleibt, wird es wahrscheinlich niemals Zugang zur Sprache finden. Für diese Kinder bleibt der innere Raum, in dem sich ein Auditorium bilden könnte, das zur Verfügung steht, um es zu hören, unwiderruflich verloren. Diese Patienten scheinen in einem Universum zu leben, in dem sich menschliche Wesen nicht von den unbelebten Objekten unterscheiden.

W. R. Bion meint, dass die Frustrationsintoleranz dieser jungen Patienten sie dazu brächte, sich selbst gegenüber abwesend zu sein. Solange in der Unterscheidung zwischen Subjekt und Objekt Konfusion herrscht, trifft das Lernen manchmal auf unüberwindbare Schwierigkeiten. Donald Metzer, wie Bion kleinianischer Analytiker, hat dem Autismus ein Buch gewidmet. Er schreibt darin, dass Autismus im engeren Sinne auf der Erfahrung einer eindimensionalen Welt beruhe, einer Welt, in der einzig eine Reihe von Ereignissen fortbesteht, die aber für das Gedächtnis und das Denken nicht verfügbar sind. Da autistischen Kindern die affektive Beziehung zu den Objekten fehlt, ist eine Aufgabe des Analytikers, durch das Verbalisieren einer Situation die Symbolisierung affektiver Beziehungen zu ermöglichen. Die Interventionen des Analytikers, wenn sie wirkungsvoll sind, helfen dem Kind tatsächlich aus seiner Rückzugsposition in eine neue unendliche Realität. Was durch Sprechen erzeugt wird, ist ein Spiel zwischen den imaginären und realen Formen der Objekte.

Bevor ich in zwei Fallvignetten die psychoanalytische Arbeit mit autistischen Kindern zu erläutern versuche, möchte ich mit wenigen Worten auf die Deutung als therapeutische Intervention, die therapeutische Strategie von Echo und Spiegel und Aspekte von Übertragung und Gegenübertragung eingehen. Wenn sich bei der Behandlung neurotischer Kinder Deutungen an die reifen Ich-Anteile richten, führen sie bei psychotischen Kindern zu überstürztem Kontaktabbruch, der sich in Panikreaktionen äußern kann. Das schwache oder wie bei autistischen Kindern nahezu fehlende Ich vermag die an sekundärprozesshaftes Denken gerichtete Deutung nicht zu integrieren. Die Folge ist eine schnelle und tief greifende Regression. Die Schwierigkeit bei der Anwendung von Deutungen ergibt sich aus der Besonderheit, die das gesprochene Wort für psychotische und autistische Kinder einnehmen kann. Die Sprache hat eine Auslösefunktion, d. h. durch Trägerworte werden Handlungen hervorgerufen, die keinen Aufschub dulden. Um den Kontaktabbruch zu vermeiden, müssen diese Worte in Deutungen vermieden werden. Magische Gesten oder Handlungen sind Interpretations- und Verständigungsweisen, die bei diesen Kindern oft besser angepasst sind als sprachliche Deutungsversuche. Rudolf Eckstein, der wie Bettelheim viele Jahrzehnte mit psychotischen Kindern arbeitete, schreibt, der Therapeut gehe mit dem Patienten eine zeitweilige „Folie à deux“ ein; das Teilhaben an der Regression und der inneren Welt des Patienten sei zwar Voraussetzung für Empathie und Verständnis, sei aber nur ein Aspekt der Doppelrolle, die der Therapeut erfüllen müsse. Nie dürfe der Therapeut seine Fähigkeit zur Realitätsprüfung und seine Verankerung im reflektierenden Sekundärprozess aufgeben.

Als therapeutische Strategie ist es hilfreich, wenn der Therapeut die Rolle eines Echos übernimmt und zeitweilig eine Art symbiotische Beziehung imitiert und ihm auf diese Weise die Herstellung eines Kontaktes gelingen kann. Die Mutter verbalisiert bei ihrem Kleinkind die präverbalen Gefühle und Wahrnehmungen und versucht so ein Echo der inneren Wahrnehmungen. In diesem Echo aber ist immer auch ein Stück Realität enthalten, das macht auch etwas Neues zugänglich. Auf ähnliche Weise vermag der Therapeut autistischer Kinder auch Elemente zurückzuspiegeln und einzubringen, die der Patient nicht als seine eigenen erkennen möchte, es sollte allerdings nur behutsam und schrittweise geschehen, da eine zu massive Spiegelung verleugneter Aggressionen autistischen Rückzug oder Kontaktabbruch zur Folge haben würde. So kann sich die therapeutische Aufgabe als eine Kombination von Echo und Spiegeln gestalten.

Es ist heute nicht mehr umstritten, dass nicht nur bei neurotischen, sondern auch bei psychotischen und eben auch autistischen Patienten Übertragungselemente existieren. In diesen psychotischen Übertragungen auch bei Kindern sind manchmal Mutter und Therapeut nicht wirklich zwei getrennte Personen, und die Mutter-Kind-Beziehung, die noch nicht einen Zustand der Trennung erreicht hat, reflektiert sich in symbiotischen Fusionserfahrungen. Die äußere Realität ist nicht ausreichend besetzt und von der inneren Realität getrennt. Beim autistischen Kind erscheinen nur Stagnationen und Unbeweglichkeit Sicherheit und Überleben zu garantieren, weshalb das äußere Objekt, der Therapeut, ständig kontrolliert werden muss. Die schwierige Aufgabe des Therapeuten besteht darin, die ihm zugeteilte mechanistische und kontrollierte Rolle anzunehmen, um die innere Welt des Patienten mehr und mehr zu verstehen, ohne sich jedoch vollständig mit ihr zu identifizieren. Im Kampf der Übertragung ist der Therapeut gleichzeitig Repräsentant von Liebe und Leben wie auch von Hass und Tod. Winnicott meint, dass in der psychotischen Übertragung im Therapeuten einerseits Überoptimismus, andererseits Hass in der Gegenübertragung provoziert werden. Seine Aufgabe besteht dann darin, keine der ihm zugeschriebenen Übertragungsrollen abzuweisen, aber auch keine vollständig anzunehmen. Das kaum entwickelte Ich des autistischen Patienten erlaubt oft nur ein Minimum an Beobachtung und Reflektion, und nur durch endloses Bearbeiten beider Aspekte kann eine Integration und eine allmähliche Entwicklung einer reiferen psychischen Organisation vor sich gehen.

Fasst man Gegenübertragung des Therapeuten als eine Regression, als eine Rückkehr von verdrängtem Material auf, so unterscheiden sich die von psychotischen Kindern hervorgerufenen Gegenübertragungsreaktionen von denen, die durch neurotische Kinder provoziert werden, durch das Archaische des Materials. Im Versuch, der Übertragung seines Patienten mit den eigenen Gegenübertragungsmöglichkeiten zu begegnen, ist der Therapeut mit extrem schwierigen Problemen bei diesen Kindern konfrontiert. Um Verständnis für und Einfluss auf das psychische Leben des Kindes zu gewinnen, ist er genötigt, einerseits fast bis zu einem symbiotischen Zustand zu regredieren, aber andererseits eine Verankerung in der Realität und seine Identität nicht aufzugeben, um sich nicht im unreflektierten Gegenagieren zu verlieren oder gar selbst autistisch zu werden. Die Gegenübertragung, die zuerst im Dienste der Therapie steht, kann sich rasch in eine Kraft verwandeln, die zum Abbruch und Scheitern der Behandlung führt. Bei Rudolf Ekstein findet sich der Satz: „Außer der Angst und dem Haß, den diese Kinder erregen, verlangen sie außerordentlich viel Liebe, unendlich viel Geduld, Zartheit, Geschicklichkeit und Hingabe.“ Gerade deshalb, weil Liebe und Hass anwesend sind, löst ein Behandlungsabbruch stets Gefühle von Traurigkeit und persönlichem Versagen aus, selbst wenn sie von Ärger überdeckt sind, der zu diesem Zeitpunkt oft mächtig zum Ausdruck kommt.

Im Folgenden zeige ich anhand von zwei Fallvignetten etwas von den Schwierigkeiten, die sich für Patienten, Eltern und Therapeuten im Kontakt ergeben können.

Philipp ist das jüngere von zwei Kindern. Aufgrund einer Erkrankung der Mutter wurde er im ersten halben Jahr von einer Pflegerin betreut. Mit eineinhalb Jahren kam die Mutter erneut ins Krankenhaus, und das Kind wurde für fünf Monate von den Eltern der Mutter versorgt. Bei seiner Rückkehr zu den Eltern stieß Philipp, inzwischen zwei Jahre, seine Mutter zurück, flüchtete sich später in die Einsamkeit, indem er Tage alleine in seinem Zimmer verbrachte. Seine Schwester begann er zunehmend zu ignorieren. Beinahe unmerklich geriet Philipp in den Zustand eines leblosen und immer destruktiver werdenden Kindes. So beschädigte er die Bäume im Garten, riss alles Grüne ab und zerstörte sein eigenes Zimmer. Mit vier Jahren begann er wieder einzukoten und verfügte nur noch über wenige Wörter. Der Vater hielt die Situation nur aus, weil er für seinen Beruf lebte, die Familie war für ihn zur Hölle geworden. Jegliches Sozialleben war unmöglich.

In der ersten Sitzung mit seiner Therapeutin beschäftigte sich Philipp, mittlerweile fünf, gierig mit Knete. Geringer Lärm erschreckte ihn. Er warf sich auf die Erde und begann sich selbst zu schlagen. Zu Beginn der Therapie ging es vor allem um das Wort „fort". Jedes Ende einer Sitzung ging mit ungeheurem Zorn einher. Philipp griff die Therapeutin an, die Möbel und sich selbst. Er richtete Überschwemmungen an. Die Dinge begannen sich allmählich zu wenden, als die Therapeutin meinte, dass er wohl Gefallen daran habe, wenn sie im Abfluss versänke und verschlungen und in Stücke zerschnitten würde. Viele Sitzungen wurden durch überlaufendes Wasser und durch den Angriff auf Gegenstände beherrscht.

Das Wesentliche der Behandlung schien sich für Philipp um die Unfähigkeit zu drehen, seine Existenz getrennt von der der Analytikerin zu akzeptieren. Wenn sie den Angriffen Grenzen setzte, übertrug das Kind seinen Hass auf das Spielzeug, das er in Stücke schlug. Es war lange sehr schwierig, Philipp auf die Idee einer Trennung vorzubereiten. Ein imaginärer Raum war nicht existent: Philipp war das Wasser, das lief. Seine Hoffnungslosigkeit ließ sich nicht in Worte fassen. Ein Wandel in der Therapie war von dem Tag an möglich, als Philipp seinen Schatten an der Wand entdeckte. Er schien der Forscher des Schattenreichs zu werden und begann sich für alle Höhlungen, auch die der Analytikerin, und für seine eigenen zu interessieren. Auch die Ausgänge wurden kontrolliert: das Zurückhalten des Stuhlgangs wechselte mit explosiven Durchfällen. Eine Weile wurde Philipp anorektisch und wieder vollkommen abwesend im Hinblick auf Menschen und Dinge. Er sonderte sich wieder von der Welt ab.

Philipp hatte schon jung zwischen Traurigkeit und manischer Wiedergutmachung gependelt. Auf der Ebene von Beziehungen war er mal als Objekt wichtig, mal unwichtig. Durch die Wiederholung der immer gleichen Szenen im Hinblick auf Trennung versuchte er auf eine aktive Art, passiv Erlebtes zu überwinden. So war es die Aufgabe der Analytikerin, Philipp zu helfen, Zugang zur Beherrschung der tiefen Frustrationsangst zu bekommen. Die Verinnerlichung dieser Beziehung aber zog sich drei Jahre hin.

Johannes, fünf Jahre und zweites von vier Kindern, vermochte nie zu lächeln, hatte sich nie aufgesetzt und mit dem Laufen begann er mit 24 Monaten. Als Baby spielte er nicht mit Rasseln und war Schmerzen gegenüber vollkommen unempfindlich. So zog er sich im Alter von zwei Jahren eine erhebliche Verbrennung zu. Mit vier Jahren besaß er keine Sprache. Er schien blind und taub zu sein. Er aß nicht und reagierte mit Schrecken, sobald ein Erwachsener versuchte, ihn zu berühren. Er zeigte keine Tränen, und es kam vor, dass er sein Reich mit Speichel und Urin abgrenzte. Im Alter von vier Jahren wechselten die Zustände von Agitiertheit mit tiefer Niedergeschlagenheit, und er wurde mehr und mehr für seine Umgebung störend: Ohne Grund wurde er von Wutanfällen gepackt, die ihn völlig erschöpften. Er schlug mit dem Kopf und verletzte sich.

Vom Kinderpsychiater wurde schließlich die Diagnose „frühkindlicher Autismus“ gestellt. Der Vater durchlief abwechselnd depressive und manische Episoden. Geschwister und Mutter hatten gelernt, den Vater rücksichtsvoll zu behandeln. Die Mutter bemühte sich sehr um ein Gleichgewicht zwischen der Aufmerksamkeit für den Vater und Johannes, der sein Zimmer nahezu nie verließ. Nach dem ersten Elterngespräch wurde eine tagesklinische Betreuung besprochen, es dauerte jedoch mehr als drei Jahre, bis Johannes aufgenommen werden konnte.

Regelmäßig waren wöchentliche Sitzungen mit Mutter und Kind notwendig, um eine Trennung und den Weg in die Tagesklinik zu ermöglichen. Die gemeinsamen Mutter-Kind-Sitzungen gaben der Mutter die Möglichkeit, die Unterstützung zu finden, die ihr fehlte, um mit einer Situation fertig zu werden, in der sie für die Geschwister, für den Ehemann und die Krankheit von Johannes verfügbar sein musste. Oft lag Johannes während der Sitzungen ausgebreitet auf dem Boden, saugte und biss Teile von Puppen ab. Er schien dabei abwesend und der Psychotherapeutin zugewandt, wenn sie Worte an die Mutter richtete.

Bis zu seinem vierten Lebensjahr wurde Johannes oft von den Großeltern betreut, als sie wegzogen, verschlimmerte sich sein Zustand plötzlich. Sein Rivale war nicht wirklich der Vater, es schien die Musik zu sein, die er nur durch die Zimmertür hören konnte. Manchmal konnte er nicht ertragen, dass sie aufhörte, zu anderen Zeiten zerbrach er Schallplatten und attackierte das Klavier. Nach jeder Attacke auf die Lautsprecher blieb Johannes regungslos, wie zerstückelt.

Lange Zeit machte die Psychotherapeutin ihre Kommentare einfach in den Raum hinein, bis sie wagte, direkt mit Johannes zu sprechen. Indem sie sich der Mutter zuwendete, vermittelte sie eine Situation zwischen ihr und ihrem Kind, die beiden die Möglichkeit gab, am Geschehen teilzunehmen oder nicht. Oft ging es in den Gesprächen mit der Mutter und Johannes um die Totenstimmung im Haus, den Wunsch zu verschwinden, sich umzubringen, um dieser Hölle ein Ende zu machen. Es gab keinen Platz für zwei Kranke im Haus. Dies war das häufigste Thema.

Eines Tages meinte die Therapeutin gegenüber dem Vater, der selten kam, wie schwer es sein müsse, als Kind geboren zu werden und zu leben, wenn man bedenke, dass der Vater die Anwesenheit seines Sohnes im Hause im Grunde ablehne; zu Johannes meinte sie, wie notwendig es für den Vater wäre, einen lebendigen Sohn zu haben, um sich selbst lebendig zu fühlen. Schließlich erzählte der Vater erschüttert von verstorbenen Verwandten.

Im Verlauf von Monaten begann Johannes, seine Verzweiflung in einer Sprache ohne Worte zu zeigen. Er nahm die Knetmasse, um Abflüsse und Körperöffnungen zu verstopfen, er bot alle Kräfte auf, um Spielzeug zu verstecken, indem er die Pflanzen als Sichtschutz benutzte. Wie im Traum stand er oft auf, irrte in dem Raum umher und sagte ständig dabei „Zorn, Zorn“. Nachdem Johannes angefangen hatte, Klavier zu spielen, begann er bei einem Streit der Eltern, das Instrument zu zerstören. Johannes flüchtete sich immer mehr in die Musik, summte und sang einfache Abzählreime. Er fing schließlich an, Nein zu sagen, dann Mama, später dann seinen Namen und schließlich Papa. Vom Vater fühlte er sich nicht mehr in seiner Existenz bedroht. Allmählich begann er die von der Analytikerin eingeführten Symbolisierungen aufzugreifen, er erkannte Entsprechungen an Teilen seines Körpers und dem Körper der anderen, um so in eine Beziehung einzutreten. Bei manchen Abschieden flüchtete er erneut in seine autistischen Abwehrmechanismen, und alles Erreichte schien verloren. Schließlich konnte Johannes in die Tagesklinik aufgenommen werden, und es entspann sich mit einer Erzieherin immer wieder ein erstaunlicher Dialog mit diesem mutistischen Jungen.

Der Autismus eines Kindes ist eine Art, ohne Affekte leben zu müssen. Die Wende in der Entwicklung des Kindes kommt manchmal dann, wenn es sich seinen Emotionen aussetzen kann, ohne von ihnen zerstört zu werden. Die Erfolgschancen einer analytischen Behandlung im Fall von Autismus hängen wohl stark davon ab, in welchem Alter sich die Störungen erstmals manifestierten. Die Prognose erweist sich im Fall eines Kindes wie Philipp, für den es in den ersten sechs Monaten seines Lebens einen befriedigenden Austausch mit einer mütterlichen Person gab, als verschieden von der Prognose bei einem Kind wie Johannes, der seine Mutter von Anbeginn seines Lebens an ablehnte, jahrelang in einer Welt ohne andere lebte, ohne je einen Ruf nach außen zu richten.

Der Autismus ist eine Psychose des Kindes- und Jugendalters. Er ist keineswegs eine Fixierung auf eine normale autistische Phase, sondern eine aktive Abwehrmöglichkeit des Kindes. In der extremen Angst – Bettelheim spricht von Vernichtungsangst, Tustin von Terror – verbirgt sich die Wahrnehmung einer tiefen Getrenntheit von einer bergenden Umwelt. Menschliche Objekte und die Dimension des vitalen Lebens können nicht imaginiert werden. Trotz der ungeheuren Kontaktangst besteht beim autistischen Menschen doch immer auch ein Wunsch nach Nähe in der Einsamkeit, was oft erst nach vielen Therapiestunden wahrnehmbar oder verstehbar wird. Vielfältige therapeutische Erfahrungen mit autistischen Menschen zeigen immer wieder, dass selbst mit Kindern und Jugendlichen, die gleichzeitig geistig behindert sind, die analytische Arbeit möglich ist, dass Deutungen von psychotischer Übertragung und der Verschiebung von Affekten auf die leblose Welt zu einer besseren Kontaktfähigkeit führen und sogar zu einer Verinnerlichung eines Objektes, das die panische Angst erträgt.

Ich habe versucht, Einsichten über die Psychoanalyse bei autistischen Kindern zu vermitteln, und wenn manches von dem, was ich dargelegt habe, nicht immer unwidersprüchlich war, vieles eher unsicher als sicher erscheint, so hat dies auch damit zu tun, dass es nicht *die* autistische Störung gibt, sondern der Autismus ein vielfältiges und verwirrendes Bild menschlicher Existenz ist. Dennoch hoffe ich, auch etwas von dem Wesen der psychoanalytischen Therapie bei Kindern und Jugendlichen vermittelt und gezeigt zu haben, wie sehr von außen kommender Druck an der Oberfläche von Kindern bleibt. Kinder werden in Therapien, wie dem Festhalten, zutiefst missverstanden.

Sabine Berloge

„Hört keiner mein Schreien?"

Über das Erleben des festgehaltenen Kindes

Über die Festhaltetherapie von Jirina Prekop gibt es einiges zu lesen, vor allem von ihr selbst verfasste Texte. Zudem zieht sie unermüdlich durch die Lande, ihre Veranstaltungen werden sehr gut besucht und die Elternmassen sind, wenn wir den Videoaufzeichnungen Glauben schenken können, begeistert. Zum Beispiel, wenn sie die Festhalte-Methode mit Freiwilligen aus dem Publikum vorführt und dabei verkündet: „Wer die Verantwortung hat, liegt oben. Beim Kind ist das ein Elternteil, bei einem Paar der Mann." Lachen, Applaus.

Jedoch gibt es kaum veröffentlichte Berichte über das Erleben des Festgehaltenwerdens aus der Sicht der betroffenen Kinder. Zwar reiht Prekop z. B. in ihrem Bestseller „Hättest Du mich festgehalten"[1] Fallbeispiel an Fallbeispiel, um die wundersame Rettung schwerst gestörter Kinder und Eltern-Kind-Beziehungen durch die Festhaltetherapie zu belegen. Nur einmal freilich kommt ein Kind selbst zu Wort. Hier erzählt ein elfjähriger Junge, bei dem Asperger Autismus diagnostiziert wurde, eine weitere Erfolgsgeschichte. „Das Gute finde ich am Festhalten, dass ich mich jetzt trösten lassen kann." Früher sei er wie hinter einer zugenagelten Tür eingesperrt gewesen. Seine Mutter habe durch das Festhalten aber diese Tür mit Hammer und Brechstange aufgebrochen und ihn aus dem Eingesperrtsein herausgeholt. Weitere Berichte von Kindern führt Prekop nicht an.

1 Jirina Prekop, Hättest du mich festgehalten ... Grundlagen und Anwendung der Festhalte-Therapie, München 1992.

Aber vielleicht gibt es ja Videos mit Kindern? Nein, das Filmen von Festhalte-Situationen mit Kindern lehnt sie ab, da – so ihre Argumentation – die Zuschauer aufgrund der Intensität des Schreiens der Kinder zu falschen Schlüssen kommen und die Situation womöglich im Kontext von Kindesmisshandlung sehen würden. Natürlich könnten wir versuchen, uns aus den Mitschnitten ihrer öffentlichen Vorführungen ein Bild zu machen, aber da geht es eben in der Regel um zwei etwa gleich große und gleich starke Erwachsene. Von jungen Menschen schließlich, die eine Festhalte-Therapie als traumatisierend erlebt haben und nun intensive psychotherapeutische Betreuung benötigen, um diese Erfahrung zu bewältigen, gibt es einige unveröffentlichte Berichte. Sie aber sind nicht in der Lage, sich außerhalb der therapeutischen Situation zu äußern, und müssen geschützt werden.

Auf dieser Basis ist es folglich unmöglich, einen empirisch fundierten Bericht darüber abzuliefern, was das festgehaltene Kind tatsächlich erlebt und empfindet. Diese Leerstelle in unserem Wissen sollte dringend geschlossen werden, denn das Wenige, das wir erfahren, ist alarmierend.

1. Versuch : Wie es im Buche steht

Ich will versuchen, eine Festhaltesituation, wie sie von Jirina Prekop definiert wird, aus der Sicht eines Kindes zu schildern.[2] Mein Fallbeispiel habe ich im Internet gefunden. Wenn dieser Junge ein wenig altklug erscheint, dann liegt das an der Vermischung der Perspektiven, die bei diesem Ansatz unausweichlich ist: Es ist ein Versuch.

2 Eine kurze Erläuterung zu meinem Vorgehen: Sämtliche Anweisungen und Aussagen zum Festhalten habe ich dem Buch „Hättest du mich festgehalten“ entnommen. Die einzelnen Zitate habe ich dabei nicht jeweils mit einer Anmerkung und der zugehörigen Seitenzahl versehen, weil das den Textfluss, vor allem im Fallbeispiel, unangemessen unterbrochen hätte.

Ich stelle mir vor, ich bin ein sechs Jahre alter Junge. Bei mir ist vor einem halben Jahr ADS diagnostiziert worden, was heißt, dass ich mich schlecht konzentrieren kann, eine Reizfilterschwäche habe und zu unruhigem und impulsivem Verhalten neige. Meine Eltern geben mir ein Medikament, das mich ruhiger macht, außerdem bezahlt das Jugendamt einen Heilpädagogen, der mich nachmittags betreut. Aber mein Vater ist weiter unzufrieden mit mir und schreibt im Internet folgende Anfrage:

„Die impulsive und verletzende Art, die der Junge an den Tag legt, sorgt dafür, dass bei uns die Nerven blank liegen. Der Heilpädagoge sagt, dass die emotionale Distanz, die X zu uns eingenommen hat, weiteren Fortschritten im Wege steht. Er schlägt uns eine Festhaltetherapie vor. Er sagt, er hat seit 10 Jahren positive Erfahrungen damit gemacht. Was können Sie uns raten?"

Nehmen wir einmal an, dies habe er auf einer der Internetseiten veröffentlicht, die entweder von Anhängern und Anhängerinnen der Festhaltetherapie selbst betrieben oder von ihnen regelmäßig gelesen und mit Auskünften versorgt werden. Dann hätte er z. B. zur Antwort bekommen: „Erst durch die Festhaltetherapie konnte die Liebe zu meinen Kindern, die verschüttet war, wieder fließen." Das will mein Vater auch, und er beschließt, es mit dem Festhalten zu versuchen. Jetzt kann es sein, dass meine Eltern mit mir zu einem Festhaltetherapeuten gehen und ich dort unter Anleitung festgehalten werde. Oder der Heilpädagoge zeigt meinen Eltern, wie es geht, oder sie lesen es in einem Buch nach. Dort werden sie erfahren, dass die Festhaltesituation nicht künstlich herbeigeführt werden, sondern direkt auf mein unerwünschtes Verhalten folgen sollte.

Eines Tages komme ich also aus der Schule – ich gehe in die erste Klasse – und bin extrem schlechter Laune, weil die Lehrerin den ganzen Tag mit mir geschimpft und mein Tischnachbar mir gesagt hat, dass er nicht mehr neben mir sitzen möchte, weil ich immer meine Sachen so rumschmeiße. Und dabei hatte ich mir heute besondere Mühe gegeben, weil wir uns mit Dinosauriern beschäftigt haben. Und über die weiß ich ganz viel. Zu Hause hat dann gleich meine Mutter mit mir gemeckert, ich weiß gar nicht mehr worüber. Jedenfalls war mir dann alles zuviel, und ich bin ausgerastet. Hab' meine Schulsachen vom Tisch gefegt, meine Hausarbeiten zerrissen und meine Mutter angeschrien und beschimpft. Mein Vater kam dazu, der hatte Urlaub, und sagte: „Jetzt ist es so weit, wir halten ihn fest.“ Er hat mich genommen und auf den Teppich gelegt, ich war viel zu verblüfft, um wegzulaufen. Dann hat sich meine Mutter auf mich gelegt und hat mich mit ihren Armen ganz fest umschlungen. Ich konnte mich nicht mehr bewegen, nicht aufstehen, dafür ist sie viel zu schwer und zu stark. Nur meine Arme konnte ich bewegen. Meine Mutter hat meinen Kopf genommen und in ihre Halsbeuge gelegt und dort festgehalten. Sie hat zu mir gesagt: „Du hast mich zornig gemacht, und ich halte dich. Ich bin wütend und halte dich. Ich will dir die Liebe geben, die du brauchst.“ Und: „Ich werde dich so lange halten, bis du weißt, dass du lieben kannst.“ Erst fand ich es ganz gut, dass sie nicht wie sonst mit mir schimpfte, aber dann hatte ich genug und wollte aufstehen.

Da habe ich gemerkt, dass sie mich nicht loslassen würde, und habe angefangen zu schreien. Darauf sagte sie: „Ja, schrei nur all deinen Hass heraus, schrei, bis alles weg ist und du die Liebe spürst.“ Mir wurde heiß, ich schwitzte, ich wollte weg, ich wollte mich bewegen können. Da hab ich sie gebissen und an den Haaren gezogen. Aber darauf waren sie vorbereitet, das hatten sie schon in den Büchern gelesen. Mein Vater band meiner Mutter hinten die Haare zusammen und legte Tücher auf die Stellen, an die ich rankam, um sie zu beißen. Darauf schlug ich sie und schrie immer mehr. Jetzt hielt mein Vater meine Arme fest, das steht auch in den Büchern und heißt „den haltenden Partner beschützen“. Aber mich beschützte niemand.

Ich weinte und schrie und beschimpfte meine Eltern, ich wollte weg, ich wollte mich bewegen. Da weinte und schrie auch meine Mutter, dass sie so eine unglückliche Kindheit hatte und dass ihre

Mutter sie nie richtig lieb gehabt hat und dass sie mich nicht loslässt, bis die Liebe fließt. Sie kitzelte und küsste mich überall und streichelte und massierte mich und legte mich immer wieder in eine andere Position. Das machte sie, um meine ganze Wut rauszuholen, damit ich auch alles rausschreie und nicht zu früh aufhöre, denn dann bringt es alles nichts. Sie rieb ihre Nase an meiner Nase und sprach mir ins Ohr und sagte, ich solle sie ansehen.

Ich hatte Durst, ich musste aufs Klo, es ging alles schon so lange. Das liegt daran, dass das erste Festhalten nicht weniger als eine Stunde dauern darf, sonst nützt es nichts. Trinken durfte ich nicht, aufs Klo auch nicht, das sind Fluchtwünsche, denen man nicht nachgeben darf. Ich machte mir in die Hose, alles war nass, es war eklig. Aber meine Mutter sagte: „Ja, mach nur in die Hose, wie damals, als du ein Baby warst. Ich halte dich, auch wenn alles nass ist und du stinkst, ich halte dich, weil ich dich liebe, egal, was du machst." Meine Muskeln waren verkrampft, mein Atem ging stoßweise, sie war so schwer, ich bekam sie einfach nicht von mir runter. Vom Schreien tat mir schon alles weh. Und niemand war für mich da. Ich kam einfach nicht gegen sie an, vielleicht würde das alles aufhören, wenn ich still würde. Aber davon hatten sie auch schon gelesen, dass man misstrauisch bleiben muss, wenn die Kinder mit dem Schreien aufhören, das könnte ein Trick sein, das Kind tut so, als ob es zufrieden wäre, um dem weiteren Halten auszuweichen, tatsächlich überwiegen aber noch seine liebesfeindlichen Tendenzen.

Aber das kann man herausfinden, und meine Eltern guckten genau hin. Meine Füße waren noch angespannt, sonst war ich ziemlich schlapp vor Erschöpfung. Doch an den Füßen sahen sie, dass die Liebe noch nicht floss. Also machten sie jetzt so weiter, wie es im Buch steht. Sie legten mich in eine andere Lage, machten das Licht aus und meine Mutter küsste mich immerzu auf den Mund, denn ich machte so kleine wimmernde Laute. Und das sollte ich nicht, das war wieder so eine Flucht, ich sollte ja doch schreien. Und das tat ich dann auch, ich konnte diese Küsse und diese Schwere und die

Dunkelheit und das alles nicht mehr ertragen. So haben sie gesehen, dass ich tatsächlich nur so getan hatte, als wäre ich jetzt durch meinen Widerstand durch. Jetzt musste ich mich auch noch übergeben, und irgendwann lag ich nur noch ganz still da. Meine Eltern guckten sich alles genau an und stellten keine Tricks mehr fest. Meine Mutter hielt mich noch eine Weile und war ganz begeistert, dass ich mich nicht mehr wehrte, und sagte: „Jetzt spürst du deine Liebe und meine Liebe und weißt, dass ich stark genug bin, dich zu halten."

Vielleicht war es gut, dass es dunkel war, denn ich glaube nicht, dass sie im Hellen alles das gesehen hätten, was zu sehen sein soll, wenn die Liebe fließt: Die Verkrampfungen lösen sich, die Muskulatur ist locker, das Kind atmet tief, die Augen glänzen, das Kind ist ohne weitere Aufforderung bereit, sich innig anzuschmiegen. Am besten ist es, wenn das Kind die Mutter anlächelt und sagt: „Mama, ich hab dich lieb."

Nachher haben sie dann doch Zweifel bekommen, ob sie mich lange genug festgehalten haben. Denn ich bin dann aufgestanden, hab' meine dreckigen Sachen ausgezogen und mir was zu trinken geholt, bin auf die Toilette gegangen und dann in mein Zimmer. Da hab' ich mich in meinem Bett verkrochen. Das ist immer ein schlechtes Zeichen, denn eigentlich soll das Kind dann gleich zurückkommen und sich wieder umarmen lassen. Aber das wollte ich auf keinen Fall.

Meine Eltern haben dann gedacht, dass sie es alleine vielleicht doch nicht schaffen, und haben sich einer Festhalte-Selbsthilfegruppe angeschlossen. Von denen gibt es viele, und ich muss da jetzt regelmäßig mit ihnen hin. Meine Eltern sagen, dass das auf der einen Seite Nachteile hat, weil das Festhalten ja jetzt nicht mehr spontan erfolgt, auf der anderen Seite hat es viele Vorteile. Da gibt es einen schallisolierten Raum, das wird in den Büchern auch empfohlen. Ohne den muss man alle Nachbarn informieren, sonst holen die womöglich die Polizei, weil sie denken, da wird ein Kind misshandelt, weil es so doll und so lange schreit. Die Eltern können sich auch besser vorbereiten, sie sollen sich ja weite und bequeme und

Schweiß aufsaugende Kleidung anziehen oder sich ganz ausziehen, alle können vorher auf die Toilette gehen, die Haare in Sicherheit bringen usw. Und die Geschwister dürfen nicht dabei sein, in dem Buch steht, die sind sonst erst erschrocken und dann eifersüchtig, weil sie auch so viel festgehalten werden wollen.

Vor allem aber wird in der Gruppe viel mehr geschrien, besonders von den Erwachsenen, weil die sich dann in der Gruppe mehr trauen und auch länger mit dem Festhalten durchhalten.

***

Die erwähnte Anfrage des Vaters im Internet hat es tatsächlich gegeben. Allerdings stellte er sie einer Selbsthilfegruppe von Eltern hyperaktiver Kinder und nicht einer der oben erwähnten Festhalte-Elterngruppen. So wurde ihm sehr davon abgeraten, der Empfehlung des Heilpädagogen zu folgen. Die antwortende Mutter verwies auf das starke Unabhängigkeits- und Selbstständigkeitsstreben von ADS-Kindern, das sie als positive Eigenschaft schätzte und nicht gebrochen sehen wollte. Sie schlug vor, die gestörte Eltern-Kind-Beziehung durch gemeinsame Aktivitäten zu stärken, die beiden Seiten Spaß machen und dazu geeignet sind, die liebenswerten Seiten des hyperaktiven Kindes zu sehen. Ihre Stellungnahme schloss sie mit einer sehr persönlichen Anmerkung: „Ich schätze an meinem Partner, dass er mich sofort loslässt, wenn es mir nicht angenehm ist." Die zitierte zustimmende Antwort findet sich jedoch an anderer Stelle ebenfalls im Netz.

Wer weiß, wie der Vater sich entschieden hat. Sollte allerdings das Festhalten die Methode seiner Wahl gewesen sein, dann wird sich die Situation so ähnlich abgespielt haben wie oben versuchsweise aus der Sicht des Kindes geschildert. Alle Anweisungen und Tipps habe ich Jirina Prekops Buch „Hättest du mich festgehalten" entnommen – teilweise, wie die Sätze, die die Mutter spricht, wörtlich, teilweise paraphrasiert.

Unter anderem geht Prekop dort auch auf einen Aspekt ein, den ich im imaginierten Fallbeispiel ausgelassen habe: den Aspekt der durch den engen Körperkontakt möglicherweise entstehenden sexuellen Erregung. Sie erklärt kategorisch: „Dieser enge körperliche Zustand führt zu keinem sexuellen Ereignis." Womit sie wohl sagen will: weder zu einer sexuellen Erregung noch zu einem Orgasmus. Das Ganze sei vielmehr eine „Nestsituation". Dennoch rät sie zu Vorsichtsmaßnahmen: Man soll „den Gegengeschlechtlichen so halten, dass sich die genitalen Bereiche nicht berühren."

Abgesehen davon, dass sexuelle Erregung auch im gleichgeschlechtlichen Körperkontakt entstehen kann, bleiben viele Fragezeichen. Entweder sitzt das kleinere Kind mit gespreizten Beinen auf dem Schoß eines Elternteils, oder Mutter bzw. Vater liegen fest auf oder an ihm. Wie will Frau Prekop ausschließen, dass es dabei zu einer mechanischen Reizung der kindlichen Geschlechtsorgane bis hin zum Orgasmus kommt? Zumal, wenn das Kind ständig massiert, gestreichelt und geküsst wird und wenn wir ernst nehmen, dass sie schreibt: „Noch wirksamer ist das Festhalten Haut auf Haut", was ja wohl heißt: wenn beide nackt sind. Welche Beschämung und Beschädigung der zukünftigen Sexualität des Kindes damit hervorgerufen würde, können wir uns vielleicht vorstellen. Mein Misstrauen wird bestärkt durch die Beschreibung des idealen Verlaufs einer Festhaltesitzung. Sie wird als leuchtendes Gegenbeispiel zu den offenbar häufig stattfindenden „Mammut-Sitzungen von vielen Stunden" angeführt, die dann zustande kommen, „wenn die Mutter müde wird". Prekop schreibt: „Weitaus befriedigender ist es für beide Seiten, wenn der Widerstand des Kindes steil zu einem Höhepunkt getrieben wird und in eine restlose Beglückung mündet." Diese Wortwahl beschreibt in meinen Augen ein orgiastisches Erleben, in diesem Fall eines mit sado-masochistischer Einfärbung.

Am Ende dieses Versuchs, mich auf der Grundlage vorliegender Texte dem Erleben des festgehaltenen Kindes anzunähern, möchte ich mich vom Begriff der „Festhalte-Therapie" verabschieden. Warum ich den Begriff „Therapie“ für unangemessen halte, werde ich später begründen. Und wie steht es um das Festhalten? Ein Baby braucht das Gehaltenwerden zum Überleben. Festhalten ist nötig, wenn ein Kind z. B. auf die Straße laufen will. Festhalten ist wunderbar, wenn sich das Kind nachts aus Angst vor dem Gewitter in die Arme seiner Mutter geflüchtet hat. Und emotionaler Halt in der Beziehung zu den Eltern ist die Voraussetzung für ein gesundes Wachstum. In meinem auf Prekops Anweisungen gründenden Fallbeispiel jedoch war von alledem nicht die Rede. Das Kind wurde vielmehr einem *forced holding* ausgesetzt, wie es ursprünglich im Amerikanischen heißt, einem „erzwungenen Halten“ – und so will ich es von nun an auch nennen.

2. Versuch: Was das Kind lernt

Schreien ist unsere früheste Möglichkeit, uns unserer Umwelt mitzuteilen. Als Babys haben wir unseren Bezugspersonen mit diesem Mittel unterschiedlichste Befindlichkeiten signalisiert, denen eins gemeinsam war: Es geht mir nicht gut. Ich habe Hunger, Durst, mir ist kalt, warm, nass, langweilig, ich habe Angst, ich habe Schmerzen. Komm her und hilf mir, ich kann es nicht allein. Wir wissen inzwischen, dass eine zuverlässige Beantwortung dieser schreiend geäußerten Botschaften zum Aufbau des Urvertrauens unabdingbar ist. Nur so erfahren wir, dass wir willkommen sind und nicht verlassen. Und wir lernen etwas, das wir mit zunehmender Hirnreifung und Entwicklung immer weiter verfeinern und differenzieren können: Es ist in Ordnung, meine Bedürfnisse zu äußern, es führt zu etwas, meine Bedürfnisse werden ernst genommen und erfüllt. Im Alter von ca. 1,5 Jahren kommt dann eine neue Erfahrung hinzu: Ich kann meine Bedürfnisse äußern, aber nicht alle werden auch erfüllt. Jetzt hat das Schreien eine neue Funktion: Ich stoße an meine Grenzen, ich will mehr, als ich kann und darf, das macht mich wütend, und diese Wut schreie ich in die Welt. Und wenn alles gut geht, darf ich das auch, und meine Eltern geben mir Halt dadurch, dass sie die stürmische Entdeckung meines eigenen Willens ertragen, ohne mich zu strafen und ohne mir ständig nachzugeben.

Sollte ich mich in meinem Trotz verlaufen und nicht mehr aufhören können zu schreien, dann brauche ich meine Eltern, damit sie mir den Weg zurück zeigen. In diesen Fällen wird empfohlen, das Kind zu überraschen, eine andere Person dazuzuholen – kurz, dem Kind ein interessantes neues Beziehungsangebot zu machen, das es aus seiner Trotz- und Schreisackgasse herausholt. Noch einmal ein bis zwei Jahre später brauche ich nur noch hin und wieder zu schreien, die Regulierung meiner Bedürfnisse und die Abstimmung mit den Bedürfnissen der anderen gelingt mit anderen Mitteln, vor allem mithilfe der Sprache, zunehmend besser. In all diesen Entwicklungsphasen gibt es keine Situation, in der lang anhaltendes, womöglich stundenlanges Schreien als wohltuend, befreiend oder gar heilsam erlebt und verstanden würde.

Anders beim erzwungenen Halten. Hier mutiert das Schreien geradezu zum Qualitätsmerkmal. Je mehr geschrien wird, desto besser. Ein Großteil von Prekops Anweisungen für das Festhalten bezieht sich gerade darauf, wie wir das Kind zum Schreien bringen können. Es geht hier demnach nicht nur um erzwungenes Halten, sondern auch um erzwungenes Schreien. Das ursprünglichste Mittel, sich seiner Umwelt aus eigenem Antrieb mitzuteilen, wird also enteignet und durch Manipulationen von außen fremdbestimmt. Das alles geschieht dem Kind ausgerechnet durch seine Eltern, die doch eigentlich die Aufgabe haben, vom Kind ausgehende Notsignale helfend zu beantworten. Stattdessen gehört es zur Technik des erzwungenen Haltens, den Hilfeschrei zu provozieren und dann die helfende Antwort zu verweigern. Das Kind will losgelassen werden? Da halten wir es doch extra fest. Es hat Durst, möchte auf die Toilette? Alles Tricks. Das Kind lernt durch diese Erfahrungen, dass es keinen Zweck hat zu schreien, dass seine Bedürfnisse nicht zählen, dass seine Äußerungen entwertet werden, kurz, dass es keine Chance hat. Ein Baby, dem solches über längere Zeit widerführe, würde sterben.

Potenziert wird diese Erfahrung der Machtlosigkeit natürlich durch das erzwungene Halten selbst. Sich nicht bewegen zu können, das ist der Stoff, aus dem die Albträume gemacht sind. Alle kennen das: Wir träumen davon, dass wir vor einer Gefahr fliehen wollen und nicht vorwärts kommen, oder wir müssen unbedingt irgendwo hin und schaffen es nicht, weil wir wie eingefroren sind. Sehr häufig erwachen wir aus solchen Schreckensträumen schweißgebadet und schwer atmend. Gefangene werden gefesselt, das ist der Inbegriff des Verlustes der Freiheit. Gerade in der kindlichen Entwicklung aber spielt die Bewegung bekanntlich eine zentrale Rolle, sie stimuliert alle anderen Entwicklungsbereiche. In der Bewegung erfährt das Kind sich selbst und erkundet seine Welt: Wie stark bin ich, wie groß, wie schnell, wie komme ich an etwas heran und wieder weg, wie bekomme ich das auseinander und wieder zusammen – wer bin ich, wer sind die anderen? All das und mehr erfährt das Kind über Bewegung.

Jeder erinnert sich noch an die ungeheure Lust, die wir als Kinder beim Rennen, Kämpfen und Klettern empfanden. Und auch daran, wie quälend es ist, wenn dieser Bewegungsdrang gehemmt wird, weil das Kind stillhalten soll. Schon die Vorstellung, ich als Erwachsene sollte eine Stunde oder mehr bewegungslos den unerbetenen und zudringlichen Körperkontakt eines mir wie nah auch immer stehenden Menschen ertragen, lässt mich schaudern. Die Fixierung durch noch dazu körperlich weit überlegene Menschen erscheint mir als purer Horror. Die potenzierten Auswirkungen dieser Situation der unausweichlichen Gefangenschaft auf Kinder kann ich mir nicht anders als traumatisierend vorstellen: Das Kind lernt, dass es sich vor der Überwältigung seines Körpers nicht schützen kann, dass es hilflos den Berührungen und Küssen ausgeliefert ist, dass andere darüber entscheiden, was mit seinem Körper geschieht.

Dies alles ist die Beschreibung einer Vergewaltigungssituation. Und auch diese Erfahrung der existenziellen Ohnmacht vermitteln ihm seine Eltern, diejenigen Menschen in seinem Leben, die für Schutz und Sicherheit stehen sollten.

All dies geschieht, wie wir lesen, im Namen der Liebe. Was also lernt das Kind über die Liebe? Wenn wir meiner bisherigen Argumentation folgen, dann wird ihm eine verheerende Gleichung aufgemacht: Liebe ist Enteignung, Überwältigung, Entmachtung. Aber damit nicht genug. Ihm selbst wird die Liebesfähigkeit abgesprochen, solange das Kind all dem nicht ausdrücklich zustimmt. Sie erinnern sich: Die glänzenden Augen, das innige Anschmiegen und „Mama, ich hab dich lieb". Selbst zu lieben, das wird vermittelt, spielt sich also erst jenseits der eigenen Bedürfnisse und Lebensäußerungen ab, dort, wo ich mich selbst aufgebe und die Übermacht des Anderen „innig" annehme. Auch hier findet sich eine Bestätigung für das Zugrundeliegen eines sado-masochistischen Konzepts menschlicher Beziehungen in der Theorie und Praxis des erzwungenen Haltens.

Für eine gesunde Entwicklung des Kindes fehlt hier das, was aus kinderpsychologischer Sicht den Kern der elterlichen Liebe ausmacht: der Respekt vor der Einzigartigkeit der kindlichen Persönlichkeit und vor seinem Recht auf körperlich-seelische Integrität. „Kein Kuss für Mutti" heißt z. B. ein beliebtes Kinderbuch, das vor allem in der Präventionsarbeit eingesetzt wird, um Kinder vor sexuellem Missbrauch zu schützen. Bereits im Kindergarten werden sie dazu ermutigt, „Nein" zu sagen, wenn ihnen eine Berührung unangenehm ist, auch wenn diese Berührung ein „Kuss von Mutti" ist. Übergriffe müssen nicht akzeptiert werden, lautet die pädagogische Botschaft. Und: Was unangenehm ist, entscheidet ihr selbst. Schließlich werden die Kleinen dazu ermutigt, sich Hilfe zu holen, wenn jemand sich durch ihr „Nein" nicht von ungewollten Berührungen abhalten lässt. Eltern, die ihre Kinder lieben, achten und fördern dieses Selbstbestimmungsrecht. Ein krasserer Gegensatz zur unterwerfenden Liebesdefinition des Prekopschen erzwungenen Haltens ist kaum denkbar.

Georg Feuser[3] hat früh darauf hingewiesen, dass eine solch pervertierte Liebes-Lehre ein buchstäblich verrückt machender Faktor sein kann. Das Kind erhält über einen langen Zeitraum Botschaften, die einander widersprechen, und soll diese dann als „Liebe" akzeptieren.

Meine Mutter hört nicht auf mein Schreien, sie hilft mir nicht, sie tut mir was und sagt: „Das tue ich, weil ich dich liebe." Es geht mir schlecht, ich bin verzweifelt, ich habe Angst und meine Mutter sagt: „Das ist gut für dich, damit du die Liebe spürst." Ich habe aufgegeben, bin gedemütigt und gebrochen, und meine Mutter sagt: „Jetzt spürst du, wie die Liebe fließt." Aus der Schizophrenie-Forschung wissen wir, dass wir hier eine extrem ungesunde Ballung von verwirrenden und nicht integrierbaren gegensätzlichen Reizen vor uns haben, die die psychische Gesundheit des Kindes außerordentlich gefährden können.

Therapie oder Traumatisierung?

Abschließend möchte ich darüber reflektieren, warum das erzwungene Festhalten in meinen Augen die Bezeichnung „Therapie" nicht verdient. Als Gestalttherapeutin für Kinder und Jugendliche habe ich sicher in vielem einen von der Perspektive psychoanalytisch ausgebildeter Kolleginnen und Kollegen abweichenden Blick auf therapeutische Prozesse. Dennoch glaube ich, dass uns alle in der Einschätzung des erzwungenen Festhaltens als Therapieform mehr verbindet als trennt.

3 Georg Feuser, Aspekte einer Kritik des Verfahrens des „erzwungenen Haltens" (Festhaltetherapie) bei autistischen und anders behinderten Kindern und Jugendlichen, in: Jahrbuch für Psychopathologie und Psychotherapie 7 (1987), S. 73–134.

Schauen wir uns an, was für Kinder es sind, die der „Therapie" des erzwungenen Festhaltens ausgesetzt werden.

Autistische Kinder waren die Ersten, heute kommen Kinder mit anderen Beeinträchtigungen, z. B. solche mit Down-Syndrom hinzu. Vor allem aber wird diese Methode bei verhaltensauffälligen Kindern angewandt, die unter das von Prekop formulierte Stigma des „Kleinen Tyrannen" fallen. In meiner therapeutischen Arbeit machen diese ebenfalls den Hauptanteil meiner kleinen Klienten aus. Viele sind hyperaktiv und konzentrationsgestört, einige kommen wegen ihrer aggressiven Durchbrüche, andere verweigern sich durch Rückzug, Weinen, Verstecken, manchen wurden autistische Züge attestiert. Niemanden wird es überraschen, wenn ich feststelle, dass bei allen die Eltern-Kind-Beziehung gestört ist und deshalb ein wesentlicher, wenn nicht sogar der wesentlichste Teil meiner Arbeit mit den Eltern stattfindet. Eigentlich eine Selbstverständlichkeit in der Kindertherapie. Nicht so bei Prekop. Hier wird das Kind nicht als Symptomträger eines gestörten Familiensystems gesehen, sondern es ist „herrschsüchtig", das Kind hat das Problem und quält seine Eltern. Das Kind ist schuldig, die Eltern sind die Opfer des Tyrannen. Ihr Fehler besteht lediglich darin, dass sie sich das gefallen lassen. Die Lösung: erzwungenes Halten. Problem erkannt, Gefahr gebannt, so einfach geht es hier zu. Ohne Bearbeitung der Beziehungsstörung werden die Eltern zu Festhaltetherapeuten. Natürlich gibt es eine Liste mit Kontraindikationen, Jirina Prekop sichert sich stets gut ab. Psychotische Mütter sollen nicht festhalten, auch nicht Mütter, die ihr Kind nur noch hassen, körperlich zu schwache Mütter sollen ebenfalls vom Festhalten Abstand nehmen. Weitere Ausschlussgründe: Befriedigung eigener sexueller Bedürfnisse, egoistische, allmächtige, narzisstische Mütter und solche mit einem neurotischen, ungesättigten Bedürfnis nach Bindung. (Von Vätern ist übrigens kaum die Rede.) Zwar wäre meine Begrifflichkeit eine andere, aber ich glaube sagen zu können, dass die beiden letztgenannten Kategorien auf mindestens 80 % der Eltern zutreffen, mit denen ich arbeite. Das ist auch nicht verwunderlich, denn hier liegen ja wesentliche Ursachen für Störungen in der Eltern-Kind-Beziehung. Wenn all diese Eltern aus gutem Grund das Festhalten nicht praktizieren sollten, dann bleibt die Frage, wie es zu der enormen Ausbreitung dieser Methode kommt.

Den Eltern, die ja im Zweifelsfall niemanden fragen müssen, um zu Hause ihr Kind festzuhalten, bleibt jedenfalls der Blick auf die eigenen Verstrickungen erspart. Stattdessen nutzen viele von ihnen die überstimulierte und aufgeheizte Festhaltesituation, um ihre eigene unglückliche Kindheit zu beweinen und ihre kindliche Wut herauszuschreien. Eine Mutter schildert in „Hättest Du mich festgehalten", dass sie vom Festhalten ihres Kindes gar nicht genug bekommen konnte, weil sie nie sonst so tief in ihre eigene Kindheit eintauchen konnte. Prekop findet das therapeutisch, für mich ist es eine weitere Facette des missbräuchlichen Umgangs mit dem festgehaltenen Kind. Die Aufgabe der Elternarbeit besteht ja gerade darin, das Kind davon zu befreien, die ungelösten Themen der Eltern auf sich zu nehmen und als Symptom zu gestalten. Das Gegenteil dieser „Entstrickung" geschieht jedoch, wenn die Mutter in der Festhalte-Situation ihre eigenen unbearbeiteten Verheerungen ausagiert.

An diesem zentralen Punkt jeder therapeutischen Arbeit mit Kindern ist die Entscheidung ganz klar: Nein, die so genannte Festhalte-Therapie ist keine Therapie. Was ist sie dann? Was macht sie mit den Kindern?

Von ehemaligen Festgehaltenen, die sich jetzt in psychotherapeutischer Behandlung befinden, wissen wir z. B., dass sie die Therapeuten unablässig anstarren – ein automatisierter und damit kontaktloser Blickkontakt wurde antrainiert. Häufig wird ein sehr vereinnahmendes und kommandierendes Verhalten beobachtet, das bei Annäherung blitzschnell umschlägt in Zurückweisung. Offenbar wurde die Selbstregulation der Kontaktprozesse nachhaltig gestört. Ein junges Mädchen, das von seinen Eltern über ein Jahr lang täglich festgehalten wurde, fing an sich zu verstecken, es entwickelte

Ängste vor anderen Menschen, wollte sich umbringen, fühlt sich dauerhaft beschämt. Hier wurde die Persönlichkeit des Kindes gebrochen, sein Vertrauen zerstört, das Verhältnis zu seinem Körper schwer beschädigt.

Fassen wir also zusammen:

Das erzwungene Festhalten

- missachtet die Würde des Kindes,
- vermittelt ihm die Erfahrung von Ohnmacht,
- überschreitet missbräuchlich seine körperliche Integrität,
- setzt es enormem Stress, Angst und Verzweiflung aus,
- überflutet es mit widersprüchlichen Informationen.

Das führt zu

- einer Destabilisierung der Persönlichkeit,
- einer Identifikation mit dem festhaltenden Aggressor,
- einer Konditionierung durch Hirnwäsche,
- einem gestörten Kontaktverhalten,
- einem Verlust an Vertrauen in das Leben.

In anderen Zusammenhängen nennt man einen solchen Umgang mit einem wehrlosen Menschen Folter. Und Folter traumatisiert.

Wolfgang Söllner

Eine persönliche Erfahrung mit der Festhaltetherapie nach Prekop

Ein Erinnerungsprotokoll

Anfang der 80er-Jahre arbeitete ich als junger Arzt für einige Monate an einer psychotherapeutischen Station einer kinderpsychiatrischen Abteilung. An dieser Abteilung wurden vor allem Kinder und Jugendliche mit Ess-Störungen, Verhaltensauffälligkeiten und dem sog. Hyperkinetischen Syndrom, das später als Aufmerksamkeitsdefizit-Syndrom (ADS) bezeichnet wurde, behandelt. Alle 16 Kinder hatten einen Bezugstherapeuten oder eine Bezugstherapeutin. Ich war zunächst als „Hilfstherapeut" einer Bezugstherapeutin für einige dieser Kinder zugeordnet und hatte daneben ärztliche Aufgaben zu übernehmen.

Eine der Patientinnen, die ich mit zu betreuen hatte, war Ulla (Vorname geändert). Ulla war damals acht Jahre alt, ein stilles, scheues und etwas dickliches Mädchen und von den Eltern auf Anraten des Hausarztes wegen eines ADS in die Klinik gebracht worden. Sie konnte sich in der Schule und bei den Aufgaben nicht konzentrieren, war voller Unruhe und riss immer wieder für mehrere Stunden von zu Hause aus. Die zunehmend hilflosen Eltern erhofften sich von der stationären Behandlung in der Klinik eine rasche Besserung dieser Symptomatik. Auf der Station konnte sich Ulla schlecht in den Stationsalltag einfügen, kam zu spät oder gar nicht zum Essen und zu den therapeutischen Veranstaltungen, lief aus den psychotherapeutischen Einzel- und Gruppensitzungen davon und riss auch immer wieder aus der Klinik aus. Meistens kam sie nach einer oder wenigen Stunden von selbst auf die Station zurück, manchmal wurde sie von Klinikpersonal „aufgegriffen“ und auf die Station zurückgebracht. Auch nach einigen Wochen psychotherapeutischer Behandlung änderte sich an diesem Verhalten nichts, und das Behandlungsteam fühlte sich zunehmend hilflos. Auch das Versperren der Station hinderte Ulla nicht, sie immer wieder heimlich zu verlassen.

Der Leiter der Abteilung war damals auf die Festhaltetherapie nach Prekop aufmerksam geworden und beschloss, bei Ulla diese Behandlung anzuwenden. Ich sollte als „Hilfstherapeut“ die Therapie durchführen. Dazu wurde ich vom Leiter der Abteilung über diese Methode instruiert und bekam einen Artikel darüber zu lesen. In der „Kindergruppe“, einer zweimal wöchentlich stattfindenden Veranstaltung unter der Leitung einer erfahrenen Kindertherapeutin, sollte ich nun Ulla das erste Mal „festhalten“. In der Kindergruppe besprachen die Kinder mit der Therapeutin ihre Wünsche und Sorgen im Zusammenhang mit dem Zusammenleben auf der Station. Alle Kinder, die Therapeutin und ich saßen bei dieser „Kindergruppe“ auf Matten am Boden des Gruppenraums. Ich sollte im Schneidersitz Ulla zwischen meine Beine nehmen und sie hinter ihr sitzend mit den Armen und Beinen festhalten. Das Ganze sollte etwa eine halbe Stunde dauern. Die anderen Kinder wurden darüber informiert, dass bei Ulla eine „Festhaltetherapie“ angewandt würde, damit sie nicht immer weglaufen müsse und damit in Zukunft die Station hoffentlich nicht mehr zugesperrt werden müsse.

Wie zu erwarten, wehrte sich Ulla heftig gegen dieses Festhalten. Ich war instruiert worden, in diesem Fall moderaten Druck auszuüben und Ulla nicht auszulassen und weglaufen zu lassen. Ohne ein Wort zu sagen, versuchte Ulla, sich leise weinend aus meinen Armen zu befreien. Ich fühlte mich hilflos und überfordert und versuchte, leise auf Ulla einzureden und sie zur Aufgabe ihres Widerstandes zu „überreden“. Das half aber gar nichts. Es entspann sich ein „stummes Ringen“. Ulla schwitzte heftig. Ich kann heute in der

Erinnerung an dieses „Festhalten“ nach vielen Jahren noch ihren heftigen und mir unangenehmen Schweißgeruch riechen, den ich auch damals nur als Ausdruck starker Angst interpretieren konnte. Ich fühlte mich als Aggressor und blickte in dieser halben Stunde immer wieder Hilfe suchend zur Therapeutin, die die Gruppensitzung leitete. Diese nickte mir ermutigend zu, war aber mit der Kindergruppe beschäftigt. Ich fühlte mich einerseits missbraucht und allein gelassen, wollte aber andererseits den mir anvertrauten Auftrag erfüllen und hielt das „Festhalten“ die ganze Sitzung lang durch. Nach vielleicht 20 Minuten gab Ulla ihren Widerstand auf. Das Schwitzen ließ aber nicht nach. Zuletzt saßen wir beide schweigend und schweißnass erschöpft am Boden. Am Ende der Sitzung lief Ulla, ohne mich oder die anderen eines Blickes zu würdigen, in ihr Zimmer und verkroch sich dort.

Ich besprach mich gleich nach der Sitzung mit der Therapeutin und schilderte ihr mein Unbehagen. Die Therapeutin verwies mich auf die Besprechung in der am nächsten Tag stattfindenden regelmäßigen Teamsitzung mit dem Leiter der Abteilung. Dort schilderte ich mein Erleben des Festhaltens und mein Unbehagen über die in meinen Augen übergriffige Art der Behandlung. Dieses Unbehagen wurde auch von anderen Teammitgliedern geteilt, die aber selbst noch nicht die „Festhaltetherapie“ anwenden mussten. Der Leiter versuchte uns zu beruhigen, sprach von den Erfolgen der neuen Behandlungsmethode und dass der Widerstand von Ulla am Anfang durch „sanften Druck“ aufgefangen werden musste. Dieser Druck sei durchaus therapeutisch, weil Ulla in ihrer Kindheitsentwicklung eben nicht diese Sicherheit und ein emotionales Festhalten erfahren habe. Er wertete die Tatsache, dass Ulla sich im Laufe der Festhaltetherapie beruhigt hatte, als ersten Erfolg, meinte dass sich am Verhalten von Ulla nach einigen weiteren Sitzungen etwas verändern würde, lobte mich für mein konsequentes „Festhalten am Festhalten“ und beschloss die Fortführung der Festhaltetherapie. Ich fühlte mich hin und hergerissen zwischen dem Wunsch, diese Art der Behandlung nicht mehr weiterzuführen, und der narzisstischen Aufwertung, dass ich als Jüngster im Team eine so wichtige Aufgabe übertragen bekommen hatte und der Leiter der Abteilung von mir ein Festhalten an dieser Therapieform erwartete.

Bei zwei weiteren „Festhaltesitzungen“ – wieder in der Kindergruppe – spielte sich dasselbe stumme Wehren und schließlich Resignieren bei Ulla ab. Mein Unbehagen wuchs. Obwohl ich es damals bewusst nicht so erleben konnte, habe ich wohl die übergriffige sexualisierte Szene in diesem Festhalten gespürt und abgewehrt. Am Davonlaufen von Ulla hatte sich nichts geändert, Ulla verschloss sich zunehmend und verkroch sich in ihrem Bett. Nach der dritten „Festhaltesitzung“ bat ich die Bezugstherapeutin, mich von der Übernahme dieser Aufgabe zu befreien. Wenn sie von dieser Methode überzeugt sei, solle sie doch selbst die „Festhaltetherapie“ durchführen. Die Bezugstherapeutin argumentierte – dann auch in der Teamsitzung – dagegen, dass dies die therapeutische Beziehung gefährden würde. Es wurde kurz erwogen, das Festhalten den Eltern zu übertragen, doch das war nicht durchzuführen, weil die Eltern weit entfernt wohnten und nur selten zu den Familientherapiesitzungen und am Wochenende zu Besuch kamen.

Schließlich wurde durch den Widerstand im Team die Festhaltetherapie bei Ulla abgebrochen.

Peter Widmann

Das große Einerlei

Bert Hellingers Selbst- und Geschichtsinszenierung

1. Der Unternehmer

Streift man in deutschen Buchhandlungen durch die Abteilungen für Psychologie, könnte man Bert Hellinger für den bedeutendsten lebenden Vertreter des Faches halten. Schriften des Therapeuten und seiner Schüler okkupieren ähnlich viel Raum wie diejenigen Sigmund Freuds oder Carl Gustav Jungs. Sucht man im Internet nach seinem Namen, landet man auf der mit viel Aufwand und Eleganz gestalteten Homepage „Bert Hellinger International". Dort liest man über den Namensgeber, er sei „der weltweit bekannteste und – wahrscheinlich – zur Zeit meist gelesene Therapeut", die Bücher über seine Methode erschienen in vielen Sprachen, selbst auf Chinesisch, Japanisch und Koreanisch.[1]

Tatsächlich blickt der 1925 als Anton Hellinger geborene ehemalige Ordenspriester der Marianhiller Missionare zurück auf einen späten, aber steilen Aufstieg zum Startherapeuten.[2] Seit Anfang der siebziger Jahre hatte er sich nach seinem Abschied vom Missionsdienst mit Psychotherapie befasst, doch erst 1993 verschaffte ihm

1 Wilfried Nelles, Die Meinungsmacher. Zum Dossier „Da sitzt das kalte Herz!" über Bert Hellinger und das Familienstellen (http://www.hellinger.com/deutsch/virtuelles_institut/kontroversen/die_meinungsmacher.shtml, 7. 10. 2004).

2 Zu Hellingers Biografie siehe Martin Buchholz, Da sitzt das kalte Herz!, in: Die Zeit, Nr. 35 vom 21. 8. 2003, S. 12.

das Buch „Zweierlei Glück. Die systemische Psychotherapie Bert Hellingers" des Psychiaters Gunthard Weber den Durchbruch.[3] Mindestens 2000 Therapeuten, berichtete im August 2003 die „Zeit", arbeiten inzwischen in Deutschland als „Familienaufsteller nach Hellinger".[4]

Seine Methode ist Gegenstand effizienter Vermarktung, Hellinger verwertet seine Familienaufstellungen dreifach. Er präsentiert sie zunächst in „Workshops" auf der ganzen Welt. Allein für das Jahr 2004 kündigte er auf seiner Homepage 36 Veranstaltungen an – in vielen Ländern Europas, in Nordamerika, Mexiko, Kolumbien und Nicaragua, in Japan, China, Taiwan und Korea. Wer etwa im Januar 2004 einen zweitägigen Workshop in Weimar besuchte, zahlte 250 Euro Kursgebühr.[5] Bei den Workshops filmen Hellingers Mitarbeiter die Aufstellungen, die dabei in großer Zahl entstehenden Videobänder vertreiben der Berchtesgadener „Video Verlag Bert Hellinger International" und der Heidelberger Carl-Auer-Systeme-Verlag weltweit in verschiedenen Sprachen. In einer dritten Verwertungsstufe bietet Hellinger die Aufstellungen in gedruckten Publikationen zum Kauf an. Darin demonstrieren leicht geglättete Dialogprotokolle und Aufstellungsdiagramme seine Arbeit.

Das Programm der Videos und Schriften ist inzwischen so unüberschaubar, dass im Anhang eines der letzten Bücher ein 18-seitiger „Leitfaden durch die Veröffentlichungen und Videos von Bert Hellinger" nötig erschien. 76 Videos und 32 Bücher sind darin im Angebot – zum Familienstellen und seiner Anwendung in vielen Zusammenhängen: bei Krebs, Psychosen und Traumata, bei Paar-

3 Der Band liegt inzwischen in der 14. Auflage vor: Gunthard Weber, Zweierlei Glück. Die systemische Psychotherapie Bert Hellingers, Heidelberg 2001.

4 Buchholz, Da sitzt das kalte Herz!, S. 13.

5 Bert Hellinger International Workshops 2004 (http://www.hellinger.com/deutsch/virtuelles_institut/bert_hellinger/bert_hellinger_schulungen/index.shtml, 7. 10. 2004).

problemen, Schul- und Familienkonflikten. Dazu kommen Aufstellungen von Familien mit Adoptierten und Sprachgestörten und Kurse bei ethnischen Konflikten, in Familien von Holocaust-Überlebenden und im „Verhältnis zwischen Deutschen und Juden sowie Tätern und Opfern". Bücher wie „Rachel weint um ihre Kinder" sind ebenso zu erwerben wie eine fünfteilige Videoserie zum Workshop „Awakening Love in the Soul" in Tel Aviv.[6]

Im „Mediashop" auf Hellingers Homepage finden sich Bücher zur Beratung von Unternehmen und Institutionen, die Zeitschriften „Praxis der Systemaufstellung" und „Systembalance" sowie CDs, auf denen Hellinger Rilke-Gedichte spricht.[7] Der „Spiegel" bezifferte allein die in Deutschland verkauften Bücher und Videos des Therapeuten auf eine halbe Million.[8] Hellinger, der systematische Analyse und Theoriebildung ablehnt, propagiert die Videos als die erfolgversprechendste Form, sich seine Methode intuitiv anzueignen: „Schaut euch meine Videos an. Aber nicht nur anschauen. Man nimmt sich mehrere Aufstellungen vor, und so bekommt man ein Gefühl dafür."[9]

6 Leitfaden durch die Veröffentlichungen und Videos von Bert Hellinger, in: Bert Hellinger, Gottesgedanken. Ihre Wurzeln und ihre Wirkung, München 2004, S. 261–279.

7 Bert Hellinger International – Mediashop (http://www.hellinger.com/mediashop/index.shtml, 7. 10. 2004).

8 Beate Lakotta, „Danke, lieber Papi", in: Der Spiegel, Nr. 7 vom 9. 2. 2002 (http://www.spiegel.de/spiegel/0,1518,182683,00.html, 27. 10. 2004).

9 Mit diesen Worten warb Hellinger für seine Videos vor den Teilnehmern der „10. Konferenz Humanistische Medizin" am 27.–31. Oktober 1999 in Garmisch-Partenkirchen, in: Bert Hellinger, Heilsame Beziehungen – Wie Liebe gelingt. Systemisches Familienstellen. Video, 180 Min., Videotorium Filmarchiv 1999.

Hellinger versteht das Familienstellen als „Bewegung".[10] Er geht ihr als charismatische Führungsgestalt voran, auf seine Person ist sie ausgerichtet. Augenfällig wird das an der „Internationalen Arbeitsgemeinschaft Systemische Lösungen nach Bert Hellinger e. V." Die Vereinigung führt eine über Hellingers Homepage abrufbare „Aufsteller/Innen-Liste", in der Klienten Therapeuten finden können. Auf die Liste kommt nur, wer bei Hellinger gelernt hat, oder wenigstens bei Therapeuten und „Beratern", die von ihm ausgebildet wurden. Kandidaten für die Liste sollen, wie es in den Aufnahmebedingungen heißt, „mit einschlägigen Büchern und Videos von Bert Hellinger vertraut sein (s. www.hellinger.com) und die darin dokumentierten und beschriebenen seelischen Vorgänge verstehen und vermitteln können".[11] Wer schließlich gegen eine Bearbeitungsgebühr von 100,– Euro und eine Jahresgebühr von 250,– Euro auf die Liste kommt, erhält die „Empfehlung", sich der seinem Wohnort nächst gelegenen „Austauschgruppe" anzuschließen. So bedingt der Zugang zum Kreis der Ausgewählten, dass man sich einem auf Hellinger zentrierten System sozialer Kontrolle unterwirft.

Das Machtgefälle zwischen der Leitfigur und ihrem Anhang entspricht Hellingers Selbstverständnis, das er in die Metapher des Priesters fasste. Angesprochen auf die Parallelen zwischen seinen Aufstellungen und der kirchlichen Liturgie erklärte er einer Journalistin: „Aber was Sie gesagt haben über das Priesterliche, enthält

10 Bert Hellinger, Das Familienstellen als angewandte Philosophie. Vortrag auf der Tagung „Helfen und Lassen" vom 9.–11. Februar 2004 in Garmisch-Partenkirchen (http://www.hellinger.com/deutsch/virtuelles_institut/bewegungen_des_geistes/familienstellen_als_angewandte_philosophie.shtml, 7. 10. 04).

11 Voraussetzungen für die Aufnahme auf die Aufsteller/Innen-Liste der Internationalen Arbeitsgemeinschaft (IAG) Systemische Lösungen nach Bert Hellinger e. V. (http://www.hellinger.com/deutsch/mitglieder/iag/aufnahme_iag.shtml, 7. 10. 2004).

eine große Wahrheit. Als Therapeut fühle ich mich im Einklang mit einer größeren Ordnung. Nur weil ich in diesem Einklang bin, sehe ich die Lösung und bringe sie in Gang."[12]

Hellinger gibt sich als Seher, der in ein „Kraftfeld" gerät, sobald ihm ein Klient von seiner Familie erzählt und deren Mitglieder mit „Stellvertretern" aus dem Publikum im Raum platziert.[13] In diesem Feld zeigen sich Hellinger die Geheimnisse der Familie: „Und dann, während ich mich dem aussetze, kommt blitzartig die Einsicht in etwas, das hinter den Phänomenen liegt. Zum Beispiel sehe ich bei einer Aufstellung plötzlich: da ist ein Kind ermordet worden."[14] Die Erkenntnis erwächst aus einer Offenbarung, nicht aus der Mühe des Intellekts.

Damit korrespondiert eine Wissenschaftsfeindlichkeit, die Hellinger mit seinen Anhängern pflegt. Für die Journalistin Gabriele ten Hövel etwa, Mitautorin des Hellinger-Buches „Anerkennen, was ist", erreichen seine Einsichten „eine Sphäre seelischen Erlebens, für die die moderne, analytisch orientierte Psychologie keine Worte hat".[15] Offenbarte Erkenntnis – über eine einzelne Familie ebenso wie über die Ordnung der Welt – kann für Hellinger kein Gegenstand des argumentierenden Für und Wider sein: „Ich nehme die Gegensätze als eines wahr – gut und böse oder politisch gegensätzliche Bewegungen. Ich komme damit zu einer Aussage, die eigentlich keinen Widerspruch duldet."[16] Entsprechend brüsk fertigt er in seinen Workshops Einwände ab.

Hellinger richtet den Inszenierungsstil seiner Videos darauf aus, seine Rolle als seherische Führungsgestalt zu legitimieren. Das zeigt

12 Bert Hellinger/Gabriele ten Hövel, Anerkennen, was ist. Gespräche über Verstrickung und Lösung, München 1996, S. 22.

13 Bert Hellinger, Der Abschied. Nachkommen von Tätern und Opfern stellen ihre Familien, Heidelberg 2001, S. 45.

14 Ebenda, S. 37.

15 Ebenda, S. 10.

16 Ebenda, S. 41 f.

sich etwa am Beispiel des 1999 erschienenen Kaufvideos „Die Toten. Was Opfer und Täter versöhnt".[17] Während viele der Videos aus Hellingers Produktion eine Laufzeit von über drei Stunden haben und oft ein halbes Dutzend Aufstellungen zeigen, dokumentiert „Die Toten" eine einzige, die sechzig Minuten dauert. „Die Toten" gehört zu dem Teil der Videos aus dem Programm, die auch über den Online-Händler „libri.de" einem größeren Publikum angeboten werden.[18] Hellinger widmet der Aufstellung, so darf man vermuten, besondere Aufmerksamkeit, weil ihr Verlauf sein Selbstverständnis ebenso zu bestätigen scheint wie sein Weltbild und seine Sicht der Geschichte.

Der 62-jährige Klient, der in dem Video den Namen Jonas trägt, berichtet darin im Rahmen einer Seminarvorführung 1999 in Bern, dass er das Gefühl habe, in seine Beziehung zu wenig einzubringen; seine Frau sei daher zu Recht mit ihm unzufrieden. Die Ehefrau des Klienten, sie wird Brigitte genannt, fügt hinzu, ihr Mann bekunde immer wieder Todeswünsche, die für die Familie bedrohlich seien. Die Videoaufnahmen zeigen, wie Jonas auf Hellingers Aufforderung hin Stellvertreter für sich und seine Mutter auf einem ovalen Parkett platziert, um das herum die Stuhlreihen der Kursteilnehmer stehen. Im Verlauf der Aufstellung holt Hellinger nach und nach Stellvertreter für Jonas' Vater und Großvater aus den Reihen des Publikums, später auch für die Ehefrau und die Tochter. Nach 25 Minuten, in denen Hellinger die Konstellation der Stellvertreter immer wieder verändert, fragt er Jonas nach seinem Befinden. Jonas antwortet: „Es ist genau so. Es ist vielleicht noch dadurch verstärkt, dass ich Jude bin. Obschon unsere Familie durch den Zweiten Weltkrieg äußerlich überhaupt keinen Schaden genommen hat, ist meine Todesbereitschaft dadurch verstärkt." Jonas' Frau Brigitte ergänzt,

17 Bert Hellinger, Die Toten. Was Täter und Opfer versöhnt. Werkstattvideo, 60 Min., Heidelberg 1999.

18 Die Aufstellung ist außerdem dokumentiert in Hellinger, Abschied, S. 326–369.

eine Schwester von Jonas' Mutter habe Selbstmord begangen, weil sie das Überleben des Holocaust nicht ertrug.

Hellinger wählt daraufhin sieben Stellvertreter für die Toten des Holocaust unter den Kursteilnehmern aus und stellt sie am rechten Rand des Parketts in einer Reihe auf. Auf seine Anweisung hin umarmt Jonas jeden Stellvertreter. Kurz darauf holt Hellinger sieben weitere Teilnehmer in die Mitte und stellt sie als Stellvertreter der Täter in einer zweiten Reihe hinter die Stellvertreter der Opfer. In den folgenden zwanzig Minuten beginnen Stellvertreter der Täter und Opfer, sich die Hände zu reichen und sich zu umarmen, wobei einer der Täter-Stellvertreter laut weint.

Hellinger agiert als Regisseur und Hauptdarsteller. Die anderen Protagonisten, Klienten und „Stellvertreter", reagieren auf ihn: Sie folgen seinen Anweisungen, beantworten seine Fragen, beobachten seine Interventionen. Immer wieder nutzt Hellinger das retardierende Moment, wenn die Stellvertreter aufgestellt sind und zunächst in ihren Positionen verharren. Die erwartungsvolle Stille dauert dann oft Minuten, bis Bewegung in die Konstellation kommt. Gleichzeitig zeigen sich mehrere Techniken, mit denen Hellinger ein Machtgefälle zwischen sich und den anderen Protagonisten schafft.

Die Herrschaft über den Ton: Ein Mikrophon in Hellingers rechter Hand ist während der Aufstellung die einzige Tonquelle, weder das Aufnahmeteam noch die anderen Protagonisten verfügen über eigene Mikrophone. Vor dem Hintergrund des üblichen Standards der Seminartechnik überrascht das, ließen sich doch Gespräche durch mehrere Mikrophone zwangloser aufzeichnen; würde man Ansteckgeräte verwenden, hätte Hellinger beide Hände frei. Beobachtet man indes, wie er das Mikrophon nutzt, erschließt sich die Absicht: Klienten und „Stellvertreter" können sich nur artikulieren, wenn Hellinger bei ihnen steht und ihnen das Mikrophon vor den Mund hält. Immer wieder entzieht er es den Klienten. So bricht er bereits den ersten Versuch von Jonas ab, seine Familiengeschichte zu schildern, als dieser nur zögerlich zu erzählen beginnt. „Stell einfach mal dich auf und deine Mutter", fordert Hellinger ihn auf. Während der gesamten Aufstellung behält Hellinger das Mikrophon in seiner Rechten, und so bleibt in seiner Hand, was gesagt wird.

Die Herrschaft über die Anrede: Sprachlich stellt er die Hierarchie her, indem er Klienten und Stellvertreter grundsätzlich duzt. Zwar lässt sich aus Hellingers Büchern schließen, dass die Klienten auch mit ihm per Du sind, doch kommt das in dem Video nicht zum Tragen, denn sie antworten nur auf seine gezielten Fragen. Dem Betrachter drängt sich der Eindruck auf, ein Erwachsener spreche mit Kindern.

Die Herrschaft über die Emotion: Klienten und „Stellvertreter" brechen während der Aufstellungen immer wieder in starke Gefühle aus. Die Beteiligten weinen, umarmen sich innig oder gehen vor ihrem Gegenüber in die Knie. Hellinger bleibt inmitten der Eruptionen gelassen. Der Kameramann setzt den Gegensatz eindrucksvoll ins Bild: Während sich Jonas' Ehefrau mit einem Tuch die Tränen trocknet, sitzt Hellinger zwei Stühle weiter zurückgelehnt in entspannter Betrachtung der Stellvertreter versunken. Wenn Hellinger spricht, dann ohne Notizen, er artikuliert bestimmt und langsam, setzt Pausen zwischen die Worte, die er durch sparsame Gesten mit der linken Hand unterstreicht. Sein Redestil signalisiert Sicherheit und Ruhe – und damit Ungleichheit: Hier betrachtet ein Wissender diejenigen, die sich gerade als Spielball geheimer Kräfte erfahren.

Die Herrschaft über das Personal: Hellinger entscheidet, welche Familienmitglieder aufgestellt werden. In einem Interview beschrieb er seine Arbeit als die eines Regisseurs: „Die entscheidende Regie ist die Auswahl. Auf was lasse ich mich ein von dem, was der Klient gesagt hat. Ich muss also erkennen, worin liegt die größte Kraft."[19] Wie das zustande kommt, bleibt ebenso dunkel wie andere Entscheidungen, etwa die Auswahl der Klienten und der nahe an

19 Erfahrungen aus letzter Zeit. Ein Interview von Harald Hohnen mit Bert Hellinger am 26. 6. 2001 in Berlin (http://www.hellinger.com/deutsch/virtuelles_institut/bert_hellinger/interviews/2001_06_26_interview _hohnen.shtml, 7. 10. 04).

der Bühne sitzenden Kursteilnehmer, aus denen sich die Stellvertreter rekrutieren.

Die Herrschaft über den Text: Hellingers Textvorgaben spielen zwar in dem Video „Die Toten" keine Rolle, prägen aber einen großen Teil seiner anderen Aufstellungen. Er spricht dabei Klienten Sätze vor, die sie nachsprechen. Mit diesem zentralen Baustein seiner Methode will Hellinger eine ihm gemäß erscheinende Familienordnung wiederherstellen. So verfügt er über seine Klienten wie ein Stückeschreiber über seine erdachten Figuren.

Hellingers Interventionen spiegeln immer wieder befremdende Vorstellungen über angemessene Ordnungen. Bei einem Kurs in München ließ er die Tochter eines im Warschauer Ghetto eingesetzten SS-Manns ihre Familie aufstellen. Dass die Frau von ihrem Vater als Neunjährige missbraucht worden war, interpretierte Hellinger als Versuch des Kindes um, den Vater vom Verlassen der Familie abzuhalten. Er forderte die Tochter, seine Klientin, auf, dem Vater trotz ihrer Erfahrungen Achtung zu erweisen:

„Hellinger zu Edda: Sag ihm ‚Ich habe es gern für Dich getan.'

Edda: Ich habe es gern für Dich getan

Hellinger: Doch jetzt lasse ich Dich gehen

Edda: Doch jetzt lasse ich dich gehen."

Hellinger, als er sieht, dass sie sehr bewegt ist: „Tief atmen. Sag es noch einmal ‚Lieber Papi, ich hab's gern für Dich getan. Doch jetzt lass ich Dich gehen.'

Edda: Doch jetzt lass ich dich gehen."[20]

Ähnlich verstörend intervenierte Hellinger bei einem Kurs in Kassel. In dem Buch „Der Abschied" findet sich unter der Überschrift „Der Vater von Elisabeth war Halbjude" folgender Dialog mit einer Klientin:

„Hellinger zu Elisabeth: Sag deinem Mann ‚Ich würdige, dass du mich geheiratet hast.'

20 Hellinger, Abschied, S. 19 und 22.

Elisabeth: Ich würdige, dass du mich geheiratet hast.

Hellinger: Obwohl ich eine Jüdin bin.

Elisabeth: Obwohl ich eine Jüdin bin. Das ist doch nicht schlimm?

Hellinger: Sag es nur. Ich bin ganz einverstanden damit. Aber sag es ihm.

Elisabeth: Das ist kein Problem für mich.

Hellinger: Sag es ihm noch einmal: ‚Ich würdige, dass Du mich geheiratet hast, obwohl ich eine Jüdin bin.'

Elisabeth: Ich würdige es, dass Du mich geheiratet hast, obwohl ich eine Jüdin bin."[21]

Die Herrschaft über die Intimität: Wer zu Hellinger geht, verzichtet auf seine Privatsphäre. Die Veranstalter eines Workshops in Weimar im Januar 2004 unterstreichen auf Hellingers Homepage, dass sie das Seminar auf Video aufzeichnen lassen. Man könne nur teilnehmen, wenn man den Aufnahmen und ihrer Veröffentlichung zustimmt. Das sei später nicht widerrufbar.[22] Die Entscheidung wiegt schwer, denn die Aufstellungen drehen sich um Intimes, um Inzest, Missbrauch oder Vergewaltigung. Ein Paar, das seine Eheprobleme schildert, muss sich bewusst sein, dass jeder Interessierte die Aufnahme im Internet bestellen kann.

Gleichzeitig gibt Hellinger über sich selbst kaum Auskunft. Auf seiner Homepage und in den Klappentexten seiner Bücher finden sich nur wenige, seit Jahren gleich bleibende Sätze, die Geburtsjahr, Studienfächer, die Mitgliedschaft im Missionsorden und eine therapeutische Ausbildung anführen. So entsteht ein steiles Wissensgefälle. Hellinger erfährt von den Klienten die letzten Geheimnisse und stellt sie öffentlich aus, der Klient hingegen weiß kaum etwas über seinen

21 Ebenda, S. 207.

22 „Doch als es dunkel war, leuchteten die Sterne". Die angewandte Philosophie Bert Hellingers. Seminar mit Bert Hellinger am 31. 1. und 1. 2. 2004 in Weimar/Thüringen (http://www.hellinger.com/deutsch/virtuelles_institut/bert_hellinger/bert_hellinger_schulungen/index.shtml, 7. 10. 04).

Hoffnungsträger. Damit sind die Rollen verteilt: Der allsehende Heiler trifft auf den schwachen Hilfesuchenden.

3. Der Produzent

Ein Teil des Erfolges solcher Inszenierungen gründet darin, dass sie in der fiktionalen Unterhaltung bewährte Muster der Dramaturgie und Aufführungspraxis nutzen. Die Videos versetzen den Zuschauer in eine Rezeptionshaltung, die er aus anderen Zusammenhängen kennt. In dem Video „Heilsame Beziehungen“ etwa, das Hellinger 1999 während eines Kongresses für humanistische Medizin in Garmisch-Partenkirchen aufzeichnen ließ, findet sich der Betrachter in der Rolle des Theaterbesuchers wieder.[23] Von einer Empore herab gewährt ihm die Kamera einen Blick auf eine Bühne und auf die Reihen der Zuschauer davor. Hellinger sitzt auf der Bühne in der Mitte eines Halbkreises mit seinen Klienten, auf der Fläche davor werden die Stellvertreter aufgestellt. Nach jeder Aufstellung applaudiert das Publikum. Auch in dem Video „Die Toten“ filmt die Kamera das Geschehen von einer erhöhten Position, so blickt der Betrachter hinab auf ein ovales Parkett, um das Hellinger mit Klienten und Kursteilnehmern im Halbkreis sitzt. Andere Zuschauer haben unterhalb der Kamera um das Oval Platz genommen. So assoziiert man eine Zirkusarena, in der ein Dompteur gefährliche Kunststükke darbietet.

Auf den Bühnen und in den Arenen führt Hellinger Kurzdramen auf: Exposition, Zuspitzung des Konflikts, Höhepunkt und Lösung dauern selten länger als eine halbe Stunde. Dem Konsumenten von Fernsehserien ist die dramaturgische Struktur so vertraut wie das Zeitmaß. Auch in ihrer sterilen Künstlichkeit erinnern die Videos an die Serien der Massenproduktion. Hellinger konzentriert sich

23 Bert Hellinger, Video „Heilsame Beziehungen“.

auf dramatische Ereignisse in der Familiengeschichte, auf Tod, Mord, Selbstmord, Missbrauch oder Verbrechen der Hitlerzeit. Versucht ein Klient, mehr zu erzählen und Details zu berichten, die ihn als Individuum konturieren, entzieht Hellinger ihm das Wort, interessiert ihn doch nur das „Wesentliche".[24]

Die Protagonisten gewinnen nur so viel eigenen Charakter, wie es der vorzuführende Konflikt erfordert. Hier trifft sich Hellingers Ansatz, der Sprache und analytischer Reflexion misstraut, mit den täglich im Fernsehen verfolgten Erzählstrategien. Das gilt auch für die Aufstellungen zu den Folgen nationalsozialistischer Verbrechen in Familien, bei denen Hellinger von historischen Abläufen abstrahiert. Die Mitteilung, ein Großvater sei bei der Waffen-SS gewesen, ist ihm genug. Was der Großvater wann und wo tat, bedarf seiner Sicht nach keiner Erörterung. So bevölkern Hellingers Welt „Täter" und „Opfer" als grob skizzierte Karikaturen.

Die Stilelemente des Unterhaltungsfernsehens lassen sich umso freier einsetzen, als Techniken der Authentizität neben ihnen wirken. Sie bekräftigen den Anspruch, die dargestellten Geschichten zeigten das echte Leben. Die Videos „Die Toten" und „Heilsame Begegnungen" sind von nur einer Kamera aufgenommen, die während der Aufstellungen an ihrem Platz bleibt. Das Bewegungsrepertoire der Kamera erschöpft sich in senk- und waagrechten Schwenks und im Zoomen. Kein Schnitt unterbricht die Einstellungen. Die grobkörnigen Bilder wirken in ihren blassen Farben und in den ruckartigen Schwenks so schlicht und beiläufig wie Heimvideos von Familienfeiern. Demonstrativ kunstlos scheinen die Bilder einen Einblick in das Nichtöffentliche und Authentische zu gewähren. Das vorgeblich nicht Inszenierte wird zum Hauptmerkmal der Inszenierung und der Zuschauer zum Voyeur. Die von erhöhter Position

24 Martin Gannott, Den Bewegungen der Seele zustimmen. Beobachtungen auf einem Workshop mit Bert Hellinger in Hamburg vom 17.–19. Oktober 2003 (http://www.hellinger.com/deutsch/virtuelles_institut/bewegungen_des_geistes/bewegungen_der_seele_zustimmen.shtml, 11. 10. 04).

aus filmende Kamera verstärkt den Effekt. Der Betrachter sieht auf die Stellvertreter herab wie auf Spielfiguren in einer Puppenstube, die aufgestellte Familie gibt einem solchen Blick jedes Geheimnis preis.

4. Der Geschichtsdeuter

Hellinger betrachtet das Familienstellen als „angewandte Philosophie", als über Therapie hinausgreifendes, mit großen Mächten in Einklang stehendes Unternehmen: „Diese Bewegung reißt uns mit, unwiderstehlich. Niemand kann sie aufhalten."[25] Mächte, auf die Menschen keinen Einfluss haben, beherrschen Hellingers Auffassung nach das Leben in allen entscheidenden Fragen.[26] Das gelte auch für die Geschichte: „Das heißt für mich auch, dass die großen geschichtlichen Bewegungen unausweichlich sind. Die Nazibewegung und den Kommunismus, aber auch die Bewegung, die zur Wiedervereinigung Deutschlands geführt hat, betrachte ich als unausweichlich. Es gab keinen, der es in der Hand hatte, sie zu stoppen."[27] Wer sich gegen die Schicksalsmächte stellt, sei zum Scheitern verurteilt – auch der Widerstand gegen Hitler, war er doch „nicht im Einklang mit dem Strom".[28]

In dieser Sicht sind die Täter des Nationalsozialismus Spielball geheimer Kräfte und keine selbstständig handelnden Menschen. „Auch die Bösen sind berufen", schrieb Hellinger in „Der Abschied", und 2001 führte er in einem Interview aus: „Die Täter sind nicht frei. Sie sind genauso eingebunden in etwas, dem sie nicht widerste-

25 Bert Hellinger, Familienstellen als angewandte Philosophie.

26 Interview von Leska Kaufmann mit Bert Hellinger am 26. 8. 2001 für den Südwestrundfunk (SWR2) in der Sendung „Zeitgenossen – Kulturelles Wort" (http://www.hellinger.com/deutsch/virtuelles_institut/bert_hellinger/interviews/2001_08_26_interview_suedwestfunk.shtml, 7. 10. 2004).

27 Hellinger/ten Hövel, Anerkennen, S. 166.

28 Interview Südwestrundfunk, 26. 8. 2001.

hen können. Deswegen sind sie auf ihre Weise auch Opfer. Und jetzt muss man anerkennen, dass sowohl hinter den Opfern wie hinter den Tätern eine größere Macht wirkt, denen sie beide ausgeliefert sind. Der Einzelne kann nicht entscheiden, ob er Opfer wird oder Täter. Das liegt in anderen Händen."[29] Bei einer Aufstellung, die um einen unruhigen Jungen kreiste, dessen Großvater Mitglied der Waffen-SS war, spitzte Hellinger seine Sicht des Nationalsozialismus zu: „Wo kommt diese Bewegung her? Von Gott. Woher denn sonst?" Und: „Die Täter sind nämlich die ärmsten Opfer. Sie haben es am Ende am schwersten."[30]

Hellingers Auffassung nach sind darum hergebrachte Moralvorstellungen obsolet, gebe es doch „jene höhere Ebene, von der aus wir das ganze sehen und auf die Macht blicken, die hinter allem wirkt und vor der es keine Unterschiede geben kann zwischen Guten und Bösen".[31] Dabei, so vermutet Hellinger, dienen Schuld und Tod einer höheren Ordnung.[32] Wie seine anderen Einsichten hat sich auch diese Hellinger nicht in der systematischen Analyse offenbart: „Von meiner Weltbetrachtung her sehe ich jeden Menschen, so wie er ist, in Dienst genommen. Ich kann das aber nicht erklären. Aber man sieht es."[33]

29 Gabriele Heise im Gespräch mit Bert Hellinger, NDR Talk auf Vier vom 14./15. 10. 2001 (http://www.hellinger.com/deutsch/virtuelles_institut/trauer_versoehnung_opfer_taeter/2001_10_14_15_interview_ndr_talk_heise.shtml, 7. 10. 2004).

30 Unruhiger Junge. Der Großvater war bei der Waffen-SS. Auszug aus einem Aufstellungsseminar von und mit Bert Hellinger (http://www.hellinger.com/deutsch/virtuelles_institut/bert_hellinger/beitraege_zur_homepage/unruhiger_junge.shtml, 7. 10. 2004).

31 Bert Hellinger, Helfen und Liebe – Über Konflikt und Versöhnung. Auszug aus einem Vortrag am 13. Februar 2004 in Karlsruhe (http://www.hellinger.com/deutsch/virtuelles_institut/bert_hellinger/beitraege_zur_ homepage/helfen_und_liebe.shtml, 7. 10. 2004).

32 Hellinger, Abschied, S. 9 f.

33 Ebenda, S. 83.

In letzter Konsequenz sei so auch der „Führer“ nur ein Mitläufer gewesen, ein kleiner Funktionär des geheimen Weltplanes, denn, so Hellinger, „auch Hitler war in den Dienst genommen“.[34] Hellinger widmet dem Diktator in seinem 2004 erschienenen Buch „Gottesgedanken“ eine seiner Meditationen: „Wenn ich dich achte, achte ich auch mich. Wenn ich dich verabscheue, verabscheue ich auch mich. Darf ich dich dann lieben? Muss ich dich vielleicht sogar lieben, weil ich sonst auch mich nicht lieben darf? Wenn ich bekenne, dass du ein Mensch warst, wie ich es bin, dann schaue ich auf etwas [...], das sowohl deine als auch meine Ursache ist – und unser Ende. [...] Wie dürfte ich diese Ursache anklagen, indem ich dich anklage?“[35] Hellinger scheint Hitler auch in anderer Hinsicht nachzuspüren: Medienberichten aus dem Frühjahr 2004 zufolge hat er seine Wohnung in die ehemalige Außenstelle von Hitlers Reichskanzlei in Berchtesgaden verlegt.[36]

Hellinger setzt sein Geschichtsbild in den Videoinszenierungen um. Bereits der Titel des Videos „Die Toten. Was Täter und Opfer versöhnt“ schiebt den Klienten aus dem Blickfeld, und auch in den Aufnahmen ziehen die sich in dramatischen Gesten versöhnenden Stellvertreter der Täter und Opfer mehr Aufmerksamkeit auf sich als der Klient. Im Beiheft zum Video haben die Stellvertreter der Täter und Opfer ihre Gefühle während der Aufstellung niedergeschrieben. Der Großteil der Berichte liegt auf der Linie der Geschichtssicht Hellingers.

So schreibt Johannes Schmidt, der Stellvertreter des ersten Opfers: „Tiefes Gefühl, an diesen SS-Mann heranrücken zu müssen, der sichtlich erregt war [...]. Plötzlich stellte sich ein tiefes Mitgefühl für die seelische Verstrickung meines Schächers ein, und es gab

34 Ebenda.

35 Hellinger, Gottesgedanken, S. 247.

36 Andrea Mocellin, Das dubiose Geschäft mit der Seele – Familienaufstellung nach Hellinger. Beitrag des Fernsehmagazins „Report“ des Bayerischen Rundfunks vom 19. 4. 2004 (www.br-online.de/daserste/report/archiv/2003/00079/, 7. 10. 2004); vgl. auch Jörg Schallenberg, Das Psycho-Hauptquartier, in: taz vom 26. 6. 2004.

in mir eine große Zustimmung und Bereitschaft, mein Leben hinzugeben, wenn es dazu beiträgt, seine Seelenverstrickung zu entflechten und seine Seele voranzubringen. [...] Wenn mein Tod notwendig ist, um in ihm und einem großen Seelengeschehen etwas voranzubringen, so gebe ich mein Leben gerne."[37] Nico Eichelseder, der Stellvertreter des zweiten Opfers, berichtete: „Es schien, als sei mein Täter in Wirklichkeit das Opfer."[38] Gerhard Walper, einer der Stellvertreter der Täter, erinnerte sich: „Ich sah ein riesiges Wesen, und ich war der Finger an der Hand dieses Wesens."[39] Albrecht Mahr, der Stellvertreter des vierten Täters, spürte „ein starkes, auch erotisches Liebesband" zu der Stellvertreterin des Klienten.[40] Sonja Kriener, Stellvertreterin der Mutter des Klienten, schloss ihren Erfahrungsbericht mit den Sätzen: „Es ist die Gnade, die wirkt. Der Kreis schließt sich, es wird zum Einerlei, zum großen Einerlei."[41]

Die Inszenierung, zu der auch das Beiheft zum Video gehört, verliert erst dann einen großen Teil ihrer Wirkung, wenn man den Namen der Stellvertreter nachgeht. Die Akteure gehören, so zeigt bereits eine kurze Recherche im Internet, seit mehreren Jahren zum engsten Kreis um Hellinger. Fünf der fünfzehn Stellvertreter finden sich auf der Liste anerkannter „Aufsteller" auf Hellingers Homepage.[42] Weitere vier arbeiten mit ihm zusammen, organisieren für ihn Veranstaltungen oder gestalten seinen Auftritt im Internet.[43]

37 Die Toten, Beiheft, S. 3.
38 Ebenda, S. 6.
39 Ebenda, S. 10.
40 Ebenda, S. 12.
41 Ebenda, S. 19.
42 Aufstellerverzeichnisse – deutschsprachiger Raum (http://www.hellinger.com/db/index.php, 7. 10. 2004).
43 Hans Joachim Reinecke ist der Geschäftsführer der Firma, die Hellingers Homepage verwaltet (http://www.hellinger.com/deutsch/impressum/index.shtml, 11. 10. 2004). Birgit und Stefan Hausner stehen in langjährigem Kontakt zu Hellinger (http://www.stephan-hausner.de/index.php?set=wir, 11. 10. 2004), Sonja Kriener organisierte Seminare für Hellinger (http://www.cranio-research.ch/frpers1.htm, 11. 10. 2004).

Was Hellinger den Videokäufern als beiläufigen Mitschnitt bei einem Kurs präsentiert, entpuppt sich als Inszenierung eines Kreises eingeweihter Ideologen. Ob die Gefühle der Stellvertreter subjektiv echt waren oder nicht, spielt für den Befund keine Rolle. Als Anhänger einer auf eine charismatische Gründergestalt ausgerichteten Weltanschauungsgemeinschaft gestalten sie sich das Erlebnis, das ihre Haltung beglaubigt.

Aus der Vorauswahl derer, aus denen Klienten die Stellvertreter aussuchen können, erklärt sich auch eine weitere Beobachtung: Alle Stellvertreter sind offensichtlich geübt darin, ihre Gefühle präzise in Worte zu fassen. Ebenso auffällig ist die Bereitschaft der Stellvertreter zum Ausblenden der Tatsache, dass sie nur für jemand anderen in der Arena stehen. Das zeigt sich vor allem dann, wenn Hellinger nach den Aufstellungen mit dem Mikrophon zu den erschöpften Stellvertretern geht und sie nach ihrem Erleben fragt – wie auf dem Fußballfeld nach dem Abpfiff ein Sportreporter die noch um Atem ringenden Spieler. Die Befragten sprechen dann über andere Stellvertreter in Wendungen wie „ganz wichtig ist mein Sohn hier" und „als wir dann vorhin da drüben standen und die verstorbenen Juden kamen".[44] Mit Schrifteinblendungen wie „Erstes ermordetes Opfer" fördern die Produzenten der Videos die Suggestion.

In „Die Toten" scheint Hellingers Inszenierung erfolgreich genug gewesen zu sein, um den Skandal, den sie darstellt, bislang zu kaschieren: Ein deutscher Psychotherapeut der Weltkriegsgeneration erklärt einem jüdischen Schweizer, der sich als Überlebender schuldig fühlt, dass die Täter die Opfer sind. Und als ob Hellinger Angst hätte, der zu Belehrende begreife die Botschaft nicht, verlangt er von ihm angesichts der sich umarmenden Stellvertreter der Täter und Opfer: „Du musst die Augen auflassen. Musst das alles anschauen. Und tief atmen."

44 Hellinger, Abschied, S. 346 f.

Den Betrachtern der Aufnahmen preist Hellinger damit an, was er jenseits der Bücher, Videos und CDs noch im Angebot hat: die Aussicht, sich mit gutem Gewissen das Befragen der Geschichte sparen zu können – und sich dafür an seine Großerzählung über die geheimen weltbewegenden Kräfte zu halten, die eine unübersichtliche Realität und ihre Ambivalenzen in ein eindeutiges Muster zwingt.

Thea Bauriedl

Attraktivität, Wirkmechanismen und Folgen von Aufstellungen nach Bert Hellinger[1]

Der Ausgangspunkt: Beziehungsanalyse

Im Rahmen meiner Untersuchungen zu den wissenschaftstheoretischen Grundlagen der Psychoanalyse und zur psychoanalytischen Prozessforschung habe ich seit 1971 das Konzept der „Beziehungsanalyse" entwickelt.[2] Kurz dargestellt, geht es mir dabei darum, die unbewussten Interaktionen zwischen Familienmitgliedern und deren Wiederholung zwischen Analytikern und Analysanden in allen Anwendungsformen der Psychoanalyse szenisch zu verstehen.

Das „Szenische Verstehen" ist eine Spezialität der deutschen Psychoanalyse. Es wurde in den 70er-Jahren des vergangenen Jahrhunderts vor allem von Alfred Lorenzer[3] und Hermann Argelander[4] entwickelt. Ich habe dieses Konzept in grundsätzlicher Form für das Verständnis unbewusster Austauschprozesse zwischen Psychothe-

1 Dieser Beitrag geht zurück auf einen Vortrag bei der Diskussionsveranstaltung „Familienaufstellungen nach Bert Hellinger" am 18. Juni 2004 im Bildungszentrum St. Virgil, Salzburg.

2 Thea Bauriedl, Beziehungsanalyse – das dialektisch emanzipatorische Prinzip der Psychoanalyse und seine Konsequenzen für die psychoanalytische Familientherapie, Frankfurt a. M. 1980; dies., Auch ohne Couch. Psychoanalyse als Beziehungstheorie und ihre Anwendungen, Stuttgart 1994.

3 Alfred Lorenzer, Sprachzerstörung und Rekonstruktion, Frankfurt a. M. 1970.

4 Hermann Argelander, Die szenische Funktion des Ich und ihr Anteil an der Symptom- und Charakterbildung, in: Psyche 24 (1970), S. 325–345.

rapeuten und Patienten weiterentwickelt – auch außerhalb der Psychoanalyse. Hier habe ich vor allem das Zusammenspiel von Übertragung und Gegenübertragung zwischen Psychotherapeuten und Patienten untersucht. Daraus entstand eine allgemeine Beziehungstheorie, die auf allen Feldern zwischenmenschlicher Beziehungen Anwendung finden kann.

Das heißt: Wenn zwei (oder mehr) Personen in irgend einer Weise zusammenkommen, dann bringen beide (oder alle) ihre bisher erworbenen szenischen Vorstellungen von zwischenmenschlichen Beziehungen mit. Diese Beziehungsphantasien verbinden sich miteinander, und zwar so, dass jeder seine inneren Beziehungsvorstellungen und die damit verbundenen Wünsche und Gefühle in die Beziehung einbringt und zugleich auf die inneren Beziehungsvorstellungen des oder der anderen reagiert. Psychoanalytisch ausgedrückt heißt das: Jeder bringt seine Übertragung in die gemeinsame Szene ein und reagiert mit einer Gegenübertragung auf die Szene/n der anderen Person/en. Jeder weist dem anderen einen Platz in seiner eigenen Szene zu (Übertragung) und nimmt gleichzeitig den ihm angebotenen oder zugewiesenen Platz in der Szene des anderen ein (Gegenübertragung). Das geschieht alles weitgehend unbewusst und automatisch.

Damit habe ich auch innerhalb der psychoanalytischen Theorie eine Erweiterung vorgenommen. Aus meiner Sicht ist es nicht nur so, dass der Patient eine Übertragung auf den Analytiker entwickelt und der Analytiker darauf mit einer Gegenübertragung reagiert. Auch umgekehrt bringt der Analytiker – und damit jeder Psychotherapeut oder Berater – seine Übertragungsszene in die Beziehung ein, und der Patient oder Klient reagiert darauf mit einer Gegenübertragung. Wäre das nicht so, dann würden die Patienten oder Klienten nicht auf das vom Therapeuten oder Berater eingebrachte Beziehungsangebot reagieren, dann könnte aber auch Psychotherapie oder Beratung keine verändernde Wirkung haben – im positiven wie im negativen Sinn.

Jeder bringt also seine Übertragung ein, das ist eine *Beziehungsszene*, die zum Beispiel heißen kann: „Ich muss immer der Größte sein, weil ich sonst der Kleinste bin, es gibt nur diese beiden Rollen in zwischenmenschlichen Beziehungen." Ein anderer hat vielleicht die Szene in sich: „Wenn ich verunsichert bin, ist es am besten, wenn ich mich unterordne und anpasse, dann passiert nichts Schlimmes in der Beziehung." Aus dem Zusammenspiel dieser beiden Szenen ergibt sich, dass mit großer Wahrscheinlichkeit die erste Person der zweiten Person mehr oder weniger unbewusst die Position des „Kleinsten" zuordnet, während die zweite Person der ersten die Position des Herrschers einräumt – oder auch zuweist.

Man könnte jetzt sagen: Dann passt doch alles! Jeder hat doch, was er oder sie braucht. Jeder lebt in seiner Welt, und der andere spielt die ihm in dieser Welt zugewiesene Rolle mit; sie passen zusammen. Aber so einfach ist das nicht. Jeder, der z. B. Paarbeziehungen, ihre Entstehung und ihre weitere Entwicklung aufmerksam beobachtet hat, weiß, dass in der Partnerwahl zunächst eine große Begeisterung für den jeweils anderen vorhanden ist. Diese Begeisterung ist mit der Phantasie verbunden, dass mit diesem anderen Menschen jetzt alles Unglück, alle Einsamkeit, alle Wertlosigkeitsgefühle, etc. zu Ende gehen werden. Nach kürzerer oder längerer Zeit stellen sich aber genau diese Gefühle wieder ein. Es wiederholen sich die Szenen, unter denen man auch bisher schon gelitten hat, denn man hat ja mit Beginn dieser Beziehung nicht seine innere Struktur gewechselt. Man hat seine inneren Beziehungsszenen mitgebracht, seine Wünsche und Hoffnungen, seine Ängste und Befürchtungen und seine schon in der Kindheit von den Eltern übernommenen Strategien, mit Konflikten umzugehen.

Wenn also in meinem Beispiel die erste Person in der gemeinsamen Beziehungsszene der zweiten Person die untergeordnete Position anbietet, und umgekehrt die zweite Person der ersten die übergeordnete Position einräumt, dann haben trotzdem beide Angst. Die „herrschende" Person hat Angst, „vom Sockel gestürzt" zu werden, und die „dienende" Person hat Angst, wertlos zu sein – bzw. nur unter der Bedingung einen Wert zu haben, dass sie auf ihre eigenen

Gefühle und Bedürfnisse und auf Selbstbestimmung verzichtet. Kurzfristig mag diese Konstellation „halten"; aber irgendwann, früher oder später, macht sich bemerkbar, dass beide Personen beide Rollen, die Rolle des Siegers und die des Verlierers (also die ganze Szene) in sich haben und dass deshalb die anfängliche „Harmonie" sehr bald in die Brüche gehen wird – zumindest in der Form, dass beide mehr oder weniger unglücklich sind. Es entwickelt sich ein oft dramatischer Kampf ums psychische Überleben, in dem jeder gleichzeitig um Selbstbestimmung und um Geborgenheit ringt. In problematischen Beziehungsszenen schließen sich diese beiden Wünsche gegenseitig aus. Dann heißt die Szene: „Du hast nur dann das Recht auf Geborgenheit, wenn du dich mir vollständig unterordnest." Beide Partner glauben das von sich selbst – und auch vom anderen. Die Botschaft beider Seiten heißt deshalb auch: „Ich weiß, dass ich nur dann ein Recht auf Geborgenheit und Akzeptanz habe, wenn ich mich dir vollständig unterordne."

Das Unglück besteht darin, dass durch die unbewusste „Kooperation" der beiden die Szene wiederholt und dadurch bestätigt wird. Die gemeinsame Szene heißt in diesem Fall: „Zwischenmenschliche Beziehungen sind nur möglich, wenn einer herrscht und der andere dient." Dabei kommt es nicht darauf an, was die Beziehungspartner fühlen, wünschen, fürchten und hoffen. Es geht nur darum, dass sie die ihnen zugewiesene Funktion erfüllen.

Diese Szenen bringen wir alle mehr oder weniger und in unterschiedlicher Ausprägung aus den Erlebnissen unserer Kindheit mit. Mit unseren frühen Bezugspersonen haben wir solche Szenen erlebt, das hat unsere innere Welt geprägt; und so prägen diese Szenen auch alle unsere weiteren Beziehungen im Leben. Je mehr es hieß: „Es ist gleichgültig, was du willst, fühlst, hoffst, fürchtest", desto schlechter geht es uns psychisch, weil wir dann umso mehr mit der von uns introjizierten Szene leben müssen: „Es kommt nur darauf an, dass ich meine Funktion erfülle" – und das heißt: „... dass ich so bin, dass der jeweils andere sich wohl und sicher fühlen kann".

Im Prinzip ist für jede Psychotherapie die Frage entscheidend, ob eine Veränderung der inneren Struktur (die Struktur der inneren Szenen) dessen möglich wird, der sich einem Psychotherapeuten anvertraut. So stellt sich aus meiner Sicht für alle psychotherapeutischen Methoden die Frage, ob und inwieweit zwischen Therapeut und Patient die bisherigen destruktiven Szenen nur wiederholt und dadurch bestätigt werden, oder ob sich andere Szenen entwickeln können, eingebracht und aufrechterhalten durch den Psychotherapeuten oder die Psychotherapeutin – Szenen, in denen es jetzt wichtig ist, was der Patient oder Klient fühlt, wünscht, hofft und fürchtet, Szenen, in denen die Fremddefinition zugunsten der Selbstdefinition abnimmt und auf diese Weise allmählich ein heilsamer Kontakt erlebt werden kann.

Mit diesen Ausführungen wollte ich einen Einblick in die Fragestellung vermitteln, mit der ich immer wieder meine eigenen persönlichen und beruflichen Beziehungen untersuche, aber auch die Beziehungen zwischen meinen Supervisanden und deren Patienten oder Klienten in den verschiedenen Aus- und Weiterbildungen. Die von mir entwickelte „Beziehungsanalyse“ ist auf alle zwischenmenschlichen Beziehungen anwendbar, auch im politischen Bereich und in der Friedens- und Konfliktforschung – aber eben auch in der Untersuchung der Beziehung zwischen Psychotherapeut und Patient bei anderen psychotherapeutischen Methoden und Konzepten.

Fragestellungen zur Methode der Familienaufstellungen nach Bert Hellinger

Auf dieser Grundlage stelle ich im Folgenden meine Überlegungen zur Methode der Familienaufstellungen nach Bert Hellinger dar. Vorausschicken möchte ich, dass ich – auch aus der Psychoanalyse – weiß, dass es keine zwei Psychotherapeuten gibt, die auch nur annähernd „gleich“ arbeiten, auch nicht, wenn sie derselben psychotherapeutischen Schule angehören und dieselbe Ausbildung absolviert haben. Selbst wenn sie nach einem vorgegebenen Manual arbeiten und bestimmte Interventionen auswendig gelernt haben, haben diese Interventionen doch jeweils eine spezifische Bedeutung zwischen diesem Psychotherapeuten und diesem Patienten.

Das liegt an der persönlichen Übertragung (also an der in die therapeutische Szene eingebrachten inneren Szene) der Psychotherapeuten. Jeder Psychotherapeut kann seine Patienten nur so verstehen, wie diese in seine persönlichen inneren Bilder passen. Natürlich spielt dabei die Ausbildung eine große Rolle. Aber: Wir wählen auch für unsere Ausbildung die psychotherapeutische Methode, die uns persönlich besonders einleuchtet, also am besten zu unserer Person passt.

Insofern kann ich bei meiner Interpretation der Heilungsvorstellungen, die aus meiner Sicht mit Bert Hellingers Aufstellungsmethode verbunden sind, nicht über einzelne Paare von Psychotherapeuten und Patienten sprechen. Ich kann und will nicht sagen, dass die Methode der Familienaufstellung „an sich von Übel" ist – ebenso wenig, wie ich sagen kann, dass es „immer nur gut" sein kann, wenn Patienten auf der Couch behandelt werden. Beides sind methodische Rahmenbedingungen, die an sich noch nichts darüber aussagen, wie gut eine bestimmte Therapie verläuft. Allerdings haben diese Rahmenbedingungen jeweils spezifische Vor- und Nachteile, auf die ich in Bezug auf die Familienaufstellungen zurückkommen werde. Was für die Patienten oder Klienten hilfreich oder schädlich ist, hängt in erster Linie von der jeweiligen persönlichen Beziehungsszene zwischen Therapeut und Patient ab.

Um nun die Wirkmechanismen der Familienaufstellungen nach Bert Hellinger zu untersuchen, werde ich im Folgenden drei grundsätzliche Fragen stellen und aus meiner Sicht beantworten:

Zur derzeit großen *Attraktivität* der Familienaufstellungen nach Bert Hellinger stellt sich erstens die Frage: Welche Heils- und Heilungsvorstellungen sind mit dieser Methode verbunden? Wenn eine Methode so viel Zulauf hat, dann muss sie etwas anbieten, was zu *dieser* Zeit in *dieser* Gesellschaft stark gesucht wird.[5] Insofern ist es im Zusammenhang mit den bisher hier diskutierten Fragestellungen sinnvoll, die Bedeutung der besonderen Attraktivität einer psychotherapeutischen Methode im Kontext der jeweils aktuellen gesellschaftlichen Situation zu sehen.

Zweitens will ich mich mit den *Wirkmechanismen* befassen, die – aus meiner Perspektive des szenischen Verstehens – mit dieser Methode verbunden sind. Ich will versuchen darzustellen, was ich sehe, welche unbewussten Interaktionen (Szenen) mir deutlich werden, wenn ich zum Beispiel die Videos von Hellingers Aufstellungen betrachte oder seine Bücher[6] und die über ihn geschriebenen Arbeiten[7] studiere, oder wenn ich vielfältige Berichte über solche Aufstellungen „nach Hellinger" höre.

Und schließlich will ich noch einige Bemerkungen dazu machen, welche *Folgen* von Familienaufstellungen nach Bert Hellinger ich in zahlreichen Fällen in meiner eigenen Praxis, aber auch – über die Supervision – in den Praxen zahlreicher Kollegen und Kolleginnen beobachtet habe.

Zur Attraktivität der Aufstellungen: Heils- und Heilungsvorstellungen in unserer Gesellschaft

Hier möchte ich drei Thesen formulieren:

1. In Situationen starker gesellschaftlicher Verunsicherung und Desorientierung werden regelmäßig große, allmächtig und weise erscheinende Führer gesucht, die den Menschen die Erlösung

5 Thea Bauriedl, Bert Hellingers „Aufstellungen" – ein Symptom unserer Gesellschaft, in: Psychoanalytische Familientherapie 4 (2003), Nr. 7, Heft II, S. 77–97.

6 Z. B. Bert Hellinger, Ordnungen der Liebe: ein Kursbuch, 2. überarb. und erg. Aufl., Heidelberg 1995.

7 Gunthard Weber (Hrsg.), Zweierlei Glück. Die systemische Psychotherapie Bert Hellingers, 6. erg. Aufl., Heidelberg 1995.

von allem Übel, den Sieg über alles Böse, insbesondere über die „bösen Feinde“ versprechen – oder auch befehlen. Die Partizipation an den Größenphantasien des Führers hilft vielen Menschen, ihre eigenen Ängste, Schuld- und Wertlosigkeitsgefühle beiseite zu schieben. Dafür sind sie bereit, alles zu glauben, was dieser Führer sagt, und alles zu tun, was er befiehlt. Ich denke, dass derzeit der Fundamentalismus nicht nur im islamistischen Bereich immer mehr um sich greift. Auch in den westlichen Industrienationen findet sich eine zunehmende Suche nach einfachen „übergeordneten Ordnungen“, in die man sich einfügen kann – denen man sich unterwerfen kann –, um dadurch das Gefühl der Akzeptanz und der Geborgenheit in der Gemeinschaft zu erreichen.

2. Solche Führer binden ihre Anhänger durch emotionale Agitation. Es geht dabei kaum um den Wahrheitsgehalt der „Predigt“, es geht vor allem um die Gefühle, die durch die Predigt hervorgerufen werden. Da sehr viele Menschen in unserer Gesellschaft ihre wirklichen Gefühle, die Gefühle, die sich auf die Realität ihrer persönlichen, politischen, ökologischen und sozialen Situation beziehen, zu verdrängen versuchen, haben sie ein großes Bedürfnis nach Ersatzgefühlen. Sie hoffen, *von außen* emotional bewegt zu werden und sich dadurch „lebendig“ fühlen zu können. Das Auftreten solcher „starken“ Gefühle gilt ihnen als Beweis dafür, dass alles stimmt und alles gut ist, was mit ihnen gemacht wird. Die starke gefühlsmäßige Wirkung (insbesondere der körperlich erlebten Gefühle) scheint der Beweis für die Autorität des Führers, für die Rechtmäßigkeit seines Tuns und für den Erfolg seiner Methode zu sein. Dieses scheinbar eindeutige und alle gleichermaßen ergreifende Gefühl ist allerdings sehr instabil. Es darf nicht durch Zweifel oder Kritik gestört werden, sonst bricht es zusammen und die Einigkeit – man könnte auch sagen: die „Gleichschaltung“ – zwischen den Menschen löst sich auf. Deshalb unterbindet Hellinger regelmäßig alle subjektiv begründeten Nachfragen und jede Art von Kritik. Er sagt

in solchen Fällen sofort: Du zerstörst alles! Und verurteilt denjenigen gnadenlos, der auch nur eine Frage an ihn stellen will.

3. Die dritte These zu den Heilsphantasien unserer Gesellschaft, die die Attraktivität der Aufstellungen Bert Hellingers erklären, hat mit dem eben genannten Gefühl der Einigkeit zu tun, das in so großen oder auch in kleineren Gruppen von Hellinger produziert und gewaltsam geschützt wird: In einer Situation globaler Kriegsgefahren wie auch ökonomischer und ökologischer Bedrohungen bietet Hellinger genau das an, was wir Menschen als soziale Wesen in der Angst automatisch suchen: die *Versöhnung* untereinander, die einen natürlichen Schutz bietet. Die Schritte seiner Interventionen sind immer ähnlich: Zuerst wird festgestellt, wer die „Ordnung" verletzt hat, also wer der Schuldige ist, oder mit welchem dramatischen Ereignis in der Herkunftsfamilie schuldhaft oder falsch umgegangen wurde. Dieser „Fehler" wird dann durch „richtige" Aufstellung und Nachsprechen der „richtigen" Sätze korrigiert. Dann tritt eine große Erleichterung ein, denn die dringend ersehnte Versöhnung mit den wichtigsten Bezugspersonen scheint erreicht zu sein – obwohl diese Bezugspersonen gar nicht anwesend sind. Die Konflikte scheinen beseitigt zu sein, man weiß, wer der Schuldige ist oder war. Alles ist wieder gut. Gleichzeitig tritt das Gefühl einer „inneren Erlösung" ein, denn die Konflikte der Herkunftsfamilie haben sich in der Person des Patienten oder Klienten niedergeschlagen. Wenn diese Konflikte auf wunderbare Weise „beseitigt" sind, fühlt man sich auch innerlich „erlöst".

Die drei Thesen zur Akzeptanz der Aufstellungen nach Bert Hellinger lauten zusammengefasst:

- In der allgemeinen Verunsicherung werden Führer gesucht, die wissen, was gut und böse ist und ihren Anhängern Geborgenheit in der Gemeinschaft bieten – Unterordnung vorausgesetzt.
- Die Bindung an diese Führer geschieht über starke Gefühle, die den Führer und das, was er tut, als „richtig" bestätigen. Die

starke Wirkung dient als Beweis für die Richtigkeit der Aussagen des Führers.
- In der Gefahr suchen wir Menschen spontan nach Einigkeit und Versöhnung untereinander. Beides scheint erreichbar zu sein, wenn man herausgefunden hat, was falsch war, wer „falsch" war, und die „richtigen Sätze" spricht, Sätze, die sich einem durch das eigene Sprechen intensiv einprägen.

Zu den Wirkmechanismen – szenisch verstanden

In Bezug auf die in den Aufstellungen selbst auftretenden Wirkmechanismen geht es jetzt um die Frage: Welche Szenen bringt Hellinger (als seine inneren Szenen = seine Übertragung) in die Aufstellung ein und wie reagieren die Patienten oder Klienten in ihrer Gegenübertragung auf diese Szenen?

1. Das szenische Angebot an die ihre Familie aufstellenden Patienten oder Klienten heißt: „Du bist wichtig. Wenigstens für kurze Zeit stehst du mit deiner Familie im Mittelpunkt der Aufmerksamkeit." Dieses verführerische Angebot hat allerdings eine Rückseite: „... und du bist mein Geschöpf, das in den ‚Stand der Gnade' kommen kann, wenn es meinen Anweisungen folgt." Die Reaktion (das Mitspielen in dieser Szene): Man lässt alles mit sich machen, denn man ist ständig bedroht, aus dem Stand der Gnade zu fallen, wenn man sich weigert oder auch nur zweifelt oder zögert. In solchen Fällen wendet sich Hellinger sofort an das Publikum, mit dem zusammen er ein Bündnis gegen den Zweifler schließt. Es ist ungeheuer bedrohlich, wenn so viele oder alle Teilnehmer einer Gruppe sich gegen eine Person zusammenschließen. Vor diesem Hintergrund kann man die fast unausweichliche Bereitschaft zur Unterordnung der Patienten oder Klienten gut verstehen.
2. Eine zweite szenische Botschaft heißt: „Wer nicht für mich ist, ist gegen mich." Dieser Zwang zur Gleichschaltung hat auch

zur Folge, dass in den Patienten oder Klienten automatisch die Gefühle produziert werden, die Hellinger braucht, um aus seiner Sicht „erfolgreich" zu sein. Viele Menschen kennen diese Szene schon aus ihrer Kindheit: „Es geht nicht um mich, sondern es geht darum, dass Vater oder Mutter sich wohl fühlen können, zufrieden und stabil sind." Als „Gegenübertragung" auf diese radikale Botschaft wendet man sich entweder entsetzt ab, oder man wird Hellinger hörig, man glaubt alles, was „bei der Aufstellung herausgekommen ist" – als wäre es eine Offenbarung. Die extreme Spaltung setzt sich zwischen den Befürwortern oder Anhängern dieser Methode fort. Es ist die Szene, in die wir alle mehr oder weniger geraten, weil die apokalyptische Drohung „Wer nicht für mich ist, ist gegen mich" auch auf Distanz ungeheuer wirksam ist.

3. Und schließlich gibt es eine weitere verführende Szene: Abgesehen von dem Scheinangebot, dass man für den „Vater" endlich wichtig sein könnte, ist es eben auch das Angebot, von einer außenstehenden Person mit seinen Familienmitgliedern versöhnt zu werden. In der Reaktion auf dieses Angebot vermischt sich wohl zumeist das große Bedürfnis jedes Menschen, mit seinen Mitmenschen in Frieden leben zu können, mit dem Bedürfnis, die Konflikte nicht austragen zu müssen, die es hier schon ein Leben lang gab und gibt. Der Wunsch nach einfachen, schnellen, schmerz- und angstfreien Lösungen ist ein Bedürfnis vieler Menschen, das den Angeboten Hellingers entspricht. Es verbinden sich also hier zwei szenische Bedürfnisse miteinander: Der Führer oder „Vater" will bestätigt werden, und die „Kinder" wollen mit seiner Hilfe in einen „glücklichen" Zustand versetzt werden. Das scheint immer wieder zu gelingen, wenn man sich dem „Vater" vollständig ausliefert. Auch diese Szenen kennen viele Menschen aus ihrer persönlichen Geschichte. In diesen Szenen kennen sie sich aus, in ihnen finden sie die alte Orientierung wieder. Sie haben sich schon einmal damit abgefunden,

dass es nun einmal so ist, wie es ist. So versuchen sie jetzt erneut, sich auf die alten Heilsphantasien einzulassen und auf diese Weise glücklich zu werden. Nicht alle können diesen „Glückszustand“ nach Beendigung der Aufstellung in sich aufrechterhalten, es sei denn, sie halten die Erinnerung an die enorm prägenden Eindrücke ihrer Aufstellung in sich lebendig, indem sie sie ständig wiederholen. Schon in der Begegnung mit ihren realen Bezugspersonen wird das oft schwierig – doch davon gleich, wenn ich mich mit den Folgen der Aufstellungen beschäftige.

Zunächst noch einmal die Zusammenfassung zu den Wirkmechanismen: Die Patienten oder Klienten reagieren in ihrer Gegenübertragung (im inneren und äußeren Mitspielen) auf die von Hellinger eingebrachten Szenen: „Du bist wichtig, wenn du meinen Anweisungen folgst“, „Du hast die Wahl, für oder gegen mich zu sein – wenn du gegen mich bist, gehörst du nicht zur Gemeinschaft.“ Und: „Wenn du dich unterwirfst und dafür sorgst, dass meine Autorität bestätigt wird, wirst du ein Glücksgefühl in der Versöhnung mit deinen Angehörigen erleben.“

Das waren nun einige szenische Gesichtspunkte, die mit der Person Bert Hellinger verbunden sind. Natürlich frage ich mich auch, weshalb so viele Psychotherapeuten und Angehörige anderer psychosozialer Berufe sich von diesem szenischen Angebot angesprochen fühlen. Was wirkt hier so stark? Mir scheint, dass man auch hier die Szene wiederholt, die man selbst schon einmal in sich aufgenommen hat: „Einer ist mächtig, der andere ohnmächtig.“ Da man diese Szene kennt, fühlt man sich in ihr bestätigt. Man nimmt also einerseits Hellinger gegenüber die Rolle des Ohnmächtigen und Abhängigen ein und begibt sich andererseits in der Beziehung zu seinen eigenen Klienten oder Patienten in die Rolle des Mächtigen, die man von Hellinger übernommen hat.

In allen psychotherapeutischen Methoden geht es auch um die Frage, wie wir Psychotherapeuten mit unseren Ohnmachtsgefühlen umgehen, die sich zwangsläufig als Gegenübertragung einstellen, wenn wir Menschen helfen wollen, die sich sehr ohnmächtig fühlen und deshalb darum ringen, nicht die Macht über sich und andere zu verlieren. Für mich macht es einen Unterschied, ob ich mir diese Frage stelle und sie selbstkritisch beantworte, oder ob ich sie beiseite lasse und „auf irgend eine Weise“ versuche, Wirkungen zu erzielen, die mich bestätigen, ohne nach der Art der Wirkung zu fragen und nach dem Weg, auf dem ich sie erreiche.

Sicher sind diese Vorgänge nicht in allen Fällen so eindeutig wie in der Arbeit von Bert Hellinger persönlich. Ich kann mir gut vorstellen, dass andere Menschen mit der Aufstellungsmethode anders – aus meiner Sicht besser – umgehen, einfach weil sie andere Menschen mit der Möglichkeit zu anderen Beziehungsangeboten sind. Schließlich hat Virginia Satir,[8] die die Methode der Familienaufstellungen ursprünglich entwickelt hat, auch weit weniger autoritär gearbeitet als Bert Hellinger. Sie hat sich um eine „Bestandsaufnahme der Familie“ bemüht, indem sie mit Hilfe der Aufstellungen die wesentlichen Elemente des Zusammenlebens in einer Familie (Selbstwertgefühl der Familienmitglieder, ihre Kommunikation und die Familienregeln und -systeme) erforschte – und zwar mit den realen Familienmitgliedern. Dazu braucht man eine fragende Haltung, die die wirklichen Gefühle der (wirklichen) Familienmitglieder ernst nimmt. Man kann also auch anders mit Familien – vielleicht auch mit Aufstellungen – umgehen. Allerdings muss man sich dann mit den wirklichen Spannungen in der Familie befassen – und das geht nicht mit ein paar großartigen Sätzen.

8 Virginia Satir, Selbstwert und Kommunikation. Familientherapie für Berater und zur Selbsthilfe, München 1975.

Zu den häufig beobachteten Folgen von Familienaufstellungen nach Bert Hellinger

Hier möchte ich zwei Thesen formulieren:

1. Für grundsätzlich problematisch an der Aufstellungspraxis (auch bei Satir) halte ich die Tatsache, dass sie ein ganz bestimmtes Phänomen nützt. Unsere inneren Vorstellungen von zwischenmenschlichen Beziehungen haben tatsächlich räumlichen Charakter. Wir fühlen uns innerlich „weit weg" von anderen Menschen oder auch „ganz nahe bei ihnen" – auch wenn der räumliche Abstand diesem Gefühl nicht entspricht.
   Wenn man nun von den seltsamen Vorstellungen Bert Hellingers absieht, nach denen z. B. die Beziehung zwischen zwei Partnern „zu Ende ist", wenn sie sich gegenüberstehen, anstatt nebeneinander zu stehen, dann ist in Bezug auf die räumliche Aufstellung an sich bedenkenswert, dass durch die Aufstellung in allen beteiligten Personen Bilder entstehen, die sehr eindrucksvoll sind. Was wir „mit eigenen Augen sehen" und was wir „selbst tun" (eventuell manche „lösende" Sätze nachsprechen), bekommt in uns allein dadurch Wirklichkeitscharakter. Was bei einer solchen Aufstellung „herausgekommen ist", brennt sich ein in unser Gedächtnis und ist nachträglich oft nur schwer wieder zu relativieren.
   Dabei gehen zentrale Elemente der innerpsychischen Realität verloren: Zum Beispiel sitzt ein Kind, das bei einer solchen Aufstellung ganz am Rand der Familie platziert wird, psychodynamisch gesehen gleichzeitig genau im Mittelpunkt. Es ist unter Umständen ausgestoßen und sitzt gerade deswegen gleichzeitig „mitten im Herzen der Mutter oder des Vaters" oder eben „mitten in der Familie". Diese Ambivalenzen, die Familienbeziehungen wesentlich prägen und die ubiquitär sind, werden schon alleine durch die Tatsache der Aufstellung vernachlässigt, eben weil in einem Raum ein Mensch nicht gleichzeitig an zwei Orten sein kann – innerpsychisch aber sehr wohl. In mei-

ner Praxis habe ich diese Folge von erlebten Aufstellungen sehr oft gesehen: Weil durch die Aufstellung ein so eindrucksvolles Bild entsteht, das man kaum mehr vergisst, ist es in nachfolgenden Psychotherapien, die sich um Differenzierung bemühen, oft schwierig, anderen Bildern, eben der Gegenläufigkeit von Gefühlen und Beziehungsphantasien, wieder Raum zu geben.

2. Die zweite These zu den Folgen der Aufstellungen hat mit der eventuell gegebenen Wiederholung der schädigenden zwischenmenschlichen Beziehung zu tun und damit mit der Retraumatisierung: Für die Patienten, die nach Orientierung suchen, wiederholt sich die Szene, dass der andere (früher vielleicht die Eltern) ganz groß und wichtig und dass man selbst unwichtig und klein ist, selbst schuld an seinem Unglück. Daraus entwickeln sich oft „feststehende" Überzeugungen (Prägungen, die Wiederholungen ähnlicher Prägungen aus der Kindheit sind): Mit diesen „Überzeugungen" begegnen die Patienten oder Klienten nach solchen Aufstellungen dann anderen Menschen und auch späteren Psychotherapeuten. Ich will hier vor allem zwei Reaktionen beschreiben, die beide oft eine schwere Schädigung der „aufstellenden Personen" darstellen (von den Folgen bei den „Stellvertretern" und Zuschauern will ich noch einmal absehen):

– Die erste Reaktion: „Ich bin selbst schuld, wenn es mir noch nicht besser geht, ich habe die Botschaft von Bert Hellinger eben nicht richtig angenommen oder umgesetzt. Vielleicht habe ich auch leise an der mir von ihm mitgeteilten Wahrheit gezweifelt. Er sagt ja: Der Zweifel oder die Kritik an den von ihm vermittelten Wahrheiten und Ordnungen machen seine Bemühungen wirkungslos. Mein immer noch bestehendes Unglück ist deshalb die gerechte Strafe für diese Zweifel." Solche Patienten sind oft sehr unglücklich nach dieser „Behandlung". Häufig wurden sie innerlich völlig destabilisiert, und darunter leiden sie oft jahrelang.

  Das erneute Trauma besteht darin, dass sie wieder die Erfahrung gemacht haben, „falsch" zu sein, selbst schuldig zu sein, vor allem aber: die ihnen zugewiesene Funktion nicht erfüllt zu haben. Das trifft sie mitten in ihr bereits angeschlagenes Selbstwertgefühl – und es ist in Folgetherapien oft sehr schwer, ihnen nach dieser erneuten gewalttätigen Traumatisierung aus der Szene wieder herauszuhelfen, in der es nicht um ihre wirklichen Gefühle, Wünsche und Befürchtungen ging, sondern darum, (wieder) in einer Situation versagt zu haben, in der sie die Funktion hätten erfüllen müssen, den anderen Menschen (Hellinger) in seiner Unsicherheit zu stabilisieren, indem sie ihm „demütig nachfolgen und angehören". Eine schon bestehende Suizidalität kann so verstärkt werden, aber auch andere schwerwiegende Symptome, die auf Wertlosigkeitsgefühlen beruhen und inneren Katastrophen gleichen.

– Und zum Schluss noch die gegenteilige Reaktion, die komplementäre Möglichkeit einer bleibenden Schädigung durch eine autoritär veranstaltete Aufstellungspraxis: „Ich weiß jetzt, was ich und meine Familienmitglieder fühlen oder gefühlt haben. So ist es und nicht anders. Das gibt mir Sicherheit – und damit die *Deutungshoheit* über die Mitglieder meiner Herkunftsfamilie und meiner jetzigen Familie, über meinen Mann, meine Frau, meine Kinder." Diese Art von scheinbarer Sicherheit wiederholt die Szene der Gewalt gegen andere, die darin besteht, zu „wissen", was der andere fühlt und weshalb er sich so oder so verhält. Oft werden Paar- oder Familienbeziehungen nachhaltig zerstört, wenn Teilnehmer/innen an Aufstellungen durch oder nach Bert Hellinger quasi in dessen Rolle schlüpfen und seine Wahrheiten zu den ihren machen. Der Wechsel von der Position des Ohnmächtigen in die Position des „Wissenden" und dadurch Mächtigen ist für diese Personen selbst schädlich wie auch für deren Beziehungen in ihrem Umfeld. Denn die starre Maske der Grandiosität muss aufrechterhalten werden, wenn man nicht in den Zustand der Bedeutungslosigkeit für sich selbst und andere zurückfallen will.

Mona Körte

Das Tragtuch als Zauberwort

Prekop/Schweizers „Unruhige Kinder" zwischen Herabsetzung und Überhöhung

„Der kleine Tyrann", „Schlaf, Kindlein – verflixt noch mal", „Von der Liebe, die Halt gibt", „Hättest du mich festgehalten ..." heißen die zahlreichen Ratgeber der Psychologin Jirina Prekop, die bislang erstaunlich unkritisch rezipiert werden. Ein Indikator für die kritiklose Annahme ihrer Bücher sind neben der Auflagenstärke die zahlreichen Verweise auf Prekops respektvolle Annäherung an das Kind, die Kinder und die Kindheit.

Vergegenwärtigt man sich, dass Kindheit eine Erfindung der Neuzeit ist und erst von der Aufklärung als eigene Lebenswirklichkeit entdeckt wird, so mehren sich seitdem ebenso die verdorbenen wie die Wunschvorstellungen vom Kind. Der Aufklärer Christian G. Salzmann lieferte mit seinem *Krebsbüchlein* aus dem Jahre 1780 das frühe Beispiel eines Ratgebers zur Behandlung ungebärdiger Kinder, das ganz im Sinne der Aufklärung auf dem Modell der Andersheit des Kindes und dem Versprechen auf Verbesserung des Menschen beruhte. Verband die Romantik „wunderbare Vergangenheit" mit dem Bild der Kindheit, so etablierte sich zu dem aufklärerischen und romantischen Bild des Kindes ab Mitte des 19. Jahrhunderts ein weiteres, ausgesprochen wirksames Muster: der Mythos vom bösen Kind. Eines dieser „bösen Kinder" ist der Zappelphilipp, dem der Arzt Heinrich Hoffmann in seinem Struwwelpeter (1845), dem „Epos vom unartigen Kinde", ein Denkmal setzte. Im Struwwelpeter – Symbolgestalt der Kindererziehung im 19. und Paradigma einer so genannten Schwarzen Pädagogik im 20. Jahrhundert – sollte das Kind statt durch wortreiche Moralpredigten auf einprägsame Weise erfahren, dass auf Unruhe, Ungehorsam und Übermut die Strafe sofort folgt. Das 20. Jahrhundert, das sich – grob skizziert – eher durch ein gebrochenes Verhältnis zur Erziehung auszeichnet, bringt weitere Vorstellungen und Muster vom Kind hervor, genannt sei hier als Beispiel nur das struppige Naturkind der antiautoritären Bewegung; Entwürfe, die ein Eigenleben in gut gemeinten Ratgebern führen, wie das Beispiel Prekop zeigt.

Leider handelt der 1997 im Deutschen Taschenbuch Verlag gemeinschaftlich mit der Kinderärztin Christel Schweizer erschienene „Ratgeber für beunruhigte Eltern" mit dem Titel „Unruhige Kinder" nicht von Kindern, sondern behandelt ein absolut rückständiges Klischee vom Kind. Das „Vollbild" des „unruhigen Kindes" nämlich ist Prekop/Schweizer zufolge der Zappelphillipp, den die Autorinnen wie viele vor ihnen bedienen, um eine Tradition der Hyperaktivität zu fingieren. Erzählt werden Beispiel- und Abschreckgeschichten von Gregor, von Rebekka, Markus und Ingo, in denen sich *en miniature* der „kranke, krankmachende Zeitgeist" (S. 10) von heute spiegelt.[1] Zunächst erfahren wir, dass Kinder heutigentags Träger „apokalyptischer Botschaften" sind, Botschaften, die die Autorinnen „an die Verantwortlichen übermitteln" (S. 11) wollen. Kinder nämlich agieren im Symptom der Unruhe Zivilisationskrankheiten aus. Kinder sind fernseh-, gameboy- und computersüchtige Monster auf der Suche nach immer neuen Ersatzbefriedigungen. Durch die Massenmedien – „Fernsehen, Illustrierte, Tageszeitung, Radio" (S. 81) – haben sie jede Fähigkeit zu fantasievollem Spiel, zur Beschäftigung mit sich selbst verloren. „Wenn der Mensch Geborgenheit in der Liebe vermisst, sucht er Sicherheit bei technischen Geräten, die zuverlässig und immer voraussagbar funktionieren. So

1 Alle Seitenangaben beziehen sich, wenn nicht anders vermerkt, auf das Buch: Jirina Prekop/Christel Schweizer, Unruhige Kinder. Ein Ratgeber für beunruhigte Eltern, München (dtv) 1997.

kommuniziert mancher Mann lieber mit dem Internet und streichelt die Maus häufiger als seine Frau und seine Kinder" (S. 46), heißt es in dem Buch „Von der Liebe, die Halt gibt", und: „die Maschine zählt mehr als der Mensch selbst", stellen die Autorinnen wehmütig und ein wenig selbstmitleidig fest.

In Prekop/Schweizers Weltbild trägt Industrialisierung und Technikgläubigkeit Schuld an der Unruhe des Menschen, der aus den Schöpfungsbedingungen und -ordnungen herausgefallen ist (S. 11). In den einseitigen und ausgesprochen redundanten Verdammungen und banalen Dämonisierungen der Hervorbringungen der Moderne, die zusammengenommen den Charakter einer Verschwörungstheorie annehmen, da in der Argumentation wie in einem selbstbezüglichen System immer nur und immer wieder auf deren Versatzstücke verwiesen wird, greift keine Ursachenforschung. Es geht auch gar nicht um Ursachen, sondern um „Schuld": „Die Schuld trägt der kranke, krankmachende Zeitgeist" (S. 10 f.). Was ist das, der krankmachende Zeitgeist? Ein wiederkehrender Begriff, der mehr verschleiert, als er enthüllt.

Im Laufe des Textes fällt dann der alles andere als unschuldige Begriff „Verfall der Werte" (S. 74), der von den konservativen Bewegungen gerne mit der Wohlstandsentwicklung seit den 50er-Jahren in Verbindung gebracht wird und in dem die unverdeckte Klage über verlorene Sicherheiten und Gewissheiten hörbar wird. Meist folgt der Klage der Ruf nach Restauration. Der Werteverfall beginnt bei Prekop/Schweizer jedoch viel früher, nämlich zu Beginn des 20. Jahrhunderts, wo im Zuge der technischen Entwicklung der Kinderwagen und Laufstall an die Stelle des Tragtuchs rücken. Dies ist Zivilisations- und Technikkritik auf unterstem Niveau. Das kulturübergreifende Tragtuch übrigens – dies sei hier vorweggenommen – ist das von der Technik verdrängte Allheilmittel jeder Unruhe und ist das Zauberwort, das über die zahlreichen Lücken und Löcher der Argumentation hinweghilft. Nicht nur wird mit diesem Utensil der Hyperaktivität wirksam vorgebeugt, es wird zu einem ebenso gefährlichen wie lächerlichen Argumentations-Vehikel des Ratgebers: „Zwangsläufig werden seine (d. i. des Kindes) unreifen, noch ungeordneten Bewegungen durch die Hülle des Tragtuchs gehemmt, und es erhält die Chance, in die geordneten Bewegungen der Mutter eingeschaukelt zu werden. Und wenn sich das Kind gegen dieses Einordnen aufbäumt, so steht zweifelsfrei fest, daß es dennoch gehalten wird, auch wenn es dabei seine Gefühle der Abneigung noch so vehement äußert." (S. 29) Da ist es, das Stichwort: „Hemmung von Bewegungsimpulsen" (S. 26), das als Rezept für ihr aufgespürtes Symptom der Unruhe ebenso bedeutsam ist wie für die von Prekop popularisierte Festhaltetherapie. Auf zu viel Bewegung folgt strafende Bewegungshemmung, das ist Schwarze Pädagogik, die schon der Arzt Heinrich Hoffmann im Struwwelpeter 1845 karikierte, indem er die Strafutensilien stark vergrößerte.

Woher nun gewinnen die Autorinnen ihre Argumentationsbasis? Die Grundlage des Buches ist vollkommen disparat oder besser: eklektisch; hier werden scheinbare Erkenntnisse aus dem Klatsch und Tratsch der Straße gewonnen, wie das Beispiel der älteren Apothekerin im Vorwort zeigt, die kopfschüttelnd fragt: „Was ist heute mit Kindern und Eltern los?" (S. 9), oder es wird unbefangen aus der Sprechstunde geplaudert. Die Autorinnen werden immer dort persönlich, wo es darum ginge, sich in der endlosen Diskussion um das Phänomen und Krankheitsbild „Hyperaktivität" klar zu positionieren. Einerseits beklagen sie den inflationären Begriff der Hyperaktivität, den sie von der „Unruhe" abgrenzen wollen, versäumen aber, den Unterschied zu markieren, und flüchten sich in abgedroschene Versatzstücke längst verabschiedeter Welterklärungsmodelle. Es werden ein bisschen indianische Spruchweisheiten zitiert, so die 1885 gesprochenen Worte des Indianerhäuptlings Seattle (S. 73), oder pakistanische Sprichwörter wie „Kinder sind Gäste, die nach dem Weg fragen" bemüht; auch Zahlenmystik, die archaische Ordnungen, ungeschriebene Gesetze beglaubigen soll (S. 64), wird neben Ausschnitten aus Martin Bubers „Erzählungen der Chassidim" zur Erläuterung herangezogen. Hier und da finden sich pseudolegitimatorische Schaubilder und Tabellen, die die eigene Analyse ersetzen bzw. wenig erfolgreich davon ablenken, dass das Buch sich pauschal und autoritär gegen die Moderne verschworen hat und jeder Analyse entbehrt.

Vielleicht könnte man seinen Vorbehalt gegen ein derart eklektisches Gebastele und flüchtiges Vernähen von Argumenten zurückstellen, käme es nicht noch schlimmer: Prekop und Schweizer nämlich richten, um vom Eigenen zu sprechen, einen verherrlichenden und darin absolut zynischen Blick auf die „Dritte Welt". Nicht nur bei den „Eltern der Naturvölker" (S. 29), sondern auch in der „Dritten Welt" spüren sie das Tragtuch auf, das todsichere Utensil der Bewegungshemmung, und wen wundert's: „Offensichtlich gibt es das Phänomen der Hyperaktivität in der dritten Welt nicht" (S. 118).

Die Autorinnen belegen ihre Beobachtungen allen Ernstes mit einer Erhebung, durchgeführt mit 39 deutschen Kindern aus einem Viertel von Stuttgart, 39 peruanischen Kindern aus Stadtrandgebieten Perus und 24 Kindern aus Sumatra, in der in einem absolut hinkenden Vergleich „Wohlstandskinder" gegen „Kinder aus ärmsten Verhältnissen" ausgespielt werden: „Tatsächlich haben die Kinder der dritten Welt den Kindern der Wohlstandsgesellschaft etwas voraus!" (S. 123), heißt es, bevor deren Vorteile aufgezählt werden, die am realen Elend der Kinder komplett vorbeizielen. Das Spiel der Kinder mit Naturmaterialien, mit Wurzeln, Knochen, Steinen usw. (S. 124) wird gelobt, nach dem Motto: Nehmt euch ein Beispiel an den Armen in der „Ditten Welt", und nebenbei bedienen die Autorinnen eines ihrer vielen Klischees, das da lautet: Erst die Not macht Kinder erfinderisch. Wir hören noch weitere grob fahrlässige und in ihrer Dummheit gefährliche Ableitungen: „... wie jede Sache auf der Welt, hat auch die Kinderarbeit zwei Seiten. Im richtigen Maß hat sie durchaus auch eine gute Seite" (S. 125), sie mache nämlich lebenstüchtig und fördere die Feinmotorik. „In unserer Gesellschaft wurde die körperliche Erfahrung abgelöst durch elektrische Geräte [...].

Schauen wir uns das Spiel der Kinder etwas genauer an! Früher ähnelte es sehr dem Spiel der Kinder in der dritten Welt. Auch sie spielten mit Wenigem und dem, was ihnen ihre Umwelt gab. Es gab kaum fertiges Spielzeug, und wenn, dann *eine* einzige Puppe, *ein* Steckenpferd, *einen* Baukasten, *einen* Ball, *einen* Reifen" (S. 125 f.). Die „Dritte Welt" als Abbild dessen, was „unsere Gesellschaft" in ihrem Idealzustand einmal war: eine Gesellschaft des Verzichts. Zynischer lässt sich wohl kaum argumentieren.

Durch die Ratgeberliteratur aller Zeiten scheint die Frage zu geistern, ob ein zu viel oder ein zu wenig an Autorität für kindliches Leiden und Fehlverhalten verantwortlich zeichnet. Prekop verabschiedet (längst verabschiedete) Maßnahmen wie Schläge, verwendet jedoch über den Text verteilt unangenehme Gewalt- und Kitschmetaphern, die, alles andere als respektvoll, nicht vom Kind als Kind handeln, sondern entweder von der Herabsetzung oder von der Überhöhung des Kindes sprechen: Mitunter ist das Kind noch nicht „richtig einverleibt" (S. 11), in regelmäßigen Abständen wird die Entwicklung eines Kindes mit dem Gedeihen einer Rose verglichen (z. B. S. 41).

Immer klarer formiert sich ihr ideologischer Ruf nach Restauration, wenn es auf Seite 79 heißt: „In der konservativen Form der Kinderbetreuung war nicht alles schlecht. Im Gegenteil. Sie war zwar unbewusst und unbegründet, indem sie auf Instinkten beruhte, dafür aber war sie im Einklang mit der schöpfungsbedingten Ordnung. Sie berücksichtigte sowohl das Gesetz der Gegensätze wie auch die Wohltat des Rhythmus, war den Stufen des Wachsens angemessen und beachtete die Ordnungen im familiären System. Wenn auch Fehler geschahen ..., so waren sie doch in die größere Ordnung eingebunden, in die Logik des Ausgleichs wie Buße oder Wiedergutmachung ... ‚Ohne Irrtum wird niemand zum Meister', sagt das Sprichwort" (S. 79). Zur Untermauerung ihrer These wird ein Ausflug in die Wortgeschichte unternommen: Wir erfahren, dass heutige Eltern das Wort konservativ nur in seiner negativen Bedeutung verstehen: „Sie fühlen leider nicht den lebensspendenden Sinn des Wortes ‚con-servo'. Es bedeutet nämlich ‚bewahren, erretten, am Leben lassen, das Leben schenken'" (S. 82). Ähnlich ideologisch verfährt das Autorenpaar mit dem Wort „reli-gio".

Darüber hinaus manifestiert sich Prekop/Schweizers restaurativer Ruf auf das Unsäglichste in den Geschlechterrollen: Nur selten muss man noch derart hausbacken reaktionäre Geschlechterzuweisungen lesen wie: „Das männliche Denken ist die Logik schlechthin und eher technisch. Es ist analysierend, kritisch, ordnend. Es sucht nach exakten Begründungen, plant zielgerichtet ..." (S. 87) – die Beschreibung des weiblichen Denkens soll hier aus guten Gründen ausgespart werden.

Neben unausgesprochenen Feindbildern wie der antiautoritären Bewegung, die Schuld trägt an der „Angst der Eltern, dem Kind die Willenskräfte zu brechen" (S. 84), ist der ganz große Feind der Autorinnen das Denken selbst. Beklagt wird das wissenschaftlich-analytische Denken, das sich zu einer „seelenlosen Kopflastigkeit" (S. 87) auswächst; selbst autoritär, inthronisieren Prekop/Schweizer den Instinkt, der durch den einseitig gewordenen Intellekt, das vom Fühlen losgelöste Denken, verdrängt wurde. Dass das Denken ihr Feind ist, verraten sie auf jeder einzelnen Seite.

Im Übrigen erscheinen Prekops ohnehin grobe Konstruktionen noch grobkörniger in dem Buch „Von der Liebe, die Halt gibt. Erziehungsweisheiten" (2000), einer „Blütenlese" aus „kleiner Tyrann", ein wenig „Schlaf, Kindlein – verflixt noch mal", einer Portion „Unruhige Kinder" und „Kinder sind Gäste, die nach dem Weg fragen", wie man dem Quellenverzeichnis entnehmen kann. Die Auswahl potenziert den unreflektierten Gestus der einzelnen Bücher: Es häufen sich die Imperativsätze, Gefühlskitsch („Liebe ist ...) findet sich direkt neben autoritär verfochtener Familienhierarchie (Eltern, Erstgeborener, Zweitgeborener usw.) und unerträglich hinkenden Analogien („Wenn Kinder in einer armen Gesellschaft mit einem Auto spielen wollen, müssen sie es sich selbst herstellen", in: Von der

Liebe, die Halt gibt, S. 119). Die Zusammenschau der Weisheiten verdeutlicht, dass diese offenbar auch ohne jeden Zusammenhang funktionieren: Die Autorin wird eben von manchem wie ein Guru verehrt.

„Unruhige Kinder“ ist durch seine zahlreichen Löcher und Lücken in der Argumentation vielleicht eher ein Ratverhinderer, dessen breite Rezeption darauf beruhen muss, dass es Wiedererkennungseffekte in den Beispielen von Gregor, Rebekka, Markus und Ingo gibt und eine undifferenzierte und globale Schelte auf das Medien- und Technikzeitalter noch immer greift. Worin besteht ihr Rat, außer in der Aufzählung möglicher Therapien, allen voran der Festhaltetherapie? Das Autorenpaar lobt neben dem Tragtuch die – doch allseits bekannte – „wohltuende Wirkung von Regeln“ (S. 107), die klar und einfach ausformuliert und möglichst eingehalten werden sollten. Weiterhin gibt es der Leserschaft absurd verkürzte Beispiele für die Kraft von Vorbildern an die Hand: „Der Vater arbeitet in der Werkstatt und hämmert. Sein Kind sitzt im Kinderstuhl und hämmert mit einem Stück Holz auf ein Brett ein“, oder: „Die Mutter kocht. Das Kind sitzt in seiner Babywippe und spielt mit einem ähnlichen Rührlöffel, wie die Mutter ihn zum rühren benutzt“ (S. 186).

Weitere küchenpsychologische Handreichungen wird man hier finden, auch den für die Autorinnen vielleicht bedeutsamsten Tipp: Man lausche dem Volk nur seine Sprichwörter und Weisheiten ab, denn alles ist immer schon vom Instinkt der Völker vorgebildet; in Liedern beispielsweise werden die natürlichen Abläufe des Tages besungen: „Wachet auf, wachet auf, es krähet der Hahn“ (S. 193).

Carina Baganz

Eine eingeschworene Gemeinschaft

Einsichten nach der Lektüre des Mitteilungsblattes „Holding Times"

Bis vor einigen Wochen hatte ich von der so genannten Festhaltetherapie noch nie etwas gehört. Erst die vom Berliner Arbeitskreis für Beziehungsanalyse e. V. organisierte Tagung „Gewalt gegen Kinder. Traumatisierung durch Therapie?", die sich mit diesem Thema auseinander setzte, machte mich darauf aufmerksam.

Doch warum Traumatisierung durch Therapie? Was kann an einer Therapie, bei der man von jemandem gehalten wird, so schlecht sein? Spontan fielen mir Zeilen eines meiner Lieblingslieder von Herbert Grönemeyer ein: „Wärm mich an deiner Stimme, leg mich zur Ruh in deinem Arm / Halt mich nur ein bisschen, bis ich schlafen kann." Wenn man gehalten wird, vorausgesetzt, es ist freiwillig, dann kann das doch nur positiv sein. Ich persönlich kann mich noch an meine Kindheit erinnern, in der ich mich gerne, um Trost zu finden, in Mamas Arme flüchtete. Wollte mich jedoch jemand ohne meine Zustimmung umarmen oder liebkosen, wehrte ich mich meist, was einmal sogar mit einem Sturz in die Rosenbüsche endete. Da ich zu diesem Zeitpunkt lediglich mit einer Badehose bekleidet war und die Büsche leider mehr Dornen als Rosen trugen, ist mir dieses Erlebnis noch heute sehr präsent. Doch um Zwang wird es sich im vorliegenden Falle doch nicht handeln, sonst wäre die Bezeichnung „Therapie" wohl eher unangebracht. Warum aber sprechen Wissenschaftler sogar von Misshandlung? Das kann doch nur übertrieben sein. Andererseits stellt doch niemand ohne Grund solch eine ungeheuerliche Behauptung auf. Dieser Sache wollte ich nachgehen.

Um einen Einblick in das Thema zu bekommen, wollte ich mich anhand von Literatur der Verfechterin der Festhaltetherapie, Jirina Prekop, informieren. Ich konnte wählen zwischen „Der kleine Tyrann“ (welch einfühlsame Bezeichnung einer Psychologin für ein Kind), „Hättest Du mich festgehalten“, „Wenn ihr wüsstet, wie ich euch liebe“, „Von der Liebe, die Halt gibt“ und anderen ähnlich klug lautenden Büchern. Sie machten Jirina Prekop zur Bestsellerautorin. Doch mich schreckten sie eher ab. Buchtitel, an den Stil von Hedwig Courths-Mahler oder Arzt-Romane von Bastei-Lübbe erinnernd, und nicht zuletzt ihr Inhalt, der sich selbst bei diagonalem Lesen schnell als volkstümlich, vor allen Dingen aber autoritär erschloss, konnten doch unmöglich so vielen jungen und modernen Lesern als Ratgeber dienen? Bei erneuter Recherche stieß ich auf das Lehrinstitut der Gesellschaft zur Förderung des Festhaltens als Lebensform und Therapie e. V. (GFH e. V.). Festhalten als Lebensform? Das jährlich einmal in einer Auflage von 8000 Exemplaren erscheinende Mitteilungsblatt des Lehrinstitutes trägt den unverfänglich klingenden Namen „Holding Times“. Um die Lektüre sämtlicher Prekop-Bücher zu vermeiden, trotzdem Informationen aus erster Hand zu erhalten, wäre dies doch sicherlich eine gute Alternative. Also machte ich mich an die Durchsicht einiger Ausgaben.

Schon beim ersten Durchblättern wurde deutlich, dass die Verantwortlichen nicht unbedingt Kreativität an den Tag legen und Abwechslung erstreben. So ähnelt eine Ausgabe der anderen, Leitartikel und hymnische Berichte über den letzten Workshop variieren kaum. Alles läuft darauf hinaus, Jirina Prekop gleich einer Heiligen und die Festhaltetherapie als das ideale Mittel zur Heilung schlechthin darzustellen. Jede Ausgabe enthält Adressen von Festhaltetherapeuten, die entweder mit Jirina Prekop als Co-Therapeutin zusammenarbeiten oder aber von ihr ausgebildet wurden, sowie „Informationen über die Ausbildung der GFH zum Festhaltetherapeuten nach

Prekop". Breiter Raum wird den Daten „Öffentliche Vorträge – Vorträge – Vorträge" gegeben. Mit solchem stilistischen Mittel der marktschreierischen Wiederholung soll wohl das flächendeckende Engagement der Festhaltetherapeuten und vor allem Jirina Prekops Omnipräsenz symbolisiert werden. Es folgen Ankündigungen von „Therapeutischen Seminaren mit Jirina Prekop" und es endet mit der Propaganda für Bücher hauptsächlich aus der Feder von Prekop.

Merkwürdig! Ich dachte, es handle sich um ein Mitteilungsblatt des Lehrinstituts der Gesellschaft zur Förderung des Festhaltens als Lebensform und Therapie, und ich finde eine Selbstdarstellungsbroschüre von Jirina Prekop. Beim Weiterblättern verstärkt sich dieser Eindruck immer mehr. Zwar schreibt Prekop im Leitartikel der Ausgabe von 1999 ausdrücklich: „Der Festhaltetherapeut [...] tritt nicht als ein Guru auf, sondern als Helfer, als Vermittler, als der Dienende."[1]

Aber versteht man ganz allgemein unter Guru entweder die Verkörperung eines göttlichen Wesens, einen verehrten religiösen Lehrer im Hinduismus oder ein Idol, das von seiner Anhängerschaft als geistiger Führer verehrt und anerkannt wird, dann ist durchaus Guru-haftes zu finden in der folgenden Szenenschilderung einer Schülerin Prekops, die im Stil einer begeisterten Jüngerin spricht, aus der Auftaktveranstaltung des 3. Internationalen Kongresses der Gesellschaft zur Förderung des Festhaltens 1999 in Prag: „Unter feierlicher Orgelmusik [...] zog Jirina Prekop in die altehrwürdige Aula ein – und wie ich rundum sehen konnte, wurde nicht nur mir ganz feierlich zumute. Diese innere Bewegtheit wurde noch verstärkt durch die Würdigung und Ehrung, die der Bewegung des Festhaltens und ihrer Begründerin in den verschiedenen Grußworten prominenter Ehrengäste entgegengebracht wurde. Es tut gut zu hören, wie alle verstanden, dass diese Bewegung aus einer Spiritualität hervorgeht,

1 Holding Times, Mitteilungsblatt des Lehrinstituts der Gesellschaft zur Förderung des Festhaltens als Lebensform und Therapie e. V., 1999, S. 3.

die sich eingebunden weiß in ein großes, unsere begrenzten menschlichen Dimensionen weit übersteigendes Liebesgeschehen."

Versuche ich mich kundig zu machen über den Ablauf von Festhalte-Seminaren, so lese ich, dass dieses „weit übersteigende Liebesgeschehen" von Anfang an bewusst aufgebaut wird: „Die Teilnehmer umarmen sich, auch die fremden Menschen. Ich spüre nicht die Hierarchie der Wissenden, das Konkurrieren um Positionen, die Arroganz der Experten. Ich spüre, ich gehöre auch als neue, unerfahrene Teilnehmerin dazu. [...] Angenommensein, Freude, Harmonie machen sich schon hier in meinem Herzen breit."[2] Nein, das wäre nichts für mich! Wildfremde Menschen, die mir vielleicht nicht einmal sympathisch sind, pressen sich an mich! Ich kann mir beim besten Willen nicht vorstellen, dass dies von allen Teilnehmern als positiv empfunden wird.

Mit der „Wir-lieben-uns-doch-alle"-Mentalität wird bewusst wie auf einer Klaviatur von jederzeit abrufbaren Gefühlen gespielt. Das Bild der eingeschworenen Gemeinschaft, der großen glücklichen Familie wird suggeriert. Sehnsüchtige und einsame Menschen mögen sich von dieser Gemeinschaft angezogen fühlen, aber stimmen sie allem zu? Einen aufschlussreichen Hinweis finde ich über einen Vater, der nach ersten Erfahrungen nicht von der Festhaltetherapie überzeugt war. In diesem Fall bekehrte ihn ein Gespräch unter vier Augen, das auffällig autoritäre Züge trägt. Wie ein Schuljunge wird der Vater von Jirina Prekop zurechtgewiesen, weil er gegen die Fortführung der Therapie mit seinem Kind war. „Was habe ich denn gerade gehört von Deiner Frau, frage ich ihn. Das Festhalten war doch so toll. Von wegen verlierst du das Kind. [...] Deine Angst erscheint mir total unlogisch. Absurd. Kannst du es mir erklären?"[3] Die Entscheidung des Vaters wird nicht akzeptiert, stattdessen wird auf ihn eingeredet und eine Erklärung von ihm verlangt. Dann nötigt Prekop ihm ihre Sicht der Problemdefinition auf, sie wisse zwei-

2 Holding Times, 1998, S. 10.

3 Holding Times, 2004, S. 8.

felsfrei, dass die Ursachen für seine Verweigerung in seiner Kindheit begründet seien. Nachdem Prekop ihn auf diese Fährte geführt habe, sei er „frei für die nächste Festhaltesitzung“ gewesen. „Natürlich aber noch nicht mit einem seiner Kinder. Er brauchte es, seinen Zorn endlich einmal gegen seinen Vater ausschreien zu dürfen, um ihn ins Herz zu schließen.“ Ich verstehe, dass der Begriff „Festhaltetherapie“ bei Prekop doppelsinnige Bedeutung hat: Auch Wankelmütige werden von Prekop festgehalten, um am Festhalten festzuhalten. Offensichtlich ist es nicht so einfach, diese eingeschworene Gemeinschaft, hat man sich ihr erst einmal anvertraut, wieder zu verlassen.

Ein weiteres Beispiel für eine bemächtigende Gemeinschaft ist das aufdringliche „Du“, das mich beim Lesen der Texte stört. Ist dieses Phänomen in irgendwelchen Fernseh- oder Radiosendungen für Teens oder Twens zwar nervend, aber doch noch nachvollziehbar, so erscheint es mir für eine Zeitschrift wie „Holding Times“ und das Konzept eines Lehrinstitutes um Jirina Prekop auffällig übergriffig. Interessenten wird damit suggeriert, dass auch sie zu dieser großen glücklichen Familie gehören und sogar an „Familienfeierlichkeiten“ teilnehmen dürfen: „Anläßlich ihres 75. Geburtstages lädt dich Jirina Prekop mit der Gesellschaft zur Förderung des Festhaltens als Lebensform und Therapie e. V. ein.“[4] Den Rahmen dafür bot der im Oktober 2004 in Salzburg inszenierte Kongress „Ohne Nestwärme kein freier Flug“. Für den stolzen Preis von 250,– Euro pro Person (für Paare galt der Schnäppchen-Preis von 480.– Euro) konnten Interessenten am Kongress und am „Geburtstagsfest mit Buffet, Tanz mit Life Musik u. a., sowie am Kabarett [...] ‚Anleitung zur sexuellen Unzufriedenheit, Diätwahnsinn und Herzinfarkt‘ teilnehmen.“ Um die Unterkunft mussten sich die Teilnehmer selbst kümmern. Ein teurer Geburtstags-Kongress.

Bis jetzt macht das alles keinen seriösen Eindruck auf mich. Es erinnert eher an eine Sekte, zumal die Religiosität keine unwesentli-

4 Holding Times, 2004, S. 11.

che Rolle spielt. Als Außenseiterin fällt mir die eigenartige Mixtur aus Predigt, Beglückung, Unterwürfigkeit und Selbstlob auf, deren Mittelpunkt stets Jirina Prekop ist. Kritik an ihrer Therapieform wird mit flapsigen Worten abgetan: „Wenn ich mit dem Verweis auf die Gegner des Festhaltens beginne, heißt das noch lange nicht, dass ich mich an dieser Stelle mit ihnen auseinandersetzen möchte. [...] Es erscheint doch absurd, dass ich eben dort so maßlos kritisiert werde, wo ich mich wie nie zuvor so sicher im Dienste der Menschheit bewegte – wenn nämlich im Ausklang des Festhaltens die beiden Menschen sich an der erneuerten Bindung freuen, sich frei fühlen und sich in Liebe loslassen können."[5]

Prekop hat im Laufe von ca. 20 Jahren vier Formen des Festhaltens entwickelt: erstens zwischen Eltern und Kindern, zweitens die Paartherapie, drittens die Therapie für Erwachsene, die sich mit ihren Eltern auseinander setzen wollen, und viertens von Erwachsenen, die sich mit Verstorbenen, Verweigernden oder Kranken versöhnen wollen, wobei die abwesende Person durch einen Stellvertreter ersetzt wird. Die drei letzten Therapieformen interessieren mich im Zusammenhang meiner Frage nach dem Umgang mit Kindern hier weniger. Doch bei der Festhaltetherapie zwischen Elternteil oder Therapeut und Kind geht es um ein höchst ungleiches Kräfteverhältnis, ich denke an Goliath und David, der aber nicht gewinnen kann.

Prekop sichert sich ab: Das Festhalten dürfe „nie zum Zwecke der Unterdrückung des freien Willens, zum Zähmen, zum Erzwingen des Gehorsams und in diesem Sinne als Erziehungsmittel benutzt werden".[6] Will sie mir Sand in die Augen streuen? Ich muss mich zwingen, mir die konkrete Situation dennoch vorzustellen: Ein Kind liegt am Boden, ein Elternteil liegt stundenlang mit vollem Körpergewicht auf ihm, das Kind schreit, darf nichts trinken, geschweige

5 Holding Times, 1999, S. 1.
6 Holding Times, 1999, S. 2.

denn auf die Toilette gehen, da solchen angeblichen „Fluchtstrategien" vorgebeugt werden müsse. Wird die Festhaltetherapie in den eigenen vier Wänden angewendet, wird den Eltern empfohlen, im Vorfeld die Nachbarn zu informieren, da diese aufgrund der stundenlangen Schreie ansonsten die Polizei informieren könnten. Würde mich ein Nachbar davon in Kenntnis setzen, wäre mein erster Gang zum Telefon! In der „Holding Times" wird die Szene ganz anders geschildert: „Marie ist ein kräftiges Mädchen. Als sie bei ihrem aggressiven Ausbruch ihre Selbstkontrolle ganz verloren hatte, blieb nichts anderes übrig, als sie gegen ihre zerstörerische Wut an Ort und Stelle zu schützen. Oft bleibt zum Festhalten nur der nackte Fußboden. [...] Beide sind wir zwar körperlich fix und fertig, doch die Beziehung stimmt. Es tritt eine tiefe glückselige Zufriedenheit ein."[7]

Nach meiner Vorstellung ist das pure Gewalt, ich kann nicht an dem Begriff Vergewaltigung vorbeidenken. Doch als hätte Prekop solche Anschuldigung geahnt, beugt sie argumentativ vor. Es müsse vor Beginn der Festhaltetherapie „ein sexueller Missbrauch seitens des Elternteiles, das festhalten möchte", ausgeschlossen werden.[8] Wie soll ich das verstehen? Ich bleibe beunruhigt. Denn an anderer Stelle heißt es: „Weitaus befriedigender ist es für beide Seiten, wenn der Widerstand des Kindes steil zu einem Höhepunkt getrieben wird und in eine restlose Beglückung mündet." Für mich ist das eindeutig zweideutig. Sehe ich mir die Fotos in „Holding Times" an, frage ich mich, warum diese Form von Therapie noch nicht verboten wurde. Prekop schreibt: „Leider können wir nicht davon ausgehen, dass in den zivilisierten Gesellschaften Gewalt gegen Kinder und sexueller Missbrauch überwunden wären."[9] Wie kann Prekop verantworten, dass sie als Therapie propagiert, was de

7 Holding Times, 2003, S. 4.
8 Holding Times, 2000, S. 2.
9 Holding Times, 2001, S. 1.

facto gewaltsame Eingriffe in Nähe- und Distanzgefühle bedeutet? Denn welches Mädchen beispielsweise kann in späteren Jahren eine gesunde Sexualität leben, ohne bei engem Körperkontakt daran erinnert zu werden, dass und wie damals ihr Vater oder ihre Mutter stundenlang auf ihr lag?

Jirina Prekop ist ohne jeden Zweifel von ihrer Therapie überzeugt: „Für mich alleine brauchte ich bis heute keine wissenschaftliche Prüfung der Festhaltetherapie. Von ihrer wohltuenden Wirksamkeit bin ich aufgrund meiner langjährigen Erfahrung überzeugt. [...] Jedes Mal spüre ich einen Stich im Herzen, wenn ich in Presseartikeln oder aus dem Munde einiger Veranstalter meiner Vorträge bei der Einführung die Adjektive ‚nicht unumstritten', oder noch skeptischer ‚umstritten', ‚wissenschaftlich nicht nachgewiesen' im Bezug auf die Festhaltetherapie höre. Manchem, der das Festhalten als Therapie dringend gebrauchen könnte, verbauen solche zweifelnden Einstellungen und Verunsicherungen die Chance zu einer wirksamen Hilfe und das tut mir für sie leid."[10]

Nach allem, was ich bei der Auseinandersetzung mit dem Thema Festhaltetherapie erfahren und gelernt habe, sorge ich mich um jede/n, der/die diese Therapie über sich ergehen lassen musste. Es bleibt nur zu hoffen, dass immer mehr Stimmen gegen die Initiatoren der Festhaltetherapie laut werden. Natürlich brauchen Menschen, allen voran die Kinder, Halt. Aber dieser Halt entsteht nicht dadurch, dass sie über Stunden festgehalten oder gar niedergedrückt werden, so lange, bis erzwungenermaßen fließt, was Prekop Liebe nennt. Auf diese Art und Weise wird der vielleicht noch vorhandene Liebesfluss doch endgültig abgeklemmt.

10 Holding Times, 2000, S. 1.

Sibylle von Eicke

„Wie man sich mit seinen Eltern versöhnt"

Ein praktischer Versuch mit Frau Prekop in der alten Mühle

Ein schöner Sommerabend, ein Vortrag von Frau P. in einer alten Mühle, die ein therapeutisches Zentrum in der Nähe von Hadamar darstellt. Hier wird während des ganzen Jahres „bonding" angeboten, aber auch „Schlafwochenenden im Stall" für Kinder und Eltern, therapeutisches Reiten und, vor allem, Festhaltetherapien nach Jirina P. Sie kommt zweimal im Jahr, das geschieht seit Anfang der 90er-Jahre. Da sie jetzt auch ausbildet, ist die Mühle ein Ort, an dem man die Haltetherapie erlernen kann und Therapeut werden kann. Dauer der Ausbildung: etwa drei Jahre. Voraussetzungen: keine besonderen. Die Praxen laufen nicht ohne weiteres an, scheinen sich aber dann nach einer Weile zu füllen. So jedenfalls lautet das, was ich, in der Mühle zu früh angekommen, von rechts und links erfahre.

Die Mühle erscheint erst idyllisch, dann, bei näherem Hinsehen, unangenehm. Es hatte geregnet, es standen überall Pfützen. Am Parkplatz, den ich gottlob, da früh gekommen, noch fand, trat ich in Matsch. Auf der Bank vor dem Haus, aus brauner Plastik gefertigt und in der Mitte durchgekracht, umsummten mich die Fliegen.

Ich holte mir im Haus in der Küche eine Flasche Wasser, setzte mich auf die zerkrachte Bank zu den Therapeuten. Das fiel mir sehr schwer. Die Frauen waren derartig abstoßend in ihrer Physis, dass ich lieber einen Bogen um sie gemacht hätte: grobe, sehr dicke Personen, in hängenden Kleidern. Weder dick noch hässliches Kleid stoßen mich im Allgemeinen ab. Hier war es etwas anderes. Eine Art Aufdringlichkeit, eine Art „ja grade" oder „ich bekenne mich zu mir“ wurde mir aufgedrückt, dazu ein Zigarettenkonsum, der mir extrem erschien. Der Rauch zog in meine Richtung, was nicht bemerkt wurde. Es gab eine Art Mode: Kleid über Knitterhose, oder T-Shirt ohne BH und Jeans. Es roch nach Schweiß. Ich musste an Bettelheim denken, daran, wie die autistischen Kinder oder missbrauchte Kinder vielleicht die Körper der Erwachsenen erleben können. Deutlich wurden hier Körpergrenzen überrannt. Scham selbst schien mir etwas Unnatürliches zu sein. „Natur“ war angesagt, was immer das auch heißen mochte. Zurück in eine Art Urzustand zu finden, das könnte eine Art Auftrag sein.

Verschiedene Klienten erschienen nach und nach. Ich erfuhr, dass sie sehr hart gearbeitet hatten, das Wort „Aufstellungen“ fiel, sie waren fertig. Zwei Männer, mit östlichem Dialekt, Raum Dresden, wie ich erriet, erklärten mir, dass sie hier schon öfter gearbeitet hätten, sie seien aber bereits Therapeuten. Ich fragte wieder nach den Bedingungen. Die gemeinsame Antwort: keine besondere Vorbildung, aber eine besondere Eignung. Dafür gäbe es dann Erstkontakte, da würde sich herausstellen, wer etwas aushalte. Eine wackelige Person könne man nicht gut gebrauchen, schon gar nicht, wenn sie Halt geben solle, auf der Matte. Ich stimmte zu.

Dann erschien Frau P. Ich hatte sie mir aufgrund des Videos noch massiver vorgestellt. Sie ist bereits 75 Jahre alt, wirkt sehr vital, nicht jünger. Nur ihre zierlichen Hände und Füße, die sie sehr pflegt, zeigen wenig Altersspuren. Ihr Gesicht erinnerte mich an die Mecki-Igelfiguren meiner Kindheit. Sie kann sehr spitzbübisch lachen, schlitzohrig wirken, was sie betont. Sie böhmakelt mit viel Gewinn, betont Altbekanntes – z. B. Therapie, Hormone, Kontur, Skoliose – auf anderen Silben, was bereits Lacher erzielt und eine Art ständiger Verfremdung. Schwieriger, vielleicht fragwürdiger Stoff wird auf diese Weise aufbereitet, verliert an Ernsthaftigkeit, wohl auch an Brutalität.

Frau P. begrüßt mich freundlich, drückt mir mit „ein bisschen Werbung machen“ einen Prospekt in die Hand. Er enthält ihre gesamten Buchtitel, auch neuere Veröffentlichungen, z. B. zum Thema ADHS. Ich bedanke mich mit den Worten, ich wisse noch viel zu wenig von ihr, komme von weiter her, um sie live einmal zu erleben. Sie wird sehr neugierig, fragt, was ich mache. Ich sage herzhaft-verlogen, ich sei Hausfrau. Was noch? Und Mutter. Ich lache, sie lacht mit, äußert dann, jetzt müsse sie sich umziehen „firr Vorrtrak“. Sie habe sehr geschwitzt. Das erlebe ich bei ihr eher weniger, eher bei den Therapeuten und den Familien, die sie heute behandelt hat.

Eine Frau kommt aus Berlin. Sie hat sich schon dreimal umgezogen und duschen müssen, erklärt sie mir. Ich sage etwas töricht „vielleicht hält es ja beim vierten Mal, es wird ja jetzt kühler“. Dann versuche ich herauszufinden, was sie von so weit her in diese Mühle führt. Es ist Frau P., von der sie alles gelesen hat, die sie überzeugt und die sie jetzt, wie ich auch, erleben möchte. Deshalb habe sie auch ihren Sohn und ihren Mann mitgebracht. Der Mann, ein gutmütiger schwerer Typ, legt ihr bestätigend den Arm um die Schulter. Wie ich überhaupt feststellen muss, dass die vorhandenen Paare sich ständig berühren, streicheln, halten. Es macht mich ganz nervös. Neid? Nein, das Gefühl steigt deutlich in mir auf, dass es sich um etwas Erlerntes handelt, etwas, was man sich aus Kursen mitgenommen hat und was man jetzt zeigen muss oder darf.

Andere Paare treffen ein, von weit her, wie ich finde. Trotzdem ist es nicht voll. Der Ort steht für Intimität. Man kennt sich, hat sich in Workshops erlebt. Eine Familie trifft ein, die ich als grotesk erlebe. Wieder ein Gefühl von Abscheu auf Grund der familiären Hässlichkeit. Ich denke „Trolle und Gnome“ und „wenn die es wagen würden, mich anzufassen“. Der Abstand zu mir entsteht wie von selbst, mich duzt niemand.

Frau P. erscheint in Hellblau, nicht protzig, eher frisch und munter. Sie begrüßt die neu Eingetroffenen, erkennt alle wieder, merkt sich die Namen, fragt nach Familienmitgliedern. Viele Umarmungen. Sie scheint eine wichtige mütterliche Bezugsperson zu sein.

Sie steuert wieder auf mich zu. Ich sage, ich hätte den Prospekt sehr aufmerksam studiert, und etwas sei für mich darin, was ich sie fragen wolle. Der „Prager Frühling" werde erwähnt, und ich wüsste gern, jenseits ihrer Bücher, wie sie ihn erlebt habe, ob sie beteiligt gewesen sei. Sie antwortet sehr schnell, teilweise mit gespielter Schwerhörigkeit, sie sei nicht in Prag gewesen, sondern in ihrem Heimatort in Mähren. Dort habe sie viele Flugblätter verteilt, politisch Widerstand geleistet. Sowjetische Panzer seien aufgefahren mit ausgestreckten Rohren. Ich frage sie, da sie ausweicht, wann sie die Tschechoslowakei verlassen habe? Nach dem Prager Frühling? Sie kontert sofort, sobald es ging, sonst wäre sie ja verhaftet worden. Ich glaube ihr kein Wort. Sie äußert noch, ihr Mann habe 15 Jahre in Haft verbracht. Auch hier meine innere Frage, was war da wohl los? Ich erzähle ihr, dass ich auch einige Menschen kennen gelernt hätte, die am Prager Frühling beteiligt gewesen seien. Sie seien nicht mehr in ihrer Arbeit zugelassen worden, sehr deprimiert gewesen, oft sehr früh gestorben. Sie reißt gleich einen Witz: „Oh, kenne ich. Wenn Prager kriegen nicht ihre Knedel, dann kriegen sie sofort tiefe Depression (Betonung auf der ersten Silbe)." Ich antworte, dass ich das gut verstehen könne.

Dann frage ich sie nach ihrer Arbeit in ihrer Heimat. Sie äußert, das sei ihr verboten worden, nicht „megglich" gewesen. Auf meine Frage, wie sie dann nach Stuttgart gekommen sei, wieder keine Antwort. Sie lacht spitzbübisch: „Noja, war nicht so leicht. Manchmal muss man sich anpassen. Ein bisschen polieren." Sie poliert den Tisch, und ich verstehe nichts mehr, soll ich wohl auch nicht.

Dann der Vortrag. Im ersten Stock der Mühle sind Bänke aufgestellt. Bänke wie im Bierzelt, aber gottlob mit Lehne. Ich sitze grässlich schlecht, die Knie schmerzen. Das Thema des Abends: „Wie man sich mit seinen Eltern versöhnt".

Jetzt folgt für mich eine qualvolle Zeit. Zwei Stunden werden gefüllt von Frau P., die ohne Manuskript eine Show abzieht. Sie ist die geborene Alleinunterhalterin, kann auf jeder Bühne eingesetzt werden. Ich sehe sie sowohl im Volkstheater als auch in kirchlichen Räumen. Das Mikrophon pfeift nicht bei ihr, sie tritt nie auf die Schnur, was ich heimtückisch erwarte, auch eine Stufe nimmt sie wahr und fällt nicht.

„Grundgedanken" ihres Vortrags: Seelische Störungen sind Beziehungsstörungen. In der Regel beziehen sie sich auf die Eltern. Sie werden auf den jeweiligen Partner „übertragen" (!), können dort nicht erkannt und aufgelöst werden. Erst nach der Versöhnung gebe es innere Freiheit. Solange noch der Hass regiere, könne die Liebe nicht fließen. Das Wort Liebe und das Wort Herz höre ich an diesem Abend so oft wie nie zuvor.

Die Familienmitglieder, so höre ich, bilden eine Pyramide, diese stelle die Sippe dar. Sie holt sich Leute aus dem Publikum, das sie oft mit „liebe Leute (Leite)" anredet. Ich senke den Kopf, damit sie mich nicht aufgreift, aber sie hat ihre willigen Helfer. Eine junge unbedarfte Frau (Festhaltetherapeutin) stellt das „Kind" dar. Dazu werden hinter ihr die Eltern aufgestellt, dann deren Eltern usw. Die Bühne füllt sich.

Frau P. äußert nun, dass alle Kräfte der Sippe sich in uns vereinen, die männlichen wie die weiblichen, die sie sich bemüht zu unterscheiden. Sie stellt hinter der jungen Frau die übrigen weiblichen Familienmitglieder auf. Manche, schon gelockert, legen sich die Hände auf die Schultern. Ich denke: „Polonaise blankenese". Frau P. meint nun, dass es vorkommen könne, dass eine aus der Sippe, eine aus der weiblichen Linie, wegtreten wolle, z. B. durch Selbstmord. Sie schiebt die „Mutter" der jungen Frau nach rechts in die Kulisse. Dann fragt sie rhetorisch, was da jetzt los sei, und antwortet selbst: Da sei ein Loch entstanden. Sie fragt die junge Frau, was sie jetzt empfinde. Diese antwortet, ohne zu zögern: „Ich fühle mich einsam, es ist kalt."

Ich spüre, dass sie nichts spürt.

Frau P. gibt sich zufrieden und entwickelt, was jetzt passieren könnte. Das „Kind", die junge Frau, werde erwachsen, wolle heiraten, aber sie sei unsicher, nicht geborgen, nicht gehalten. Sie könne sich der Familie des Mannes unterwerfen, aber auch dem Kind. Schnell wird ein „Fall“ aus der Tasche gezogen von einem fordernden, unersättlichen Kind, das bereits eine Suchtproblematik habe (es besitze viele Schnuller, die Mutter erlaube ihm das, weil sie nicht klar mache, klar kriege, dass sie genüge). Wenn sich nun die Frau mit ihrer Mutter versöhnt habe, der sie vielleicht vorwerfe, sie allein gelassen zu haben, dann könne sie „frei“ werden, die Liebe zu ihrem Mann fühlen, die jetzt erst fließen könne. Manchmal sei der Weg aber weit. Sehr oft müsse man, da ja viele Eltern, oft auch Kinder, Großeltern schon gestorben seien, sich bis in den Himmel begeben. Dafür brauche man eine „Visualisierung“. Bei Frau P. besteht diese darin, dass sich ihr Klient den Himmel vorstelle, mit Himmelstür (offen, halb offen, geschlossen). Plus Petrus, plus Schultzengel, etc. Jetzt wird der Kontakt, der Dialog mit dem/der/den Verstorbenen eröffnet.

Alle kommen in den Himmel, ihrer Erfahrung nach, auch die Säufer und die Spieler; sie habe nie jemanden erlebt, der in die Hölle gegangen sei. „Nur ich heute“, denke ich voller Selbstmitleid.

Die Versöhnung durch Konfrontation (erste Stufe, es gibt drei davon, sie sind wohl von Martha Welch importiert) ist erfolgt, dann Rückkehr zur Erde. „Du wirst hier noch gebraucht.“

Dann Halten, Festhalten des Ehemanns, der dasselbe mit seinen Eltern durchführen muss, dann erst Vollwertigkeit durch fließende Liebe, dann erst richtige Elternschaft fürs Kind, das liebende Eltern erlebt und selbst nicht mehr böse und süchtig agieren muss ...

Ich bekomme genug, kann über die Kalauer nicht mehr lachen. Bin nicht mehr beeindruckt von der Regressionsfähigkeit der Gruppe, rutsche auf meiner Bank hin und her. Alles schmerzt. Frau P. hört und hört nicht auf, eine Fallgeschichte jagt die andere. Es wird als Lebensweisheit verkauft. Sie zögert nicht, „spontan“ von der Arbeit des Tages zu erzählen, die Beteiligten sitzen im Raum. Zuhörerinnen bedanken sich immer wieder spontan, klatschen. Dann darf gefragt werden. Frau P., so wird deutlich, kann mit Fragen schwer umgehen.

Eine Frau meint: „Ich habe es jetzt schon so oft versucht, mich mit meinen Eltern zu versöhnen, aber die Gefühle sind stärker, kommen immer wieder." Frau P. weicht aus, ich habe ihre Antwort wohl deshalb auch vergessen.

Ein jüngerer Mann äußert, er habe ein schweres Trauma. Als Baby sei er mit wenigen Wochen immer wieder ins Krankenhaus gekommen, die Mutter sei für ihn nicht erreichbar gewesen. Was er tun solle?

Frau P.: „Da weiß ich ganz genau, was." Gelächter, sie ist in ihrem Element.

Er solle jetzt nicht so sehr das Familienstellen angehen, das sei (warum?) eher eine männliche, reifere Sache, komme mehr aus dem Kopf. Bei ihm empfehle sie eine Halte-Therapie. Auf der Matte, damit er seinen Schmerz herausschreien lerne. Sein Trauma sei in einer frühen Zeit entstanden, an diese Stelle müsse er zurückkehren, dann werde er das Trauma wohl bewältigen. Nicken. Auch ein Nicken bei der Leiterin des Instituts, die in Schwarz herumgeht. Sie hat eben ihren Mann verloren, er ist nach einem Infarkt umgefallen.

Sie bittet, ich gerate außer mir, Frau P., noch etwas zu erzählen. Diese zögert nicht, ich schalte ab. Es gelingt nicht, bohrende Kopfschmerzen setzen ein. Frau P. schlägt vor, ein Lied zu singen, es sei ein altes Indianerlied. Ich ahne Schreckliches, werde sofort wach. Richtig! Es ist das Lied, das ich kenne, vom Video-Band. Wieder machen alle mit, stehen auf, wedeln mit den Händen, spielen Erde, Luft, Himmel, Wasser ... Frau P. singt am lautesten, ich mache nicht mit, brumme nur etwas in mich hinein.

Dann endlich Ende-Gelände. Frau P. empfiehlt uns noch gegen Geld diverse Prospekte, Ankündigungen, Vorträge. Ich eile zum Auto, bin halbtot, entsetzt, weniger von ihr als von den Männern und Frauen, die ich erlebt habe. Von der Primitivität des Angebots und von der Dankbarkeit für diese Art von Kost.

WOLFGANG BENZ

Unterwegs für die Liebe

Ein Film über Jirina Prekop

Am 12. Oktober 2004 strahlte zu später Abendstunde der Südwestdeutsche Rundfunk aus Anlass ihres 75. Geburtstags einen Film aus, den wohl nicht viele gesehen haben. Er ist Jirina Prekop gewidmet, und es lohnt sehr, ihn zu betrachten, weil er Aufschluss darüber gibt, was sich hinter den Phrasen von Liebe und Versöhnung verbirgt. Der Autor des Stücks, der als Erzähler durch die Sendung führt, tritt nicht als kritischer Journalist in Erscheinung. Tiefgläubig dem Festhalten und seiner Protagonistin ergeben, gestaltet er den Film zur Andacht. Das beginnt mit dem Anzünden von „Kerzen der Liebe", es werden ergriffene Menschen gezeigt, die weinen und mit tränenerstickter Stimme berichten, wie gut das getan hat, was ihnen durch Frau Prekop widerfahren ist. Sie hat sie in die Kindheit zurückgebracht, hat Begegnungen mit verstorbenen Geschwistern und Eltern herbeigeführt, hat sie sogar in den Himmel geführt, die Herrlichkeit schauen lassen, Versöhnung gestiftet mit dem bösen oder trunksüchtigen Vater und schließlich Segen weniger herbeigeführt als vielmehr selbst gespendet.

Eine zentrale Szene des Films, die die Anwendung des Festhaltens dokumentiert, ist schwer zu beschreiben. Der Proband liegt auf der Matte, die Gattin muss sich auf ihn schmiegen, eine Assistentin hilft durch Drücken und Pressen, den sich Aufbäumenden niederzuzwingen, und die Erlöserin, Frau Prekop, steigert sich und alle anderen, auch das Publikum, hinein ins Heilsgeschehen. Das Erlösungswerk ist schwere Arbeit. Frau Prekop wuchtet und knetet persönlich auf die hingestreckte zu erlösende Gestalt ein, ächzt, brüllt, schwitzt, kommandiert, feuert an, und sie bestimmt, wie zu leiden, wie zu weinen und zu hadern ist. Schließlich liegt sie obenauf, wühlt im Haar der Gattin, läßt den Festgehaltenen die Schwere ihres Leibes spüren, drückt und zerrt ihn (oder überhaupt alles, was ihr in die Hände kommt?). Die Szene ist peinlich, weckt allerlei Assoziationen, von denen zu den harmloseren die gehört, man sei Zeuge einer schwierigen Geburt im Kuhstall, bei der der Tierarzt alle Kraft an die Sache wendet, sich dabei nicht schont und mit Unterstützung des Bauern, seiner Frau, des Knechts oder der Magd schließlich triumphiert.

Überhaupt wirkt alles Tun der Heilerin rustikal. Sie agiert mit der Autorität des frommen bäuerlichen Heilpraktikers, der zu allen Du sagt, keinen Widerspruch duldet, kein rationales Argument zulässt, keinen Zweifel an seinen Methoden kennt und alle medizinische oder sonstige Wissenschaft abgrundtief verachtet und dies, billigen Beifall heischend und findend, ausdrückt.

Frau Prekop weiß, wie man verführt, sie kennt alle Tricks der Populisten und Demagogen, und das macht ihren Erfolg aus. Der Film zeigt es eine halbe Stunde lang in vielen Situationen. Wie in der beschriebenen Szene im Kloster Bonlanden, wo sie, unterstützt von sieben „Festhaltetherapeuten“, acht Familien drei Tage lang von Beziehungsproblemen erlösen will. Die katastrophische Inszenierung hat drei Akte. Im ersten wird der festgehaltene Johann ins elterliche Wohnzimmer zurückgeführt. Dort findet die orgiastische Szene mit Gebrüll und Ächzen statt, wenn Wut und Schmerz hinaus müssen aus dem Johann (seine Frau, Christine, „geht am anderen Tag auf die Matte“). Im zweiten Akt wird Johann zur Einfühlung mit dem Vater gebracht, und im dritten Akt führt ihn Frau Prekop in den Himmel, wo er in der Begegnung mit dem Vater durch dessen Segen Frieden findet. Gelegentlich, etwa nach der Katharsis, die dem Festhalten folgt, über die die Akteure in die Kamera berichten, beschleicht den Betrachter des Films ein leiser Zweifel, ob das nicht alles einstudiert, von Schauspielern dargestellt ist.

Durch Infantilisierung – mit der Kraft des Wortes, mit Gesang und Geschrei, durch Anfassen und Anordnung – macht Frau Prekop die Mitglieder ihrer Gemeinde zu Ebenbildern, die dankbar und freudig ihre Botschaft aufnehmen, eine Botschaft, die von Lebenserfahrung und der Gewissheit fundamentalistischen Christentums durchtränkt ist: „Aber meine Hoffnung ist, kann ich euch sagen, dass wir es doch noch schaffen, mit der Erneuerung der Liebesfähigkeit. Weil ich die Hoffnung hab', dass wir das schaffen, bin ich dauernd auf Achse, Tag für Tag, von Dorf zu Dorf, von Stadt zu Stadt, von Land zu Land, um das Bewusstsein für die Liebe zu mobilisieren."

Überhaupt legt sie, um Emotionen mächtig aufwallen zu lassen, gerne selbst Hand an, obwohl es an hilfswilligen Adepten nicht mangelt. Ausführlich wird alles gezeigt, was Frau Prekop, „die voller Energie Tag für Tag durch die Republik fährt im Dienste der Liebe und Versöhnung" (Ankündigungstext des Filmes durch den SWR), so tut, damit „die Liebe fließt".

„Liebe" ist die eintönig wiederholte Floskel, mit der sie den Sinn ihres Tuns begründet. Frau Prekop mit dem Mikrophon in der Hand, auf der Matte, im Seminar, alles wird gezeigt, was sie rastlos „unterwegs für die Liebe" (so lautet der Titel des Films) vollbringt.

Auch das Kraftfahrzeug, dessen sie sich zu diesem Zweck bedient, ist Gegenstand der Bewunderung des Filmautors. „Silberpfeil" nennt er das Fahrzeug und zeigt ausführlich, wie Frau Prekop es durchs Land lenkt. Man sieht sie ferner am Grab ihres Mannes, Valentin Prekop, mit Gartengerät hantieren, ehe sie sich aufs Stichwort in Positur reckt und Andeutungen zur Biografie und zur Entdeckung dessen, was sie „Therapie" nennt, in die Kamera schmettert. Es ist der reichlich bekannte Klappentext und die Geschichte, wie sie einmal abends müde nach Hause kam, Essen kochen musste und darüber so böse wurde, dass Valentin Prekop, ihr Mann, der tschechische Widerstandskämpfer (mehr erfährt man nicht über ihn, auch nicht, gegen wen er gekämpft hat und wo er 13 Jahre lang im Gefängnis sitzen musste) sie an sich presste und so lange festhielt, bis genug geschwitzt, gezetert, gewütet worden war. Das war das Urerlebnis, das sie oft und gerne erzählt, das sie allmählich in die Reihe der heilkundigen Naturmenschen und Wahrheitskünder rückte, die von Gläubigen umgeben sind.

Seltsam ist der Kontrast zwischen dem, was man sieht, und dem, was man hört in der filmischen Huldigung. Frau Prekop erläutert die Grundwahrheit ihrer Botschaft. Sie ist schlicht und fromm und es ist gut nachvollziehbar, dass schlichte und fromme Zuhörer (und gewiss viele andere auch) die Worte mit Zustimmung und Hoffnung aufnehmen: „Die Menschlichkeit entsteht durch den Umgang mit Menschen. Wie der Mensch mit Menschen umgeht. Nicht wie der Mensch mit Computern oder Bankkonten umgeht. Ja, oder wie er konsumiert. So entsteht nicht Menschlichkeit. Aber die Liebe gelingt wirklich nur aufgrund der Einfühlung. Ich muss wissen, wie es dir geht mit mir – du musst wissen, wie es mir geht mit dir. Und erst dann, wenn man hineinfühlt, dann kann die Liebe fließen. Und die Einfühlung ist wirklich der allertiefste und wirklich wichtigste Sinn des Verstands. In diesem Kreis unserer Gruppe kreist das Nehmen und Geben."

Nach 30 Minuten ist das Hohe Lied auf Jirina Prekop zu Ende. Über die Biografie der 75-Jährigen, ihre Qualifikation, war so gut wie nichts zu erfahren. Ihre Tätigkeit als Vortragsrednerin und Seelsorgerin freilich war einfühlsam und werbend beschrieben. „Eine dreieinhalbtägige Reise in die eigene Seele" werde der Film sein, war eingangs angekündigt worden: „Eltern haben unter Anleitung sich und ihre Kinder festgehalten, um verlorene Liebe wiederzufinden. Lebensgeschichten bekommen an diesem Wochenende ganz neue Kapitel", sprach die Stimme des deutlich als Schwaben erkennbaren Filmautors aus dem Off. „Von der Frau, die Menschen auf solche Reisen zur Liebe einlädt", handle der Film.

Die Erfolgsmeldung – auch das gehört zum Instrumentarium der Werbestrategen – steht schon ganz am Anfang des Films: „Die Diplom-Psychologin Jirina Prekop und ihre sieben Festhalte-Therapeuten haben eines geschafft – sie haben die Teilnehmer wieder in Kontakt mit ihren Gefühlen gebracht. Danach weiter zum nächsten Termin. Jirina Prekop verbringt mehr Zeit in ihrem Silberpfeil als zu Hause, hält über 300 Vorträge in allen Teilen der Republik, fährt rund 60 000 km im Jahr."

Von den Kosten der Mission ist keine Rede. Was zahlt man für ein dreieinhalbtägiges Festhalteseminar bei Frau Prekop?

Das Heilsversprechen führt zur politischen Dimension des Treibens: Frau Prekops unerschütterliche Gewissheit einer heilen Welt, in der konservative Werte gelten, macht skeptisch, weil sie ihre demagogischen Mittel so bedenkenlos einsetzt, weil sie diktatorische Gewalt über die Menschen beansprucht, die ihre Vorträge und Seminare besuchen, weil sie keine Distanz kennt und keine Grenzen einhält. Die Macht, die sie beansprucht, wird ihr zugestanden, um den Preis von ein paar Schlagworten, die sie, vom Chor der Jünger unterstützt, unablässig wiederholt: „Weil ich einfach einen Auftrag empfinde und das heißt die wachzurütteln für die Liebe, die Leute. Weil wir immer mehr die Hilflosigkeit haben in der Welt und die Familien gehen kaputt, und die Kinder sind dementsprechend unruhig und einsam und aggressiv auch. Und damit die Kinder heute noch womöglich lernen, was Liebe ist, muss man die Familien einfach wachrütteln, damit die den Kindern die Liebe vermitteln".

Ein neues Buch habe sie geschrieben: „Einfühlung oder die Intelligenz des Herzens. Das Fundament aller Liebe". Der Titel enthält die Phrasen, die gut ankommen, und Frau Prekop erläutert kurz, einfach und volkstümlich, wie es ihre Art ist, was sie damit meint: „Was ich erlebe in Familien: blutige Kämpfe, wie die Eltern sich schlagen gegenseitig in Gegenwart des Kindes, ohne Rücksicht darauf zu nehmen, wie die Kinder sich dabei fühlen. Meinen sie alle, dass noch Harmonie in der Ehe sein soll? Nein! Wenn da nur Harmonie ist, ist ein großer Wurm im Apfel. Wir leben nicht wahrhaftig. Wenn ich nicht äußere die Wahrheit, können sie auch nicht hineinfühlen, weil sie die Wahrheit nicht geäußert haben."

So einfach ist das. Merkwürdig, dass trotz der Ankündigung, die als Kasperltheater inszeniert ist, bei dem Frau Prekop mit dem Krokodil fuchtelt, um den Unterschied zwischen Gut und Böse den Kindern vor Augen zu führen, das Festhalten von Kindern nicht gezeigt wird. Sollte das Film-Team Schamgrenzen eingehalten haben? Oder hat der Justiziar des öffentlich-rechtlichen Senders empfohlen, die Szenen mit Kindern wegzulassen, damit keiner Einspruch erhebt, der die Vorführung als unerlaubten Übergriff, als Misshandlung, als Gewaltakt gegen Wehrlose sieht?

Fragen muss man auch, wie passen die Szenen überhaupt zur Liebesbotschaft? Szenen, in denen sich Frau Prekop ihrer Anhänger bemächtigt, sie auf die Matte zwingt, niederdrückt und niederdrücken lässt, ihnen Befehle gibt, die sich bäumende Gruppe besteigt, schließlich küssend und pressend in Haaren wühlend und immerzu streichelnd beschwörend den Höhepunkt im orgiastisch anmutenden Gruppenerlebnis erreicht, an dessen Ende sie Erlösung verkündet. Ihre Worte sind die aller Wanderprediger, Kräuterapostel, anspruchslosen Seelenhirten. Die Bilder dazu aber sind obszön, in der eigentlichen Bedeutung dieses Begriffs: schamlos. Ohne Distanz, bemächtigend und als Übergriff werden entlarvende Bilder gezeigt: Da zwingt eine Person, beste Absicht beanspruchend, anderen ihren Willen auf, in der festen Überzeugung, Widerstand gegen die Bemächtigung niederzwingen zu dürfen, weil sie weiß, was gut ist, und daraus Handlungsvollmacht ableitet, die ihr von den Erwachsenen, die sich ihr unterwerfen, offensichtlich zugebilligt wird. Aber wie ist das mit Kindern, die auf solche Weise festgehalten werden?

Man kann den Film gewiss auch nur als ländliche Posse sehen: Im Mittelpunkt die Frau aus dem Volke, die Wunderbares bewirken kann, die Alleinunterhalterin, die gleichzeitig auch den Pausenclown gibt bei der Verkündung schlichter Botschaften, die ein herrliches Auto, den Silberpfeil, besitzt, den sie am Ende des Filmes wieder besteigt, um zu neuen Erlösungssuchenden aufzubrechen. Um sie ist eine Gemeinde von erst Mühseligen und Beladenen, die aber aufrichtig ihr Heil, Erlösung, Versöhnung suchen. Zur Inszenierung fehlt die Trachtenkapelle, die eigentlich immerzu die Dorfstraße entlang marschieren muss, um der Botschaft auch den adäquaten musischen und optischen Nachdruck zu geben. (Immerhin müht sich der Kommentator redlich, diesem Mangel durch feierliche Intonation abzuhelfen).

Aber die ländliche Posse ist nur die eine, die vordergründigste Ebene, auf der heile Welt inszeniert wird. Dahinter tut sich die Demagogie eines Verfügungsanspruchs auf, wie er einst politisch verhängnisvoll und folgenreich diktatorische Vollmachten bis zur äußersten Konsequenz erlangte und erhielt. Deshalb ist dieser Film, ohne dass er es beabsichtigt, ein Lehrstück über zutiefst undemokratische Grenzverletzung und Überwältigung.

Miriam Bistrovic

Internet-Eindrücke zur Problematik Festhaltetherapie

Dokumentation einer Recherche

Halt gebende Erziehung, die Wiederherstellung der Beziehungen innerhalb der Familie und das freie Fließen der Liebe – was ist an diesen Zielen denn auszusetzen? Im Grunde klingt das eigentlich sehr harmonisch und erstrebenswert. Doch was verbirgt sich hinter diesen Begriffen, die die Festhaltetherapie immer wieder zu Werbezwecken nutzt und in all ihren Veranstaltungen, Online-Auftritten und Büchern im Vorwort verwendet?

Woher stammen die Theorien, auf denen die Festhaltetherapie fußt, und wer praktiziert sie? Wem wird das Festhalten empfohlen und mit welchen Begründungen? Wie funktioniert eine solche Therapie? Gibt es nachweisbare Erfolge? Wie begründen Kritiker ihre Ablehnung? Kann man sich im Vorfeld überhaupt objektiv informieren, ohne sich in die Obhut eines überzeugten Festhalteherapeuten zu begeben und die Erfahrungen am eigenen Leib oder dem des Kindes zu sammeln?

Mir ist durchaus bewusst, dass es ein unmögliches Unterfangen wäre, hier alle Fragen in ihrer ganzen Breite komplett erörtern und beantworten zu wollen – doch das ist auch nicht das Ziel dieses Beitrags. Vielmehr möchte ich zeigen, in welchem Maße es Interessierten gelingen kann, sich innerhalb kürzester Zeit über die Festhaltetherapie und ihre diversen Formen zu informieren.

Um den Ergebnissen bundesweite Gültigkeit zu verleihen und ihre Nachvollziehbarkeit ungeachtet der finanziellen oder geografischen Lage des Lesers zu gewährleisten, entschied ich mich bewusst gegen die Verwendung von Printmedien für die Recherche. Stattdessen wählte ich das Internet als Mittel der Informationsbeschaffung. Die Vorteile liegen auf der Hand, heutzutage ist es fast überall möglich, das Internet kostengünstig zu nutzen, sei es im privaten Haushalt, im Internet-Café oder in öffentlichen Einrichtungen, zudem gelangt man deutschlandweit nach wenigen Klicks zu den gleichen Ergebnissen. Printmedien dagegen sind nicht immer allen gleichermaßen zugänglich, und auch zwischen den einzelnen Buchhandlungen und Bibliotheken existieren starke Unterschiede bei der Auswahl der angebotenen Literatur und des Bestandes.

Dennoch habe ich zu Beginn meiner Recherchen den Online-Katalog des Verbundes der öffentlichen Bibliotheken Berlins zu Rate gezogen, um zumindest einen Überblick über die Verbreitung von Jirina Prekops Büchern zum Thema Festhalten im Berliner Raum zu gewinnen. Insgesamt ließen sich 103 Einträge finden,[1] die jedoch nicht viel über die tatsächliche Stückzahl der Medien innerhalb der einzelnen Bibliotheken Berlins aussagen, denn jeder Eintrag steht nur für eine bestimmte Version des Buches. Erst ein weiterer Klick zeigt die Verfügbarkeit des Titels in der jeweiligen Auflage oder dem jeweiligen Format (sei es nun als Taschen-, Hör-, oder gebundenes Buch) an – so kann es passieren, dass sich hinter einem Eintrag tatsächlich nur ein einziges Buch in einer Bibliothek verbirgt (z. B. „Schlaf Kindlein, verflixt noch mal!", das sich in der 7. Auflage nur in der Amerika Gedenk Bibliothek finden lässt) oder dass ein Eintrag mehrere Bücher umfasst, die sich über die Bibliotheken Berlins verteilen (z. B. „Einfühlung in die Intelligenz des Herzens" aus dem Jahr 2002, das in zwölf Bibliotheken steht).

Dazu kommen noch die unzähligen Buchhandlungen Berlins, die Prekops Werke vorrätig haben oder bei Bedarf bestellen und innerhalb weniger Tage dem Kunden übergeben können. Doch kann man nicht davon ausgehen, dass jedem am Thema Interessierten solch ein reiches Angebot an verfügbarer Literatur offen steht, sodass

1 Stand 1. 10. 2004, Suchmaschine des www.voebb.de

ich mich auf den folgenden Seiten nur auf die online verfügbaren Texte der Pioniere und Befürworter der Festhaltetherapie und deren Kritiker beziehen werde.

Zur Recherche verwendete ich einen analogen Internetanschluss und die Suchmaschine „google“, die auf Grund ihres Bekanntheitsgrades und ihrer leichten Handhabung von den meisten Internetnutzern verwendet wird und inzwischen sogar im neuen Duden als fester Begriff eingetragen wurde. Natürlich wäre auch jede andere Online-Suchmaschine oder die Verwendung eines schnelleren Internetzuganges möglich gewesen, um zu den gefundenen Informationen zu gelangen.

Suche: Festhaltetherapie

Um einen Einblick in die Materie zu gewinnen, wurde als erstes Suchkriterium der Begriff „Festhaltetherapie“ gewählt. Er erzielte bei google sofort 3150 Treffer.[2] Alle einzeln hier aufzuzählen, würde wohl den gesetzten Rahmen sprengen, deshalb möchte ich mich für diese und die kommenden Suchanfragen nur auf die ersten 15–20 Treffer berufen.[3]

Da bei der Suche keine Wertung vorgenommen wird, findet man sowohl Texte der Verfechter als auch der Kritiker der Festhaltetherapie direkt nebeneinander. Wissenschaftliche Abhandlungen und studentische Hausarbeiten – hervorzuheben wären hier eine Seminararbeit im Rahmen der Geistigbehinderten-Pädagogik der Universität Würzburg[4] und die ins Internet gestellten Texte der Zeitschrift Behindertenpädagogik (Heft 2-1988)[5] – lassen sich ebenso un-

2 Stand September 2004.

3 Dieses Bewertungssystem orientiert sich an mehreren Faktoren, der genauen Verwendung des Suchwortes innerhalb der Seite, die Häufigkeit der Aufrufe durch Internetnutzer und vor allem die netzweite Anzahl der Links, die zu dieser Seite führen.

4 http:://www.uni-wuerzburg.de/gbpaed/mixed/work/mkrenner1.html

5 http:://info.uibk.ac.at/c/c6/bidok/texte/bhp2-88-index.html

ter den genannten Ergebnissen finden wie Flyer der praktizierenden Institute und formlose Berichte in Foren, die die Verwendung medizinischer Termini oder literarischer Quellen in ihren Texten vermeiden.

Vor allem eine im Rahmen einer Diplomarbeit geäußerte Bitte um Informationen innerhalb eines solchen Forums vereinte sowohl heftigste Kritiker, die von der Therapie gehört oder sie gar selbst erlebt haben, und Befürworter, die dem Fragesteller bereitwillig im privaten Rahmen Auskunft gewähren wollten.[6] Ein gutes Beispiel für eine ähnlich gleichberechtigte Nennung der verschiedenen Sichtweisen mit zugehörigem link fand sich auch außerhalb der Suchmaschinen beim „Arbeitskreis Down-Syndrom e. V".[7]

Wer sich die Zeit nimmt, die Texte komplett durchzulesen, kann somit schon nach Eingabe eines einzigen Schlagwortes ein ziemlich ausführliches Bild der Festhaltetherapie und ihrer Protagonisten gewinnen – obwohl unter den ersten Ergebnissen eine detaillierte Beschreibung der Behandlung noch fehlt.

Eine Zusammenfassung der ersten Ergebnisse lautet:

Die Festhaltetherapie wird in Deutschland seit Beginn der achtziger Jahre praktiziert, es finden mehrere Seminare und Vorträge zu diesem Thema statt[8] und es existiert eine „Arbeitsgemeinschaft haltgebende Erziehung und Haltetherapie", in der sich mehrere unabhängige Therapeuten zusammengeschlossen haben, um Eltern das Prinzip des Festhaltens näher zu bringen.[9]

Ursprünglich wurde die Festhaltetherapie vor allem im Bereich des frühkindlichen Autismus und der Behandlung von geistig Be-

6 Jedoch werden keine genauen Abläufe der Therapie genannt – stattdessen wird auf die online zugänglichen kritischen Texte verwiesen. http://www.autismus-online.de/forum/messages/601.html bzw. http://www.autismus-online.de/forum/messages/324.html

7 http:://www.down-syndrom.org/therapie/t-festhalten.shtml

8 http://www.culturelife.de/html/veranstaltung/hm_03/Prekop_vor_d.html bzw. http://www.ziff.de/fortbildung/themen/weitere.html bzw. http://www.lebenshilfe-kamenz.de/symposium.htm bzw. http://www.thalamus-stuttgart.de/ausbildung/seminare/aussoehnungstherapie.html

9 http://www.haltetherapie.de/

hinderten angewandt.[10] Als Begründerin der Therapie in Europa gilt Jirina Prekop, die die Ideen von dem Verhaltensforscher Niko Tinbergen vermittelt bekam, der sich wiederum auf Martha Welchs Therapie des Forced Holding in den USA berief.

Alle drei Vermittlungsstufen scheinen auf der These, autistisches Verhalten würde durch eine gestörte Mutter-Kind-Beziehung hervorgerufen, zu beruhen und vertreten die Ansicht, dass sich jedes Kind im Innersten einen engen körperlichen Kontakt und Zärtlichkeiten wünscht. Es sei den Betroffenen jedoch nicht möglich, den Wunsch nach Kontakt zu äußern,[11] man müsse sie daher mit sanfter Gewalt dazu zwingen, diesen „Fluchtinstinkt" in Bezug auf Berührungen zu überwinden,[12] um sich der Situation des „liebevollen Haltens" hingeben zu können. Um dies zu erreichen, sollen die Eltern bzw. zuständigen Bezugspersonen das Kind so lange in den Armen festhalten, bis es sich von alleine entspannt und die Berührungen annimmt. Solch eine Behandlung kann bis zu mehreren Stunden dauern, und bei kräftigeren Kindern wird auch die Verwendung eines „Festhaltegürtels" empfohlen, mit dem der Festhaltende und der Festgehaltene aneinander gebunden werden.[13] Auch ein Festhalten des Kindes auf dem Boden durch die Eltern ist möglich.[14]

Inzwischen wird das Festhalten nicht nur auf die Behandlung autistischer Symptome beschränkt – vielmehr scheint die Festhaltetherapie im Umgang mit autistischen und geistig behinderten Personen an Bedeutung verloren zu haben.[15] Stattdessen wird das Eltern-Kind-Festhalten nach Prekop bei einer Vielzahl von Störungen empfohlen, von denen hier nur ein paar genannt seien:

10 http://www.mit-kindern-wachsen.de/docs/artikel/zeitschr_ausz_0401.pdf

11 http://www.dialogische-fachdidaktik.de/FacharbeitFesthalte.pdf bzw. http://www.uni-wuerzburg.de/gbpaed/mixed/work/mkrenner1.html

12 http://www.culturelife.de/html/veranstaltung/hm_03/Prekop_vor_d.html bzw. http://www.festhalten-prekop.de/scripts/doc/studie.pdf

13 Matthias Dalferth http://info.uibk.ac.at/c/c6/bidok/texte/bhp2-88-heim.html bzw. http://www.uni-wuerzburg.de/gbpaed/mixed/work/mkrenner1.html

14 http://www.mit-kindern-wachsen.de/docs/artikel/zeitschr_ausz_0401.pdf

15 http://www.mit-kindern-wachsen.de/docs/artikel/zeitschr_ausz_0401.pdf

„bei Depressionen, Ängsten aller Art, [...] bei psychosomatischen Krankheiten, bei Essensverweigerung, bei [...] Destruktionszwängen, Herrschsucht, Leistungssucht etc, [...] für hyperaktive oder unruhige Kinder, Schlafstörungen, [...] für alle Eltern und Kinder, deren Liebe zueinander nicht fließen kann, [...] wenn Bindungen gestört oder abgebrochen sind, bei Abbruch der Bindung bei Frühgeborenen (z. B. nach Kaiserschnitt)."[16]

Zur Festhaltetherapie nach Prekop gehören laut der Heilpraktikerin Assmann-Bühler die „Bindung zwischen Mutter-Kind oder Vater-Kind (auch im erwachsenen Alter des Kindes), die Aussöhnung mit abwesenden Eltern unter Visualisierung, die Rückbindung (das emotionale Nachvollziehen des Geburtserlebens) und das Paarfesthalten inkl. Trennungsfesthalten".[17]

Natürlich werden, da es sich um eine anerkannte Therapieform handeln soll, auch Kontraindikationen genannt, die negative Folgen der Behandlung von vorneherein ausschließen sollen. Darunter zählen „die Absicht, das Festhalten als Erziehungsmittel zum Gehorsam zu benutzen, eine chronische affektive Ambivalenz (‚wischiwaschi') beim Haltenden, eine Psychose des Haltenden, sexueller Übergriff seitens des Elternteils, der festhalten möchte, wenn der Halten-Wollende die Ordnung im familiären System nicht anerkennt".[18] Des Weiteren wird davon abgeraten, das Festhalten anzuwenden „bei schweren chronischen Erkrankungen der Eltern oder des Kindes, [...] für Eltern mit schwerer Suchtproblematik, [...] wenn das Kind sexuell missbraucht wurde; wenn ein Elternteil, das in der Familie lebt, dem Festhalten grundsätzlich nicht zustimmt".[19]

Auch eine Studie zur Wirksamkeit der Festhaltetherapie gehörte in zwei kommentierten Fassungen zu den ersten Treffern bei

16 Die vollständige Aufzählung lässt sich unter: http://www.prekop-institut.com/burian_fh.html nachlesen.

17 http://www.assmann-buehler.de/Festhaltenflyer.pdf

18 http://www.assmann-buehler.de/Festhaltenflyer.pdf

19 http://www.prekop-institut.com/burian_fh.html

„google“; die erste Fassung stammt von der Seite des Auftraggebers – dem Dan Casriel Institut, das eng mit Prekop zusammenarbeitet[20] –, und die zweite Version wurde auf Prekops Internetseite veröffentlicht.[21] Trotz der Verwendung der gleichen Studie hätte die Wirkung der Texte nicht unterschiedlicher sein können. Während sich das Dan Casriel Institut an eine nüchterne Beschreibung der gewonnenen Erkenntnisse hält, wird bei Prekops Version dem Ganzen ein Vorwort und „Das Setting der Festhaltetherapie nach Prekop und ihre Begründung“ beigefügt. Auszugsweise seien diese hier zitiert, um einen Einblick in die Begründung der Studie und den Ablauf eines Festhalteseminars aus der Sicht Prekops zu geben:

„Für mich alleine brauchte ich bis heute keine wissenschaftliche Prüfung der Festhaltetherapie. Von ihrer wohltuenden Wirksamkeit bin ich aufgrund meiner langjährigen Erfahrungen überzeugt. Positive Rückmeldungen bekomme ich von den meisten Eltern und Kindern, ob sie sich schon das Festhalten aus eigener Kraft zugemutet haben oder ob es ihnen therapeutisch vermittelt wurde. Jedes Mal spüre ich einen Stich im Herzen, wenn ich in Presseartikeln oder aus dem Munde einiger Veranstalter meiner Vorträge bei der Einführung die Adjektive ‚nicht unumstritten‘, oder noch skeptischer ‚umstritten‘, ‚wissenschaftlich nicht nachgewiesen‘ im Bezug auf die Festhaltetherapie höre. Manchem, der das Festhalten als Therapie dringend gebrauchen könnte, verbauen solche zweifelnden Einstellungen und Verunsicherungen die Chance zu einer wirksamen Hilfe und das tut mir für sie leid.“[22]

„Zu einem Seminar werden im Durchschnitt 10 Familien eingeladen, die unter Beziehungskonflikten leiden. In der Regel wurden die Interessenten vorher auf Kontraindikationen überprüft. […] Es wird Wert darauf gelegt, dass beide Eltern mit ihren Kindern teilnehmen […]. Zu bestimmten Gelegenheiten treffen sich alle Teil-

20 http://www.dan-casriel-institut.de/unterseiten/forschung/forschung.htm

21 http://www.festhalten-prekop.de/scripts/doc/studie.pdf

22 Vorwort http://www.festhalten-prekop.de/scripts/doc/studie.pdf

nehmer im Kreis, um mit Singen, Bewegungsspielen, Rollenspielen und Ritualen den neuen Tag zu eröffnen, gute Nacht zu wünschen und zum Abschluss für einen bestimmten Menschen, den der Seminarteilnehmer aufgrund seiner Aussöhnung von neuem ins Herz geschlossen hat, eine Kerze der Liebe anzuzünden. Im Rahmen dieser großen Runden erfolgt eine Aufklärung über die Bedeutung des Festhaltens. […] Es wird anschaulich gemacht, dass es eine menschenwürdige Chance ist, in fester Umarmung den Konflikt solange auszutragen, bis die Liebe wieder fließt und die Bindung erneuert ist."[23]

Zur Studie selbst ist noch zu sagen, dass laut Dan Casriel Institut 141 Personen angeschrieben wurden (Prekop nennt 151 Familien), die zwischen 1993 und 1998 an Workshops im Dan Casriel Institut teilgenommen hatten. Bis zur Veröffentlichung der Studie im Februar 1999 waren 33 Familien telefonisch befragt und 71 der zurückgesandten Fragebögen ausgewertet worden.[24] Insgesamt wurden 25 Kriterien ausgewertet, die eine Erfolgsquote der Therapie von 56 % ergaben.[25] Seltsamerweise fällt in Prekops Version auf, dass sich die prozentual genannten Ergebnisse des globalen Erfolgs von der tabellarischen Darstellung unterscheiden und auch nicht erläutert wird, ob sie sich auf das Gesamtergebnis, die telefonischen Befragungen oder die schriftlichen Antworten bezieht. So wird z. B im Diagramm der globale Erfolg von ca. 17 % der Befragten als

23 „Das Setting der Festhaltetherapie nach Prekop und ihre Begründung" http://www.festhalten-prekop.de/scripts/doc/studie.pdf

24 Insgesamt wurden 83 Fragebögen zurückgesandt, jedoch nur 71 fristgerecht – die restlichen Fragebögen sollen sich jedoch nicht sonderlich von den Aussagen der schon ausgewerteten unterschieden haben und wurden deshalb nicht mehr berücksichtigt (http://www.dan-casriel-institut.de/unterseiten/forschung/forschung.htm).

25 Auffällig ist vor allem die Zusammensetzung der teilnehmenden Personen, 59,2 % besaßen die Hochschulreife/einen Hochschulabschluss, 23,9 % hatten eine Realschule besucht und nur 16,9 % wiesen einen Hauptschulabschluss vor. „Die Stichprobe besaß folglich mit anderen klinischen Vergleichsgruppen ein hohes Bildungsniveau." (http://www.dan-casriel-institut.de/unterseiten/forschung/forschung.htm).

„wenig" eingeschätzt (Bewertungsskala: außerordentlich, sehr viel, viel, deutlich, mittelmäßig, etwas, wenig, minimal, überhaupt nicht profitiert) –, in der Gesamtbewertung scheinen jedoch nur 11 % den Erfolg als „ausreichend" bzw. 8 % als „minimal oder negativ" zu bewerten.[26]

Zudem wird in der Variante des Dan Casriel Instituts auch auf eine weitere Problematik in Bezug auf die Allgemeingültigkeit der Studie eingegangen: „Diese Beurteilung kann im Vergleich zur üblichen Bewertung von Psychotherapien (eine kleine Minderheit stuft die Ergebnisse als schlecht ein) als sehr negativ eingestuft werden, da ferner immerhin fast die Hälfte (48 %) der Personen, die Vorbehandlungen angaben, diese als mangelhaft oder ungenügend (Note 5 bzw. 6) einstuften. Es liegt nahe anzunehmen, dass die mangelnde Zufriedenheit mit den anderen Methoden / Vortherapien zur Teilnahme der Festhalte-Therapien geführt hat, die manchmal vielleicht als ‚letzter rettender Strohhalm' gesehen wurde. Unbekannt ist jedoch, wie vielen Familien die übrigen Therapieangebote soweit geholfen haben, dass sie eben *keine* Festhalte-Therapie mehr in Betracht gezogen haben (sofern ihnen diese Therapieform bekannt war). Unbekannt ist auch, inwiefern die Personen, die letztlich an den Festhalte-Workshops teilnahmen, vergleichbar sind mit denen, die bei ähnlichen Problemen *nicht* teilnahmen. Hiermit wird die grundlegende Einschränkung der Interpretierbarkeit aller hier dargestellten Ergebnisse deutlich: Wie repräsentativ ist die hier vorliegende Stichprobe für andere Personen mit diesen Störungen / Problemen für das Dan Casriel Institut oder auch für andere Einrichtungen?"[27]

An dieser Stelle möchte ich auf die unter dem Schlagwort „Festhaltetherapie" gefundenen kritischen Texte eingehen – die sich jedoch nur auf den Aspekt der Festhaltetherapie beim frühkindlichen Autismus beziehen – allen voran auf die online zugängliche Version

26 http://www.festhalten-prekop.de/scripts/doc/studie.pdf
27 http://www.dan-casriel-institut.de/unterseiten/forschung/forschung.htm

der Zeitschrift „Behindertenpädagogik. Kritische Beiträge zur Festhaltetherapie“ (Heft 2-1988)[28] und eine an der Universität Würzburg von Monika Krenner verfasste Seminararbeit im Rahmen der Geistigbehinderten-Pädagogik.[29] Beide Treffer gehörten zu den ersten aufgelisteten, wurden jedoch auf Grund ihrer ausführlichen und kritischen Texte nicht mit den anderen Ergebnissen vermischt. Außen vor lassen möchte ich eine ebenfalls im Internet existierende Facharbeit im Leistungskurs Pädagogik,[30] da sich dieser Text in den formellen Anforderungen (z. B. benutzte Literatur und deren kritische Auswertung) nicht mit den anderen Texten messen kann. Es sollte jedoch erwähnt werden, dass die Facharbeit das Festhalten im Gesamtergebnis als positiv bewertet und somit im direkten Gegensatz zu den kritischen Texten der „Behindertenpädagogik“ (Heft 2-1988) und der Seminararbeit steht.

Krenners „Erklärungsmodell zur Festhaltetherapie“ liefert sowohl einen kurzen Abriss über die Entstehung der Festhaltetherapie, ihre Vertreter und die zu Grunde liegenden Theorien. Demnach existiert die Festhaltetherapie schon seit den 60er-Jahren und wurde zuerst von dem Therapeuten Robert Zaslow angewandt, der in Folge seines recht gewaltsamen Vorgehens – das die inneren Widerstände der Kinder und ihre Wut reduzieren sollte – seine Approbation verlor. Anfang der 70er-Jahre tauchte das Festhalten erneut in den USA auf, wo es durch Martha Welch propagiert wurde, die keine direkte Verbindung zu Zaslow aufzuweisen scheint. Ihr Erklärungsmodell beruht auf der Annahme von gestörten Mutter-Kind-Beziehungen, die durch engen Kontakt der beiden unter Anleitung eines Therapeuten behoben werden sollen. Nach Europa gelangte die Festhaltetherapie erst durch die Vermittlung Tinbergens, der – laut Krenner – mit Welch zusammenarbeitete und ihrer Begründung seine eigenen

28 http://info.uibk.ac.at/c/c6/bidok/texte/bhp2-88-index.html
29 http://www.uni-wuerzburg.de/gbpaed/mixed/work/mkrenner1.html
30 http://www.dialogische-fachdidaktik.de/FacharbeitFesthalte.pdf.

Erklärungen des frühkindlichen Autismus – der durch Überwinden der „autistischen Schranke des Kindes“ heilbar sei – hinzufügte.

In dieser Form lernte auch Prekop das Festhalten kennen und begann ab 1981, diese Methode zu praktizieren und aktiv an der Verbreitung als Therapieform im deutschen Raum zu arbeiten.[31] Prekop erkannte sogar einen weiteren Aspekt, der für die Störung der innerfamiliären Beziehungen verantwortlich sei: die frühe Trennung von Mutter und Kind in der Industriegesellschaft. Doch auf diesen Aspekt sowie auf eine genaue Schilderung der Festhaltetherapie aus der Sicht Prekops möchte ich erst später eingehen, da sich unter den weiteren Suchanfragen im Internet diverse Seiten finden lassen, die diese Themen anschaulicher schildern.

Hervorzuheben bei Krenners Text ist vor allem ihr Versuch, Erklärungen für die große Verbreitung und Anerkennung der Therapie zu finden. So scheinen Betroffene vor allem für die „Logik des Herzens“ empfänglich zu sein, die sich stark von nüchternen medizinischen Betrachtungen unterscheidet und den Eltern die Hoffnung verleiht, Erfolge erzielen zu können, sofern sie diese auch wirklich wollen.[32] Die scheinbaren Erfolgserlebnisse – Entspannung des Kindes im Arm der Eltern und Blickkontakt am Ende der Sitzungen – dürften manchen als Bestätigung gelten.

Wie gefährlich diese Annahme ist, wird in den wissenschaftlichen Texten der Zeitschrift „Behindertenpädagogik“ deutlich.[33] Auch hier wird auf die Situation der Eltern und Therapeuten autistischer Kinder bei Festhaltetherapien eingegangen: „Es zeigt sich aber deutlich, daß hier wie so oft das Gegenteil von ‚gut‘ nicht ‚schlecht‘, sondern ‚gut gemeint‘ ist.“ „Wir haben Verständnis für die psychischen Probleme von Therapeuten und Eltern, unsere Solidarität gilt

31 http://www.uni-wuerzburg.de/gbpaed/mixed/work/mkrenner1.html (Ausführlicher nachzulesen unter: Wolfgang Jantzen/Wolfgang v. Salzen, Halte-„Therapie“: Für wen Halt und für wen Therapie? http://info.uibk.ac.at/c/c6/bidok/texte/bhp2-88-haltetherapie.html).

32 http://www.uni-wuerzburg.de/gbpaed/mixed/work/mkrenner1.html

33 http://info.uibk.ac.at/c/c6/bidok/texte/bhp2-88-index.html

jedoch vor allem den betroffenen Kindern."[34] Ein anderer Text wendet sich direkt an die Nöte der betroffenen Erziehungsberechtigten: „... weil hinsichtlich der Effektivität irreale Hoffnungen bei Eltern und Erziehern geweckt werden, die nicht einzulösen sind und sie, wenn sie eine ambivalente Einstellung zu diesem Verfahren haben, in große Gewissensnöte gestürzt werden."[35]

Die einzelnen Artikel fällen in ihrer Gesamtheit – unter Berücksichtigung medizinischer Fakten und genauer Analyse der Begebenheiten – ein vernichtendes Urteil über die Festhaltetherapie: „Das ‚Erzwungene Halten' ist weder eine ‚behinderungsspezifische' Behandlungsform noch aus der Tatsache des Vorliegens einer Behinderung bzw. aus deren Verständnis heraus als spezielle Therapie ableitbar. [...] Die vorliegenden Begründungen des ‚erzwungenen Haltens' entbehren weitgehend nachvollziehbarer und in wissenschaftlichen Begriffen faßbarer Begründungen und fußen auf irrationalen Annahmen, die mit der ‚Logik des Herzens' begründet werden." Zudem stellen sie keine „schlüssige therapeutische Konzeption dar, sondern fußen auf einem Konglomerat ethologischer, humanbiologischer, neuropsychologischer, entwicklungs-psychologischer und tiefenpsychologischer Konstrukte und Versatzstücke."[36]

„Das Festhalten wird heute als ‚Therapie' und ‚Lebensform' ‚verkündet' [...], es wird mit der ‚Logik des Herzens' begründet und schließt sich von vornherein gegen jeden kritischen Ansatz ab, indem darauf verwiesen wird, daß man sich den ‚Luxus des Denkens' nicht leisten könne, während sich Kinder schlagen und selbst verletzen. Die Logik wäre, daß die Vertreter der Auffassung, daß unsere Gesellschaft eine ‚autistische' sei, ‚Autismus' zur Normalität erklären oder aber die als ‚autistisch' eingeschätzten Strukturen der Gesell-

34 Jantzen/v. Salzen (http://info.uibk.ac.at/c/c6/bidok/texte/bhp2-88-haltetherapie.html).

35 Matthias Dalferth (http://info.uibk.ac.at/c/c6/bidok/texte/bhp2-88-heim.html).

36 Georg Feuser, Thesen und Aufruf zum „Erzwungenen Halten" (http://info.uibk.ac.at/c/c6/bidok/texte/bhp2-88-thesen.html).

schaft verändern und den betroffenen Autisten (als einzig ‚normales' Produkt derselben) in Ruhe lassen."[37]

Stattdessen lebt die Festhaltetherapie „von der Vorstellung, daß im psychischen Haushalt des autistischen Kindes alles machbar sei, daß jede Form der Interaktion schon irgendwie nütze, wenn sie nur gut gemeint ist. Bei einer solchen Betrachtungsweise bleibt kein Platz mehr, die Methode selbst in Zweifel zu ziehen. Selbst dann, wenn sich die Symptome durch das Verfahren verstärken, wird dies lediglich als mangelnd konsequente Durchführung angesehen oder mit Durchhalteparolen übergangen".[38] „Das eigene Fühlen wird zum Maßstab gesetzt, daß jeder andere in der gleichen Situation ebenso fühlen muß, abstrahiert von seiner Geschichte."[39] Für das autistische Kind ergibt sich, dass „dieses die ihm unter dem Zwang des Haltens einzig verbleibende Möglichkeit des Blickkontaktes und einer Person-Person-Kontaktaufnahme als neues Stereotyp in seine (autistische) psychische Struktur integriert". Anstelle eines Eingehens auf die Bedürfnisse autistischer Kinder zwinge man sie „unter Mißachtung ihres momentanen Entwicklungs-, Denk- und Handlungsniveaus zur Ausbildung eines von außen als ‚Erfolg' der Behandlung angesehenen neuen Stereotyps".[40]

Die Festhaltetherapie „bricht Teile der Persönlichkeitsstruktur, zerstört also Halt, und sie löst Isolation auf, indem sie neue schafft, die alten Stereotype durch neue ersetzt".[41] „Das ‚erzwungene Hal-

37 Georg Feuser, Aspekte einer Kritik des Verfahrens des „erzwungenen Haltens" http://www2.uibk.ac.at/bidok/library/therapie/feuser-festhalten.bdkb

38 Wolfgang Kisckel/Norber Störmer (http://info.uibk.ac.at/c/c6/bidok/texte/bhp2-88-kritisch.html).

39 Jantzen/v. Salzen, Halte-„Therapie" (http://info.uibk.ac.at/c/c6/bidok/texte/bhp2-88-haltetherapie.html).

40 Feuser, Thesen und Aufruf zum „Erzwungenen Halten" (http://info.uibk.ac.at/c/c6/bidok/texte/bhp2-88-thesen.html).

41 Jantzen/v. Salzen, Halte-„Therapie" (http://info.uibk.ac.at/c/c6/bidok/texte/bhp2-88-haltetherapie.html). Diese Aussage wird zudem von der Aussage einzelner Betroffener im Autismus-Online Forum gestützt (http://www.autismus-online.de/forum/messages/597.html).

ten' ist damit ein Willkürakt hochgradig abhängigen und in ihrer Persönlichkeitsentwicklung bereits erheblich beeinträchtigten Menschen gegenüber, dem nur noch die Qualität von ‚Hirnwäsche' und ‚Folter' zuerkannt werden kann. Seine Anwendung wäre letztlich allein aus humanen Gründen schon zu untersagen."[42]

Nun stellt sich jedoch die Frage, warum die Festhaltetherapie trotz dieser Kritik weiterhin angewandt wird und als regelrechtes Allheilmittel für (scheinbar) schwer erziehbare Kinder gilt? Vielleicht lässt sich dies durch eine genauere Suche im Internet erklären.

Suche: „haltgebende Erziehung" und „festhaltende Eltern"

Zuerst möchte ich herausfinden, ob und wie sich Eltern selbst über das Festhalten oder die haltgebende Erziehung äußern. Die nächsten beiden Suchanfragen lauten „festhaltende Eltern" und „haltgebende Erziehung".

Unter der Suche „festhaltende + Eltern" erscheinen 120 Treffer, bei einer Eingrenzung auf „festhaltende Eltern" reduziert sicht das Ergebnis auf nur noch 14 Einträge, die vor allem im Rahmen von ADS-Selbsthilfegruppen einen eingetragenen Verein in Datteln nennen, der keine eigene Internetpräsenz zu besitzen scheint und auf den gefundenen Seiten weder Informationen zur eigenen Zielsetzung noch eine e-mail-Adresse nennt.[43]

Neben dieser Auflistung fielen nur drei weitere Angaben gesondert auf: ein Artikel zum Thema „Schreibabies – eine Zerreißprobe für übermüdete Eltern", ein kürzerer Beitrag in einem Forum aus dem Jahr 2000[44] und ein Artikel mit dem Titel „Festhalten und

42 Feuser, Aspekte einer Kritik des Verfahrens des „erzwungenen Haltens" (http://info.uibk.ac.at/c/c6/bidok/texte/bhp2-88-festhalten.html).

43 U. a. http://adhs.schulratgeber.de/index.php?eventselbst=true

44 Ein Paar hat Probleme mit dem vermittelten Adoptivkind und die Festhaltetherapietherapie empfohlen bekommen. Um Informationen zu bekom-

Festhaltetherapie", der den Verlauf einer Therapie aus dem Blickwinkel einer praktizierenden Therapeutin schildert.[45] Von diesen drei Seiten befasst sich jedoch keine direkt mit der Sicht der Eltern auf eine durchgeführte Festhaltetherapie.

Zum Beispiel behandelt der Online-Bericht zum Thema „Schreibabies" ausführlich die Probleme, die Eltern, insbesondere Mütter, mit unruhigen Kindern haben können. Die Autorin stellt aus eigener Sicht das Unverständnis ihrer Umwelt dar, die fehlende Hilfe durch Ärzte, Selbsthilfegruppen und Therapeuten, die ihr keine passenden Lösungen des Problems nennen konnten. Stattdessen hat sie nun selbst ein Buch herausgebracht, in dem sie ihre Erlebnisse schildert und Lösungswege zeigt. Der direkte Bezug zur Festhaltetherapie erschließt sich nicht auf den ersten Blick, erst die benannten Anlaufstellen könnten den Leser stutzig machen: Es handelt sich um den schon erwähnten Verein „Festhaltende Eltern", eine „Selbsthilfe-Initiative für Eltern von Schreibabies im ersten Lebensjahr" und das „Eltern Forum Holding".[46]

Auch bei einer Suche nach dem Begriff „haltgebende Erziehung" sind die Ergebnisse zwar zahlreich (211 Einträge), doch unter den ersten 20 Treffern ließ sich zum Zeitpunkt der Suche kein einziger Erfahrungsbericht von Eltern finden.

Stattdessen kann ein interessierter Surfer nacheinander die führenden Institute für Festhaltetherapie besuchen: die AgH – Arbeitsgemeinschaft haltgebende Erziehung,[47] das Dan Casriel Institut, das seine Methoden – darunter auch die Festhaltetherapie nach Prekop –

men, hatte der Vater in einem Forum nach Personen gesucht, die ihm Näheres dazu berichten könnten. Der Aufruf wurde zwar beantwortet, jedoch nicht in Bezug auf die Festhaltetherapie, sondern von anderen Adoptiveltern, die bereit waren, Tipps für die Anfangszeit zu geben (http://www.werweiss-was.de/theme76/article160183.html).

45 http://www.haltetherapie.de/homeunten/artikel/wettigfesthalte.pdf

46 http://www.hoppsala.de/index.php?menueID=38&contentID=158

47 http://www.haltetherapie.de/home.html

vorstellt,[48] die Gesellschaft zur Förderung des Festhaltens als Lebensform und Therapie e. V.[49] und das Jirina Prekop-Institut.[50]

Zudem lassen sich mehrere Workshops und Seminare finden, die ebenfalls mit den Vorteilen der „haltgebenden Erziehung" werben.[51] Ob es sich dabei wirklich um Anbieter der Festhaltetherapie handelt, lässt sich höchstens vermuten, genaue Angaben über die Therapieform oder Verweise auf die genannten Institute sucht man meist vergeblich. Ebenso verhält es sich bei den anderen Treffern, es lässt sich nur in Einzelfällen ein direkter Bezug zur Festhaltetherapie nachweisen,[52] auch wenn der Begriff „haltgebende Erziehung" fällt.

Nun könnte man natürlich die einzelnen Institute nach Gästebüchern, Foren oder ähnlichen Nachrichten durchsuchen, um direkte Aussagen festhaltender Eltern zu finden, doch dürfte es recht unwahrscheinlich sein, dort negative Aussagen zu finden, da das Internet ein sehr flexibles Medium darstellt und im Gegensatz zu Büchern einmal getroffene Aussagen vom Inhaber der Websites jederzeit modifiziert oder gelöscht werden können.

Dennoch möchte ich zwei Eintragungen im Gästebuch des Prekop-Instituts nennen, die Erfahrungen mit dem Festhalten bzw. den Büchern Prekops schildern: „Ich war sehr berührt und habe angefangen im netz nach mehr infos zu suchen. was mich sehr irritiert hat, sind die vielen kritischen beiträge. Gut, muss sein. Aber nachdem ich einige gelesen habe ist mir etwas klar geworden. Man kann und darf das Buch nicht mit dem Kopf lesen sondern mit dem Herzen. Sonst geht die eigentliche Essenz vorbei ohne sie erfasst zu

48 http://www.dan-casriel-institut.de/unterseiten/therapeutisches_angebot/haltegruppen.htm bzw. http://www.dan-casriel-institut.de/unterseiten/therapeutisches_angebot/therapiegruppen_kurzbeschreibung.htm

49 http://www.festhalten-prekop.de/scripts/doc/lehrinstitut.php

50 http://www.prekop-institut.com/index1.html

51 https://ssl.brainstorm.zirndorf.de/cgi-bin/alois/alois.pl?runmode=zeige_fachbereich&fachbereichs_nr=2 bzw. http://www.bwdamme.de/kursangebot/theologieerziehungpsychologie/theologieerziehungpsychologie.html

52 http://www.ursula-schricker.de/

haben. Die Kritiken, die ich gelesen habe, sind z. B. zusammengesetzt aus aus dem Zusammenhang genommenen Sätzen des Buches – die für sich alleine eine ganz andere Bedeutung haben – natürlich. Ich glaube, festhalten muss man erleben, um es beurteilen zu können. Wenn man Liebe beurteilen kann. Und es ist eine kleine Revolution, es ist schlicht und das macht meist misstrauisch."[53] Auffällig ist die Betonung des „Erleben-Müssens" des Festhaltens, der Liebe und des „Lesens mit dem Herzen". Das sind Begriffe, die sich eng an Prekops „Logik des Herzens" anschließen und mit denen die logischen Argumentationen der Kritiker als zu kopflastig abgewiesen werden.

Was passiert, wenn selbst die „Logik des Herzens" versagt, schildert der nächste Bericht einer Mutter, die ihre 20 Monate alte Tochter ohne therapeutische Hilfe festzuhalten versuchte: „Ich habe über die Festhaltetheraphie gehört. Ich war zuerst skeptisch, weil ich mir gedacht habe, ich habe nicht genug Kraft (nervlich), um sie festzuhalten. Aber ich liebe sie und habe es einfach ausprobiert. Heute vormittag. Sie hat angefangen zu trotzen (Nein, nein, nein) und zu schreien und ich habe sie festgehalten. Sie hörte sehr schnell dieses trotziges schrilles Schreien auf, aber dann versuchte sie sich mit allen Kräften freizumachen. Ich habe sie aber trotzdem festgehalten, ich habe nämlich gelesen, es ist noch schlimmer zu halten und zu früh loszulassen, dann kriegt das Kind mit, das die Mama zu schwach ist, es zu halten. Also ich habe sie festgehalten und sie hat geweint und wollte sich von mir lösen. Irgendwann wußte ich nicht mehr weiter und ich habe sie doch losgelassen. Ich hatte echt die Angst ich mißbrauche ihr Freiheitsrecht oder so was. Ich bin voll verunsichert, wie lange muß ich sie denn halten. Ich habe zwar gelesen, das kann sehr unterschiedlich sein, von 15 Minuten bis 2 Stunden. Aber wie erkenne ich denn das, daß es genug ist? Ich habe versucht, auf meinen Bauch zu hören aber es hat nicht geklappt. Bitte helfen Sie mir!"[54]

53 Eintrag vom 27. 9. 03 http://www.prekop-institut.com/gb.php
54 Eintrag vom 7. 1. 04 http://www.prekop-institut.com/gb.php

Ob die Autorin Hilfe erhielt, lässt sich nicht feststellen, da im Gästebuch keinerlei Antworten gegeben werden. Ihre Schilderung der Haltesituation und der Zweifel, die sie dabei empfand, wirken zusammen mit dem Aufruf um Hilfe seitens des Institutes widersprüchlich; inwiefern die Autorin selbst diesen Widerspruch als solchen gesehen oder ob sie weitere Halte-Versuche mit ihrem Kind unternommen hat, kann nicht geklärt werden – weitere Einträge fehlen.

Suche: „Jirina Prekop“

Nach diesen Angaben von Nutzern oder Beobachtern der Therapie stellt sich die Frage: Wie bewertet Prekop selbst ihre Arbeit, welchen Auftrag verfolgt sie und welche Berechtigung findet sie für ihr Vorgehen? Lassen sich im Internet direkte Aussagen Prekops (Interviews oder verfasste Artikel) finden, neben der schon erwähnten Studie des Dan Casriel Institutes und den einzelnen von Kritikern zitierten Passagen?

Die erste Suchanfrage „Prekop“ fördert 26 900 Treffer zu Tage. Eine Eingrenzung auf „Jirina Prekop“ verzeichnet immer noch 9810 Einträge, die sich nicht nur auf den deutschen Raum beschränken – ein deutliches Zeichen für den Bekanntheitsgrad der Person.

Neben den oben aufgeführten Instituten, die die Festhaltetherapie nach Prekop propagieren, lassen sich auch unzählige Hinweise zu ihren Büchern in Online-Buchhandlungen und Antiquariaten finden.[55] Auch die kritischen Beiträge zur „Festhaltetherapie“ tauchen erneut unter den Treffern auf,[56] ebenso die angeführten Diskussionen in Foren.[57]

55 U. a. www.amazon.de, www.libri.de

56 http://www.uni-wuerzburg.de/gbpaed/mixed/work/mkrenner1.html bzw. http://info.uibk.ac.at/c/c6/bidok/texte/bhp2-88-index.html

57 http://forum.ehk.ch/read.php?f=2&i=711&t=710 bzw. http://www.autismus-online.de/forum/messages/587.html

Neu erscheinen unter dieser Suchfunktion einige ins Internet gestellte Interviews, in denen sich Prekop selbst äußert. Trotz ihres Alters von 75 Jahren engagiert sie sich weiterhin ungebremst für „ihre" Festhaltetherapie und die „Logik des Herzens", indem sie „voller Energie Tag für Tag durch die Republik fährt im Dienste der Liebe und Versöhnung".[58]

„Ich habe den Auftrag und Sinn meines Lebens erkannt." Dieser Auftrag sei es, die „Liebe zu erneuern",[59] denn „die Liebe ist der höchste religiöse Wert".[60] Sie selbst habe diese Liebe über die Festhaltetherapie kennen gelernt, als ihr Mann sie eines Tages bei einem Wutanfall festhielt. „Mein Zorn verrauchte. Da wusste ich, dass ich mich verlassen konnte auf seine Liebe. Er gab mir Halt." Auf die Erwiderung des Interviewers, ihr Mann sei autoritär gewesen, entgegnet Prekop nur kurz: „Er übernahm die Verantwortung für mich. Weil er besser im Lot war." Auch auf den Hinweis, dass Bindungen früher nicht fester gewesen seien, sie hätten nur halten müssen, da es keine Alternative gegeben habe, reagiert Prekop eher ausweichend: „Mag sein. Aber sie hielten. Heute wird Liebe nur probiert. Man rechnet mit ihrem Scheitern. Dabei sollte man mit voller Kraft hineingehen." Den Einwand, dass es doch eine Freiheit sei, gehen zu können, sobald eine Störung eintritt, wiegelt Prekop ebenfalls ab: „Schon, aber eine, die Liebe verhindert."[61]

Nun stellt sich jedoch die Frage, wie nun die „frei fließende Liebe" innerhalb einer Familie bewerkstelligt werden könnte. Auf der Internetseite des Prekop-Instituts befindet sich neben dem zitierten Gästebuch auch eine Rubrik mit dem Titel: „Häufige Fragen an Jirina Prekop, Bis die Liebe fließt …", in der sie zu vorgefertigten Fragen Rede und Antwort steht.[62]

58 http://www.swr.de/menschen-unter-uns/archiv/2004/10/12/beitrag.html
59 http://www.sonntagsblatt.de/artikel/2000/30/30-s4.htm
60 http::/ /www.swr.de/menschen-unter-uns/archiv/2004/10/12/beitrag.html
61 http::/ /www.sonntagsblatt.de/artikel/2000/30/30-s4.htm
62 http://www.prekop-institut.com/qa.html

Demzufolge handelt es sich bei der Festhaltetherapie um eine „Konfrontation von Angesicht zu Angesicht, von ‚Galle zu Galle', von Herz zu Herz. Alles Gift muss aus dem Bauch heraus, bis die Liebe wieder fließt." Das Alter des Gehaltenen spiele bei der Festhaltetherapie „überhaupt keine Rolle", man könne es „von der Geburt bis zum Sterbebett" anwenden. Sollten sich Kinder gegen das Festhalten wehren, so sei dies „als der primitive Fluchtinstinkt zu werten. Dieser Wille ist auf die Flucht, sprich auf die Zerstörung der Beziehung gerichtet. Eben dieser ist daher zu unterbinden. Aber die Mutter muss in Bezug auf ihr Kind spüren: Wir gehen nicht im Hass auseinander. Ich als der Reifere übernehme die Verantwortung für unsere Beziehung. Ich schneide Dir den Fluchtweg ab und bestehe auf der Konfrontation, und zwar so lange, bis wir wieder im Lot sind". „Die Flucht vor dem Feind ist also eine ganz normale primitive Reaktion. [...] So gesehen, wird im Festhalten die Liebe zum Feind praktiziert. Zum Feind wird mir dabei allerdings nicht ein entfernter Politiker, sondern das eigene Kind."

Wann festgehalten werden soll, wird nicht erwähnt, jedoch macht der akute Anlass „das Festhalten immer dynamischer. Auch dem Kind erscheint das Festhalten in der akuten Situation logisch". Auch auf die Frage, ob man dem Kind erklären solle, warum man es festhalte, geht Prekop ein: „Das hängt von dem Reifegrad des Kindes ab. Hat es noch kein Verständnis, weil es zu klein oder behindert ist, dann kann man darüber nicht sprechen und an seinen Verstand appellieren. Je reifer der Mensch ist, desto eher kann und muss ich es auch, um seine Würde nicht zu verletzen. Die etwa 5- bis 6-jährigen und noch älteren Kinder sollte man auf alle Fälle aufklären." Eine genaue Länge der jeweiligen Sitzung legt Prekop jedoch nicht fest: „Ich erlebe Sitzungen, die eine Viertelstunde dauern, aber auch solche von 3 bis 4 Stunden. Der gemeinsame Nenner dieser sehr langen Sitzungen liegt meist darin, dass die Gefühle zurückgehalten werden und demzufolge auch nicht abgefangen werden können. Der Prozess kommt einfach nicht in Fluss. Das ist dann ein eindeutiger

Gradmesser dafür, dass eine therapeutische Hilfe unbedingt notwendig ist. Die Gründe für die Zurückhaltung der Gefühle können ja recht unterschiedlich sein." Solch eine lange Sitzung sei „immer Zeichen dafür, dass die festhaltende Bezugsperson an dem Problem des Kindes vorbeigegangen ist", weil sie sich entweder nicht richtig in das Kind einfühlen oder ihre angestauten Emotionen nicht verbal ausdrücken habe können.[63]

Nimmt man alles zusammen, drängt sich die Vermutung auf, dass nach Prekops Sicht ein mangelnder Erfolg oder gar das Scheitern der Behandlung nur den gestörten zwischenmenschlichen Bindungen der Therapierten und nicht der Therapie selbst geschuldet sein kann. Die Autoren Jantzen und v. Salzen gebrauchen bei der Beschreibung Prekops und ihrer Beziehung zur Festhaltetherapie das Wort „bekehrt": „Es kennzeichnet einen für die Pädagogik, die häufig mehr auf eigenen Gefühlen denn wissenschaftlich fundierten Überlegungen beruht, immer wieder ausmachbaren Tatbestand, der zugleich dann dazu führt, sich gegen Kritik zu immunisieren."[64] Dieser Umstand scheint sich im Bereich der Festhaltetherapie durchgesetzt zu haben.

Ein Blick über den Tellerrand: Die Festhaltetherapie bei Welch und Jansen

Da mir bei den Recherchen zur Festhaltetherapie immer wieder Verweise auf Martha Welch begegneten, wollte ich versuchen, etwas mehr über ihre Verbindungen zur Prekopschen Methode und ihren Wirkungsgrad in den USA zu erfahren.

Meine erste Suchanfrage „Festhaltetherapie + Welch" erbrachte 88 Treffer, in denen sie als Vorläuferin Prekops und Entwicklerin

63 http://www.prekop-institut.com/qa.html
64 Jantzen/v. Salzen, Halte-„Therapie" (http://info.uibk.ac.at/c/c6/bidok/texte/bhp2-88-haltetherapie.html).

der Festhaltetherapie genannt wird.[65] Auf einzelnen Seiten wird ihre Therapie statt mit dem kompletten Namen „Forced Holding“ unter dem harmloser klingenden Begriff „Holding“ erwähnt.[66]

Interessant war der erste Treffer der Suche. Es handelte sich nicht um einen – von mir schon erwarteten – Bericht über Prekop oder eine Verknüpfung zu einem der in ihrem Namen agierenden Institute, sondern um eine Seite namens kidnet.de, die über Körperbezogene Interaktionstherapie (KIT) nach Jansen berichtet. Diesem Bericht zufolge stellt KIT eine „verhaltenstherapeutische Modifikation der Festhaltetherapie“ dar. Die geschilderten Begründungen und Behandlungsschritte erscheinen deckungsgleich mit den von Prekop genannten: Jedes Kind bedürfe der körperlichen Nähe, auch wenn es dies nicht zeigen könne. „Baut ein Kind eine Blockierung des Körperkontaktes auf, wehrt es sich vordergründig gegen diesen. Das heißt, es wünscht sich in der Tiefe den Körperkontakt, die Blockierung bzw. Abwehr ist oberflächlicher Natur.“ „Beim KIT wird das Kind im Sinne einer Reizüberflutung mit der Nähe konfrontiert. Die haltende Person wird hierbei angeleitet, dem Kind klare Signale zu geben. Dadurch wird ein Umlernen von Verhaltens- und Interaktionsmustern beim Kind unterstützt, positive emotionale Erfahrungen miteinander werden erneut oder erstmals möglich. Ziele der KIT sind der Aufbau und die Verbesserung der Fähigkeit zur Beziehungsaufnahme und sozialer Kompetenzen. Blockierungen im Körperkontakt, autistisches Rückzugsverhalten und oppositionelles, verweigerndes Verhalten werden durch diese Therapie abgebaut. Die verbesserte Beziehung und das verbesserte Einlassen auf Anforderungen wirkt sich positiv auf die weitere Sprachentwicklung, den Kontakt zu Gleichaltrigen und das Verhalten in Lern- und Leistungssituationen aus.“[67]

65 U. a. http://info.uibk.ac.at/c/c6/bidok/texte/bhp2-88-biermann.html bzw. www.prekop-institut.com/dasteam.html bzw. www.dialogische-fachdidaktik.de/FacharbeitFesthalte.pdf

66 http:://www.ziff.de/fortbildung/themen/weitere.html

67 http:://www.kidnet.de/detail.php?id=859

Um diese Angabe nochmals zu prüfen, ließ ich google nach der Verbindung „Festhaltetherapie + Jansen" suchen – diesmal zeigten sich 20 Treffer, von denen jedoch nur drei KIT als eine Festhaltetherapie deklarierten: kidnet.de,[68] eine ergotherapeutische Praxis in Elmshorn[69] und ein Artikel der Berliner Zeitung vom 23. 9. 2004.[70]

Ein Ergebnis, dem noch weiter nachgeforscht werden soll, doch vorrangig interessierte mich die Bedeutung des „Forced Holding" in Amerika.

„Forced Holding"

Die Suche ergab 255 Einträge; ich erweiterte die Anfrage auf die Person „Martha Welch", die ich unabhängig von „Forced Holding" suchen ließ, und erzielte 144 000 Treffer – jedoch sollte nicht vergessen werden, dass der Name Martha Welch im englischen Sprachraum häufig vorkommt. Trotzdem bezogen sich die meisten Verknüpfungen tatsächlich auf die von Martha Welch angewandte „Forced Holding"-Therapie.

Ursprünglich wurde auch diese Form des Festhaltens bei der Behandlung autistischer Kinder angewandt und berief sich auf die gestörte Beziehung zwischen den Eltern und dem Kind. Inzwischen scheint das „Forced Holding" als Behandlungsform autistischer Symptome bedeutungslos geworden zu sein.[71] Die Reaktionen auf das „Forced Holding" bei autistischen Kindern durch Martha Welch sind jedoch äußerst zwiespältig und reichen von „She was the first to treat me like a human being instead of a pitiful creature",[72] über

68 http:://www.kidnet.de/detail.php?id=859

69 http:://www.ergo-pfeiffenberger.de/index.html?Main-Frame=/main1.html

70 http:://www.berlinonline.de/berliner-zeitung/archiv/.bin/dump.fcgi/2004/0923/wissenschaft/0002/

71 http:://www.nas.org.uk/nas/jsp/polopoly.jsp?d=364&a=2179

72 Aussage einer Patientin über Martha Welch http://www.maryellenmark.com/text/magazines/life/905W-000-029.html

„holding therapy may represent a somewhat ‚stressful‘ version of an aspect of sensory integration therapy. I do not see it as particularly harmful from a medical point of view, and certainly hugging has its benefits. However, I am concerned about the premise on which it is based and the possible adverse psychological effects on the parents, who had theoretically ‚rejected‘ their children“,[73] bis hin zu „if even one person with autism is still being subjected to holding therapy, that is one too many. I believe that forced holding is not only not ‚therapy‘, it is a form of abuse“.[74]

Dennoch vermittelt die große Zahl von Internetseiten den Eindruck, dass „Forced Holding“ weiterhin praktiziert wird, jedoch scheinen sich der Name und die Zielgruppe gewandelt zu haben. Auf der Internetseite des Martha G. Welch Center wird vor allem mit der Behandlung der „Reactive Attachment Disorder“ (RAD) geworben, aber auch eine Vielzahl anderer Störungen des Kindes werden als therapierbar aufgezählt.[75] In den Kontext der RAD-Behandlung lässt sich auch die häufige Nennung von Welchs Buch „Holding Time“ einreihen, das sich vor allem bei Adoptions-Selbsthilfegruppen großer Beliebtheit zu erfreuen scheint.[76] Eine äußerst ausführliche Linkliste zu dem Thema lässt sich z. B. unter dem Stichwort Adoption Attachment & Bonding abrufen.[77]

In welchem Ausmaß das „Forced Holding“ inzwischen als „Attachment Therapy“ angewandt wird, lässt sich anhand der Informationen im Internet nicht genau festlegen. Der Begriff der „Attachment Therapy“ umfasst viele verschiedene Therapieformen

73 „A Pediatric View of the Treatment Options for the Autistic Syndrome“ http://www.teacch.com/treatmnt.htm

74 Aus einem Artikel, der auf der HP der National Autistic Society veröffentlicht wurde (http://www.nas.org.uk/nas/jsp/polopoly.jsp?d=364 &a=2179).

75 http://www.marthawelch.com/

76 http://www.attach-china.org/HT.html bzw. http://www.children shopeint.org/Bondingres.htm bzw. http://www.rainbowkids.com/2004/01/attachment/attachment.chtml

77 http://attachment.adoption.com/treatment_links.php

(einige beinhalten sogar die Verwendung von Klebeband oder Nahrungsentzug, um das Kind im gewünschten Maße an sich zu binden[78]), und nicht immer wird das „Forced Holding" nach Martha Welch in seiner ursprünglichen Form dazu gezählt.

Jedoch wird die „Attachment Therapy" vor allem bei adoptierten Kindern empfohlen, da diese – laut Attachment-Therapeuten – zu 90 % unter RAD leiden und die Behandlung eine 75–80 % Heilungschance aufweise.[79] Auch die Übergänge zwischen den einzelnen Therapieformen verlaufen fließend: „When it is used today, holding therapy involves the child being cradles in his mother's arms, in much the same way as you might hold a small infant. All of the key ingredients of bonding are present, including eye contact, smiles, touch, movement, and voice. This recreates the feeling of security that an infant would experience from a nurturing mother, taking the child back to a time when bonding should have taken place, in effect giving him another chance. [...] Often used synonymously with ‚holding therapy' is another technique known as ‚rebirthing,' which seeks to reenact the birth experience so that the child may emerge from a womb-like environment prepared to attach."[80]

Vor allem der letztgenannte Aspekt der „Attachment Therapy" hat für Aufsehen gesorgt, da es im Zusammenhang mit Rebirthing/ Holding Therapie zu zwei Todesfällen kam – beide Fälle fanden jedoch außerhalb eines therapeutischen Instituts und z. T. ohne ausgebildeten Therapeuten statt[81] – und die rechtliche Lage solch unkonventioneller Therapieformen in den USA diskutiert wurde.[82]

78 http://www.childrenintherapy.org/ bzw. http://www.quackwatch.org/01QuackeryRelatedTopics/at.html

79 http:://www.quackwatch.org/01QuackeryRelatedTopics/at.html

80 http:://www.radkid.org/evolution.html

81 Candace Newmaker wurde mit 10 Jahren bei einem „Rebirthing" erstickt, die dreijährige Krystal Tibbets starb beim Festhalten durch ihren Vater (http:// www. quackwatch.org/01QuackeryRelatedTopics/at.html).

82 http://kidscomefirst.info/JanHunt.pdf bzw. http://www.radkid.org/evolution.html bzw. http://www.quackwatch.org/01QuackeryRelated Topics/at.html

KIT – Körperbezogene Interaktionstherapie

Eine Suche nach dem Begriff „Körperbezogene Interaktionstherapie" erbrachte 14 Treffer, jedoch entsprachen diese zu großen Teilen den schon bei der Anfrage „Festhaltetherapie + Jansen" erzielten Ergebnissen. Neue Aussagen in Bezug auf die genaue Vorgehensweise bei dieser Therapie lassen sich nur vereinzelt finden. Eines dieser Beispiele ist der Eintrag in einem Forum, in dem ein Elternteil die diagnostizierte Körperkontaktstörung seiner/ihrer Tochter und die Empfehlung des Kinderarztes, eine körperbezogene Interaktionstherapie anzuwenden, erwähnt. „Dabei soll sie auf unserem Schoß sitzen und von uns festgehalten werden. So etwas kann von ca. 1 Stunde bis zu 5, 6 oder mehr Stunden gehen. Für mich also ähnlich wie bei einer Phobie gegen etwas, bei dem man gezwungen ist, sich mit Dem auseinander zu setzen!? Hat jemand schon Erfahrung mit der Therapie gemacht und wie hat das Kind darauf reagiert? Bin hin und her gerissen, ob wir das unserer Tochter zumuten können." Über mehrere Monate hinweg wurde das Thema innerhalb des Forums diskutiert. Es gab durchaus Personen, die sich zu ihren Erfahrungen mit Festhaltetherapien äußerten – sie hätten die Behandlung vorzeitig abgebrochen –, aber niemand schien Erfahrung mit KIT zu haben.[83]

Zudem ließ sich im Internet auch eine andere Auflösung des Kürzels KIT in Zusammenhang mit Jansen finden. So ergaben sich z. B vier Einträge für „Körperintegrationstherapie",[84] und auch der Begriff Kinder im Training (139 Treffer) existiert unter KIT im Internet. Ob sich diese Begriffe tatsächlich auf die von Jansen entwickelte Therapieform beziehen, bleibt dabei unklar.

83 http://www.chefkoch.de/forum/2,45,100536,4/Koerperkontaktblockierung-und-KIT-bei-Kindern-wer-hat-Erfahrung-damit.html

84 www.ergotherapie-herne.com/arbeitsfelder/ads.html, www.ergotherapie-herne.com/team/team.html, www.wellnesssuche.de/.../Ergotherapie_Praxis_f_r_Ergotherapie/Deutschland/Nordrhein-Westfalen/Ruhrgebiet/ und www.xasa.com/grupos/de/thread/de.sci.paedagogik

Auch auf der Homepage von Jansen lässt sich zum Thema KIT kaum etwas finden.[85] Das Hauptaugemnerk scheint stattdessen auf der Methode der „videounterstützten Supervision“ und seiner Publikation „Eltern als Therapeuten“ zu liegen. Erst durch die Navigationsleiste gelangt man auf die angebotenen KIT-Kurse und Workshops. Als Vorraussetzung für den Besuch einer solchen Veranstaltung wird der Besuch eines verhaltenstherapeutischen Basiskurses – wie sie z. B. an der Charité angeboten werden – gefordert,[86] es sollte einem Laien also nicht möglich sein, KIT ohne Vorkenntnisse unter der Anweisung Jansens zu erlernen.[87] Ob dies jedoch auch für die diversen Angebote „KIT nach Jansen“ anderer Praxen gilt, ist unbekannt. Ebenso verhält es sich bei den Indikationen und Kontraindikationen dieser Behandlung und den therapeutischen Analysen, auf denen sie gründet, denn sie werden auf der Internetseite von Jansen nicht genannt. Lediglich eine E-mail-Adresse, an die man inhaltliche Fragen richten kann, wird genannt. Eine Publikation zum Thema KIT, die offene Fragen ausreichend beantworten würde, existiert nicht.

Die hier genannten Ergebnisse erheben keinen Anspruch auf Vollständigkeit. Im Internet tauchen immer wieder neue Seiten auf und alte werden von den vorderen Plätzen bei der Suchanfrage verdrängt. Ebenso können Inhalte im Verlauf der Zeit modifiziert und neuen Erkenntnissen angepasst werden, da sich innerhalb dieses Mediums ein ständiger Wandel vollzieht. Der vorliegende Text bietet letztendlich nur einen Überblick über die im September 2004 im Internet zugänglichen Informationen zum Thema „Festhaltetherapie“.

85 http:://www.dr-jansen.com/index.html
86 http:://www.charite.de/spz/Charges_14.html
87 http:://www.dr-jansen.com/kmv/kit123.html

Die Autorinnen und Autoren

CARINA BAGANZ, geb. 1970 in Potsdam, Historikerin. Veröffentlichungen u. a.: „Zehn Wochen KZ Wöbbelin. Ein Konzentrationslager in Mecklenburg 1945", hrsg. von der Mahn- und Gedenkstätte Wöbbelin, 2000; Aufsätze zum Thema Jugend und Adoleszenz in der DDR, forscht zurzeit über frühe Konzentrationslager in Sachsen 1933–1934/37.

SABINE BERLOGE, geb. 1952, Gestalttherapeutin für Kinder und Jugendliche, Körpertherapeutin, Mitarbeiterin im Schulpsychologischen Dienst, Dozentin an einer Sozialpädagogischen Fachschule, lebt in Berlin. Veröffentlichungen u. a. zu den Themen Migration, Exil, Frauen, Bildungspolitik, Kinderliteratur und Jugend.

THEA BAURIEDL, Dr. phil., Dipl.-Psych., Psychoanalytikerin und Privatdozentin für Klinische Psychologie an der Ludwig-Maximilians-Universität München. Sie ist Dozentin und Lehranalytikerin an der Akademie für Psychoanalyse und Psychotherapie München e. V., wo sie seit 1981 auch die Abteilung zur Weiterbildung in Psychoanalytischer Paar- und Familientherapie und zur Weiterbildung in psychoanalytisch orientierter Familienberatung und Sozialtherapie leitet. Außerdem leitet sie das Institut für Politische Psychoanalyse München.

UTE BENZ, Dr. phil., geb. 1942, unterrichtete als Lehrerin an Gymnasien und arbeitet seit 1980 als analytische Kinder- und Jugendlichen-Psychotherapeutin, seit 1991 in Berlin. Sie ist Lehrbeauftragte an der Technischen Universität Berlin und Vorsitzende des Berliner Arbeitskreises für Beziehungsanalyse. Zahlreiche Veröffentlichungen.

Wolfgang Benz, geb. 1941, Historiker, Professor an der Technischen Universität Berlin und Leiter des Zentrums für Antisemitismusforschung. Zahlreiche Veröffentlichungen zur deutschen Geschichte im 20. Jahrhundert.

Miriam Bistrovic, geb. 1981, seit September 2000 Studentin der Kunstwissenschaft und Neueren Geschichte an der Technischen Universität Berlin.

Sibylle v. Eicke, Psychoanalytische Psychotherapeutin für Kinder und Jugendliche. Tätigkeit in eigener Praxis in Schlangenbad und Berlin, Dozentin für Paar- und Familienpsychotherapie der Arbeitsgemeinschaft für Beziehungsanalyse e. V. sowie des Berliner Arbeitskreises für Beziehungsanalyse.

Mona Körte, Dr. phil., Literaturwissenschaftlerin, seit 1999 wissenschaftliche Assistentin am Zentrum für Antisemitismusforschung der Technischen Universität Berlin, arbeitet z. Z. an einer Habilitation über „Verbrannte Bücher". Zahlreiche Publikationen, u. a.: Die Uneinholbarkeit des Verfolgten. Der Ewige Jude in der literarischen Phantastik, Frankfurt a. M./New York 2000.

Thomas Müller, Dr. med., wiss. Mitarbeiter des Instituts für Geschichte der Medizin des Zentrums für Human- und Gesundheitswissenschaften der Charité – Universitätsmedizin Berlin (ZHGB). Seit Sept. 2003 Leitung des DFG-Projekts „Zu Debatte und Institutionalisierung der psychiatrischen Familienpflege im 19. Jahrhundert. Ein Vergleich der Therapiesysteme Deutschlands und Frankreichs".

Elke Nowotny, Dr., Diplompsychologin, Psychologische Psychotherapeutin, Paar- und Familientherapeutin im Kinderschutz-Zentrum Berlin e. V. (seit 13 Jahren) und Vorsitzende des Vorstands, Erfahrung in der Fort- und Weiterbildung von Fachkräften der Jugendhilfe und des Gesundheitswesens.

Wolfgang Rupieper, geb. 1947 im Bochum, seit 1978 Richter an Amts- und Landgerichten in Bochum und Essen, Direktor des Amtsgerichts Cottbus; Mitglied des Landespräventionsrates in Brandenburg in der Arbeitsgruppe „Jugendschutz". Vorsitzender des Landesverbandes Jugendrechtshaus Brandenburg e. V. und des Cottbuser Jugendrechtshauses e. V., Mitglied im Vorstand des Bundesverbandes der Jugendrechtshäuser e. V.

Wolfgang Söllner, Prof. Dr. med., Leitender Arzt der Klinik für Psychosomatik und Psychotherapeutische Medizin am Klinikum Nürnberg, Facharzt für Psychotherapeutische Medizin und Facharzt für Psychiatrie, Psychoanalytiker und Familientherapeut.

Peter Widmann, Dr., geb. 1968, zweijährige Ausbildung bei einem privaten Fernsehsender, anschließend Studium der Politikwissenschaft an der Freien Universität Berlin, promovierte am Zentrum für Antisemitismusforschung der Technischen Universität Berlin zum Bild der Sinti und Roma in der Kommunalpolitik.

Jörg Wiesse, Dr., Psychoanalytiker, Professor für Psychotherapie an der Universität Erlangen-Nürnberg, Chefarzt der Klinik für Kinder- und Jugendpsychiatrie am Klinikum Nürnberg.